事例に学ぶ
相続事件入門

事件対応の思考と実務

相続事件研究会〔編〕

野村　　創／宮村　啓太／井上　　廉／松浦　裕介
大澤美穂子／片野田志朗／村手亜未子／谷口　真理
野田　　学／畑井　研吾／石井　達也

発行　民事法研究会

は し が き

　本書は、「事例に学ぶ」シリーズの8冊目として刊行されるものである。
　「事例に学ぶ」シリーズは、若手法律実務家や司法修習生に向けて、具体事例を素材として当該分野の事件を受任した際に得られたノウハウを明らかにすることで、OJT（On the Job Training）を積んでもらうことを企図している。
　本書は、相続をテーマとして、第1編では、遺産分割と遺贈の構造、相続のタイムスケジュール、相続人の範囲・遺産の範囲と評価・相続分・分割方法、遺留分など事件対応にあたっての前提知識となるものを俯瞰して解説している。続く第2編では、遺産分割、遺言執行、遺留分減殺請求、相続人不存在と財産管理、遺産確認訴訟・預金払戻請求訴訟、相続株式売渡請求事件まで、およそ相続をめぐる事件の典型的な争点について、交渉、調停、審判あるいは訴訟の各手続を取り入れて10の事案を構成した。
　日本は急速に超高齢社会に向けて進んでいる。内閣府が発表したところによれば、平成54年まで高齢者人口は増加の一途をたどる推計とのことであり、今後、相続事件が増加することは必至である。経験の有無にかかわらず、突然若手弁護士に相続事件の依頼があることも予想される。
　相続をめぐる事件は、どの家庭にも生じうる極めて身近なものである。一方で、ひとたび紛争となった場合には、親族間の長く深い確執が顕在化したり、あるいは仲の良かった相続人間に対立が生じたりと、特別な配慮を要する分野であり、いわば落とし穴の多い類型であるといえよう。
　本書を読み進めていく中で、あたかも、先輩弁護士からその経験談を聞いているかのように各事例を追体験していただくことで、読者の皆様が今後の相続事件の対応にあたって、思わぬ落とし穴に足元をすくわれることから免れることが適えば、幸いこれにまさるものはない。
　最後に、本シリーズの刊行当初より企画から編集に携わっていただいている民事法研究会の安倍雄一氏をはじめその他本書の刊行にご協力くださった

皆様に深く感謝し、心から御礼を申し上げたい。

平成27年2月

執筆者を代表して　村手亜未子

【第3刷増刷にあたって】

　最高裁決定（最決平成28・12・19民集70巻8号2121頁）による判例変更に伴い、第1編第4章Ⅱの解説を変更している。なお、第2編第2章については、現在の実務と一部異なることを留意されたい。

【第4刷増刷にあたって】

　平成30年に民法（相続法）が改正されているところ、本書は平成30年改正前民法とその適用事例を紹介していることから、現在の実務と一部異なることを留意されたい。

目　次

第1編　相続事件のポイント

第1章　遺産分割と遺贈の構造理解 …………………2

I　理　論 ……………………………………………………2
1　法定相続 ……………………………………………………2
〔図1-1-1〕　法定相続 ……………………………………2
2　遺産分割 ……………………………………………………3
〔図1-1-2〕　遺産分割 ……………………………………3
3　相続人に対する遺贈 ………………………………………4
〔図1-1-3〕　相続人に対する遺贈 ………………………4
4　遺言による遺産分割方法の指定（民908条） …………5
〔図1-1-4〕　遺言による遺産分割方法の指定 …………5

II　現象面の現れ ……………………………………………6
1　登記（相続分の割合に応じた相続登記（共有）がなされていない場合） …………………………………………………6
2　紛争処理手続 ………………………………………………6

第2章　相続のタイムスケジュール ……………………8

I　相続のタイムスケジュール ……………………………8
〔図1-2-1〕　タイムスケジュール ………………………8

II　留意点 ……………………………………………………9
1　準確定申告 …………………………………………………9
2　相続税 ………………………………………………………10
3　遺言書検認 …………………………………………………11
4　遺留分減殺請求 ……………………………………………11

第3章 遺産分割の要点と諸問題 ……12

- Ⅰ 遺産分割の要点 ……12
- Ⅱ 遺産分割手続の意義 ……12
- Ⅲ 各段階で想定されうる問題 ……12
  1. 相続人の範囲の問題 ……12
     〔図1-3-1〕 数次相続 ……13
  2. 遺産の範囲・評価の問題 ……13
  3. 相続分の問題 ……15
  4. 分割方法の問題 ……18

第4章 遺産の範囲として問題となる物──遺産適格性および遺産分割対象性 ……20

- Ⅰ 金　銭 ……20
- Ⅱ 預貯金（金銭債権） ……20
- Ⅲ 株　式 ……21
- Ⅳ 法定果実（不動産からの賃料収益） ……21
- Ⅴ 生命保険金（保険契約者＝被相続人） ……22
- Ⅵ 死亡退職金 ……23
- Ⅶ 遺族年金 ……23
- Ⅷ 香　典 ……23
- Ⅸ 祭祀財産（墓等） ……24
- Ⅹ 被相続人の遺骨 ……24
- Ⅺ 遺留分減殺請求による取戻財産 ……24
  〔図1-4-1〕 遺留分減殺請求による取戻財産（例） ……24
  〔図1-4-2〕 遺留分減殺請求による取戻財産の遺産分割手続 ……25
- Ⅻ 遺産管理費用（相続開始後の固定資産税、賃借料等） ……25

第5章　遺留分 ………………………………………………………………26

- I 遺留分の割合 …………………………………………………………26
  - 1 総体的遺留分と個別的遺留分 ……………………………………26
  - 〔図1-5-1〕総体的遺留分と個別的遺留分 ………………………26
  - 2 遺留分権者と個別的遺留分 ………………………………………27
- II 遺留分の算定 …………………………………………………………28
  - 1 遺留分算定基礎財産 ………………………………………………28
  - 〔図1-5-2〕遺留分算定基礎財産 …………………………………28
  - 2 具体的遺留分侵害額の算出 ………………………………………28
- III 遺留分減殺請求権 ……………………………………………………30
  - 1 法的性質 ……………………………………………………………30
  - 2 限　度 ………………………………………………………………30
  - 3 行使方法 ……………………………………………………………30
- IV 遺留分減殺請求の相手方 ……………………………………………31
  - 1 範　囲 ………………………………………………………………31
  - 2 共同相続人と遺留分減殺請求の範囲 ……………………………31
  - 〔図1-5-3〕共同相続人と遺留分減殺請求の範囲 ………………31
- V 遺留分減殺請求権の行使 ……………………………………………32
  - 1 順　序 ………………………………………………………………32
  - 2 遺留分減殺請求権者の競合 ………………………………………32
  - 3 減殺の実現方法 ……………………………………………………34

第2編　相続事件の現場
──モデルケースを素材として

第1章　遺産分割協議──調整型事例……36
- I　事案の概要………36
- II　実務上のポイント………37
- III　相談と受任………37
  - 1　税理士からの相談………37
  - 2　弁護士のつぶやき………40
  - 3　長男D男の話………42
  - 〈表2-1-1〉　遺産目録（《Case①》）………46
  - 4　今後の進め方の検討………46
- IV　分割協議案の作成（1回目）………48
  - 〈表2-1-2〉　当事者の法定相続分と遺留分（《Case①》）………48
  - 〈表2-1-3〉　遺産分割案の骨子・第1案（法定相続分ベースで不動産を割り付けていく方法）（《Case①》）………49
  - 〈表2-1-4〉　遺産分割案の骨子・第2案（実家を妻B女が相続して居住権を確保する方法）（《Case①》）………50
  - 〈表2-1-5〉　遺産分割案の骨子・第3案（長男D男が多めに相続し妻B女の介護を引き受ける方法）（《Case①》）………50
- V　各人の意向調査………51
  - 1　妻B女、長女C子および長男D男との面談………51
  - 2　二男E男の希望………53
  - 3　全員での面談と意向確認………53
  - 〈表2-1-6〉　遺産分割案の骨子・修正分割案（《Case①》）………54
  - 【書式2-1-1】　遺産分割協議書（《Case①》）………55

| Ⅵ | その後 …………………………………………………………59 |

第2章　遺産分割協議──多人数の遺産分割協議 …………………………………………………60

Ⅰ	事案の概要 ……………………………………………………60
Ⅱ	実務上のポイント ……………………………………………61
Ⅲ	初回の相談 ……………………………………………………61
Ⅳ	遺産と相続人の範囲の調査 …………………………………66
Ⅴ	2回目の相談（方針の決定）…………………………………66
Ⅵ	具体的な遺産分割協議の進め方の検討 ……………………69
Ⅶ	金融機関との調整 ……………………………………………71
Ⅷ	交渉の着手 ……………………………………………………72

【書式2-2-1】　各相続人への連絡文書（〈Case ②〉）………74

| Ⅸ | 成年被後見人がいる場合の処理 ……………………………79 |
| Ⅹ | 遺産分割協議証明書の作成 …………………………………87 |

【書式2-2-2】　遺産分割協議証明書（〈Case ②〉）……………88

Ⅺ	預金の引き出し ………………………………………………90
	1　金融機関等から追加で書類等を求められた場合の対応 ………90
	2　預金の引き出しと進捗状況の記録 …………………………90

【書式2-2-3】　交渉経過進捗表（抜粋）（〈Case ②〉）………91

| Ⅻ | 最後に …………………………………………………………92 |

第3章　遺産分割調停──交渉の中で寄与分の調整を行った事例 ……………………………94

Ⅰ	事案の概要 ……………………………………………………94
Ⅱ	実務上のポイント ……………………………………………94
Ⅲ	相談者との打合せ① …………………………………………95
Ⅳ	検　　討 ………………………………………………………98

1	寄与分とは	98
2	寄与分が認められる条件	99
3	寄与分の評価の基準時	100
4	寄与分を定める方法	101
5	〈Case ③〉に関連した裁判例・審判例および家庭裁判所の運用等	101

〈表2-3-1〉 訪問介護の場合の介護報酬基準（平成18年以降）……105
〈表2-3-2〉 介護報酬基準額に基づく療養看護報酬額（日当）の試算例……105

Ⅴ　相談者との打合せ②……108
Ⅵ　相談者との打合せ③……110
　〈表2-3-3〉 介護報酬の金額（〈Case ③〉）……111
　〈表2-3-4〉 寄与分計算表（〈Case ③〉）……111
　【書式2-3-1】 寄与分主張整理表（〈Case ③〉）……114
Ⅶ　調停期日①……115
Ⅷ　相談者との打合せ④……116
Ⅸ　寄与分を定める処分調停（審判）の申立て準備……117
　1　寄与分を定める処分調停（審判）の大まかな流れ……117
　2　寄与分を定める処分調停申立書……118
　【書式2-3-2】 寄与分を定める処分調停申立書（抜粋）──「申立ての理由」（〈Case ③〉）……118
Ⅹ　調停期日②……119
ⅩⅠ　最後に……120

第4章　遺産分割調停──遺産の評価、遺言の効力を中心に……122

Ⅰ　事案の概要……122
Ⅱ　実務上のポイント……122

Ⅲ　相談の記録 ··· 123
Ⅳ　第2回調停期日までの検討・準備 ································ 127
　1　検討（不動産の評価） ··· 127
　〈表2-4-1〉　相続財産一覧表（《Case ④》） ····················· 128
　〈表2-4-2〉　不動産の評価基準 ······································· 130
　2　具体的な準備 ··· 132
　（資料2-4-1）　現地不動産の状況（《Case ④》） ············· 133
Ⅴ　第2回調停期日 ·· 134
Ⅵ　第3回調停期日までの検討・準備 ································ 140
　1　検討──美術品の評価 ··· 140
　2　その他具体的な準備 ··· 141
Ⅶ　第3回調停期日 ·· 142
　【書式2-4-1】　第3回期日調書（《Case ④》） ················· 145
Ⅷ　第4回調停期日までの検討・準備 ································ 147
　1　検討──遺言書の効力・解釈 ··································· 147
　2　その他具体的な準備 ··· 149
Ⅸ　第4回調停期日 ·· 149
Ⅹ　第5回調停期日 ·· 153

第5章　遺産分割審判──特別受益が問題となった事例 ·· 154

Ⅰ　事案の概要 ··· 154
Ⅱ　実務上のポイント ··· 154
Ⅲ　争点の確認 ··· 155
Ⅳ　遺産分割審判 ·· 156
　1　遺産分割審判事件の分類 ·· 156
　2　審判手続への当然移行と記録の引継ぎ ····················· 156
　3　遺産分割審判の運用 ··· 157

Ⅴ 審判手続移行後の流れ──〈Case⑤〉の場合 ……………………157
　1 審判移行時 ………………………………………………………157
　　〈表2-5-1〉 遺産鑑定申立てのスケジュール（〈Case⑤〉）………158
　　【書式2-5-1】 鑑定申立書（〈Case⑤〉）…………………………159
　2 鑑定結果 …………………………………………………………159
　3 特別受益の主張、疎明資料の提出等事実調査の過程 ………160
　　【書式2-5-2】 文書送付嘱託申立書（〈Case⑤〉）………………161
　4 入院中の付添いおよび療養看護に関する主張 ………………163
　5 マンションの管理費・修繕積立金、光熱費および固定資産税は相続財産に関する管理費用として認められるか………………164
　6 審判移行後の付調停手続 ………………………………………165
　7 遺産分割の対象性──預金債権 ………………………………165
　8 遺産分割審判における分割方法 ………………………………166
　9 審　判 ……………………………………………………………166
　　【書式2-5-3】 審判書・主文（〈Case⑤〉）………………………167
　　〈表2-5-2〉 遺産評価額（〈Case⑤〉）……………………………167
Ⅵ 審判後の手続 …………………………………………………………168

第6章　遺言執行──身寄りのない高齢者が知人の女性に財産を遺贈した事例 ……169

Ⅰ 事案の概要 ……………………………………………………………169
Ⅱ 実務上のポイント ……………………………………………………169
Ⅲ 相談〜受任 ……………………………………………………………170
　1 相談の概要 ………………………………………………………170
　2 Ｘ氏との面談 ……………………………………………………170
　3 受　任 ……………………………………………………………173
Ⅳ 相続人の調査 …………………………………………………………173
Ⅴ 自筆証書遺言書の作成、保管 ………………………………………174

【書式2-6-1】　遺言書（《Case ⑥》）……………………………174
Ⅵ　遺贈者の死去 ………………………………………………………176
Ⅶ　遺言書の検認 ………………………………………………………176
　　　【書式2-6-2】　遺言書検認の申立書（《Case ⑥》）……………176
　　　【書式2-6-3】　家庭裁判所からの検認終了の連絡（例）………180
　　　【書式2-6-4】　遺言執行者就職の通知（《Case ⑥》）…………180
Ⅷ　財産の管理 …………………………………………………………182
Ⅸ　財産目録の作成 ……………………………………………………183
　　　【書式2-6-5】　財産目録（《Case ⑥》）…………………………183
Ⅹ　遺言の執行 …………………………………………………………184
　　1　預貯金および現金 ………………………………………………184
　　2　他の動産 …………………………………………………………186
　　3　不動産 ……………………………………………………………186
　　　【書式2-6-6】　借地権付建物買取のご提案（《Case ⑥》）……189
Ⅺ　執行の完了 …………………………………………………………191
　　　【書式2-6-7】　執行完了顛末報告書（《Case ⑥》）……………191

第7章　遺留分減殺請求 ……………………………………………194

Ⅰ　事案の概要 …………………………………………………………194
Ⅱ　実務上のポイント …………………………………………………194
Ⅲ　初回打合せ …………………………………………………………195
　　1　相談内容 …………………………………………………………195
　　2　相続財産の確認 …………………………………………………198
　　3　受　任 ……………………………………………………………200
Ⅳ　初回打合せ後の調査 ………………………………………………201
Ⅴ　内容証明郵便の発送 ………………………………………………201
　　　【書式2-7-1】　遺留分減殺通知書（《Case ⑦》）………………202
Ⅵ　問題点の検討 ………………………………………………………203

1　調停の種類 …………………………………………………………203
　　　2　本件土地の評価額 …………………………………………………204
　　　3　預金の減少 …………………………………………………………205
　Ⅶ　調停申立て ………………………………………………………………207
　　　【書式2-7-2】　調停申立書（抜粋）──「申立の趣旨」「申立の実情」
　　　　　　　　　　（《Case ⑦》）………………………………………207
　Ⅷ　第1回調停期日 …………………………………………………………209
　Ⅸ　不調による調停終了 ……………………………………………………210
　Ⅹ　打合せ ……………………………………………………………………211
　Ⅺ　訴状の作成 ………………………………………………………………212
　　　【書式2-7-3】　訴状（抜粋）──請求の趣旨（《Case ⑦》）………213
　Ⅻ　訴訟提起前の打合せ ……………………………………………………214
　ⅩⅢ　訴訟提起 …………………………………………………………………215
　　　【書式2-7-4】　訴状（抜粋）──請求原因（《Case ⑦》）…………215
　ⅩⅣ　訴訟提起後の経過 ………………………………………………………217
　　　1　第1回口頭弁論期日 ………………………………………………217
　　　2　被告の反論内容 ……………………………………………………217
　　　3　原告の再反論 ………………………………………………………218
　　　4　その後の審理経過 …………………………………………………219
　ⅩⅤ　和解勧試 …………………………………………………………………220
　ⅩⅥ　期日間の打合せ …………………………………………………………221
　ⅩⅦ　和解成立 …………………………………………………………………222

第8章　相続人の不存在と相続財産管理人の選任申立て …………………………………………………………224

　Ⅰ　事案の概要 ………………………………………………………………224
　Ⅱ　実務上のポイント ………………………………………………………225
　Ⅲ　第1回打合せ ……………………………………………………………225

Ⅳ	方針を決定する前提となる検討 …………………………………228
	1　相続財産管理手続の基本的な流れ………………………………228
	〔図2-8-1〕　相続財産管理人選任後の手続……………………229
	【書式2-8-1】　家庭裁判所の権限外行為許可審判（例）………230
	2　相続財産から祭祀法事に関する費用を支出することの可否……230
	3　特別縁故者として相続財産の分与を受けることの可否…………231
	4　いわゆる「死後縁故」の問題………………………………………233
	5　相続財産管理人選任申立てに要する費用…………………………234
Ⅴ	第2回打合せ………………………………………………………………234
Ⅵ	相続財産管理人選任の申立て……………………………………236
	【書式2-8-2】　相続財産管理人選任申立書（《Case ⑧》）………236
Ⅶ	相続財産管理人との面談………………………………………………238
	【書式2-8-3】　相続財産管理人の権限外行為許可申立書（《Case ⑧》）………………………………………………………241
Ⅷ	特別縁故者に対する相続財産分与の申立て………………………242
	【書式2-8-4】　特別縁故者に対する相続財産分与申立書（《Case ⑧》）………………………………………………………243
	【書式2-8-5】　特別縁故者に対する相続財産分与審判書（《Case ⑧》）………………………………………………………246
Ⅸ	審判後の打合せ…………………………………………………………247

第9章　遺産分割に関連する訴訟等──預金債権をめぐって …………249

Ⅰ	事案の概要………………………………………………………………249
	〈表2-9-1〉　遺産目録（《Case ⑨》）……………………………250
Ⅱ	実務上のポイント………………………………………………………251
Ⅲ	審判前の保全処分………………………………………………………251
	1　相談記録………………………………………………………………251

2 審判前の保全処分とは …………………………………252
3 〈Case ⑨〉での対応 …………………………………252
IV 遺産確認の訴え ……………………………………253
1 相談記録 ………………………………………………253
2 遺産分割審理の過程 …………………………………255
3 預金債権の性質 ………………………………………255
V 預金払戻請求訴訟 …………………………………257
1 相談記録 ………………………………………………257
2 金融機関との交渉 ……………………………………258
3 預金払戻請求訴訟 ……………………………………259
【書式2-9-1】 預金払戻請求訴訟の訴状（〈Case ⑨〉）…………259
【書式2-9-2】 預金払戻請求訴訟の答弁書（〈Case ⑨〉）………262
VI 使途不明金を争う方法（特別受益と不当利得返還請求）……264
1 相談記録 ………………………………………………264
2 検　　討 ………………………………………………266
VII 遺産分割審判（当事者の一部が出廷しない場合）………267
1 相談記録 ………………………………………………267
2 検　　討 ………………………………………………269

第10章　相続株式売渡請求──相続クーデターへの対処 …………270

I 事案の概要 ……………………………………………270
II 実務上のポイント ……………………………………270
III 相続株式売渡請求とは ………………………………271
1 事　　例 ………………………………………………271
2 相続株式売渡請求の意義 ……………………………273
3 「相続クーデター」の危険性 …………………………274
4 相続クーデターの予防 ………………………………275

| Ⅳ | 商事非訟手続への移行 | 276 |

【書式2-10-1】 株式売買価格決定申立書（《Case ⑩》）…………277
  1　検討——申立書作成時の留意事項…………279
【書式2-10-2】 答弁書（《Case ⑩》）…………281
  2　検討——申立てを受けた株主側の対応…………282
Ⅴ　第1回審問期日…………285
Ⅵ　第2回審問期日…………286
  1　Point 1——株式の評価額についての主張のあり方…………289
  2　Point 2——価格の算定方式に関する基本的理解…………290
  3　Point 3——意見書のどこをみるべきか…………290
Ⅶ　第3回審問期日…………292
  1　Point 1——鑑定を実施する際の手続…………293
  2　Point 2——鑑定費用…………293
Ⅷ　第4回審問期日…………293
Ⅸ　第5回審問期日…………295
【書式2-10-3】 和解調書（《Case ⑩》）…………296

・事項索引…………297
・執筆者一覧…………300

凡　例

〈法令等略語表〉

民	民法
会	会社法
民訴	民事訴訟法
家手	家事事件手続法
家手規	家事事件手続規則
不登	不動産登記法
所税	所得税法
所税令	所得税法施行令
相税	相続税法

〈判例集略称表記〉

民録	大審院民事判決録
民集	最高裁判所民事判例集
家月	家庭裁判月報
高民集	高等裁判所民事判例集
下民集	下級裁判所民事裁判例集
訟月	訟務月報
判時	判例時報
判タ	判例タイムズ

第1編 相続事件のポイント

第1章 遺産分割と遺贈の構造理解

1 法定相続

〔図1-1-1〕 法定相続

> 被相続人死亡時に、配偶者および子が2人おり、不動産・金銭等ほか可分債権・債務等が100万円ある場合の法定相続

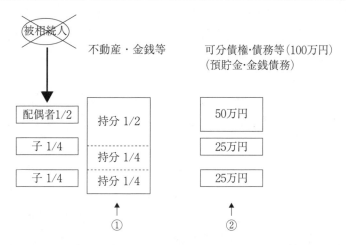

　相続開始（被相続人の死亡）により被相続人の権利義務を相続人が包括承継するが相続人の共同所有の形となる（民898条）。判例は、共同所有の性質を共有と解している（最判昭和30・5・31民集9巻6号793頁）。不動産などの

不可分物（〔図1-1-1〕①）であれば、各共同相続人は相続分に応じた持分を有し、可分債権・債務（〔図1-1-1〕②）については、相続分の割合に応じて当然に分割されて（分割債権・債務として）承継されることになる。

この共同所有状態にある財産を個別具体的に相続人に帰属させ、共同所有状態を解消するのが遺産分割である。

相続開始と同時に各共同相続人に分割して承継されている可分債務（借入金等）は、遺産分割の対象にならない。可分債権である預貯金も実務上分割の対象とされることが多いが、純理論的には分割対象財産にはならないはずなので、その分割は、相続人間の債権譲渡と位置づけるしかない。

2　遺産分割

〔図1-1-2〕　遺産分割

〔図1-1-1〕の相続で、配偶者が全財産を取得する遺産分割協議が成立した場合（可分債権・債務等については割愛する）

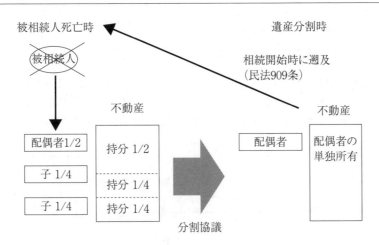

〔図1-1-2〕において配偶者は、遺産分割の効果として、被相続人から直接不動産を取得したものとして扱われる（遺産分割の宣言主義）。

遺産分割前の共同所有状態は「なかったこと」になるが、第三者の権利を

害することはできない（民909条）。〔図1-1-2〕において配偶者は、権利取得の旨の登記を経由しなければ遺産分割後に不動産を取得した第三者に対抗できない（最判昭和46・1・26民集25巻1号90頁）。

　遺産分割の宣言主義によれば、分割までに生じた不動産の果実（たとえば賃料）は、〔図1-1-2〕においては配偶者に帰属することになるが、判例は、「遺産は、相続開始から遺産分割までの間、共同相続人の共有に属するものであるから、この間に遺産である賃貸不動産を使用管理した結果生ずる金銭債権たる賃料債権は、遺産とは別個の財産というべきであって、各共同相続人がその相続分に応じて分割単独債権として確定的に取得するものと解するのが相当である。遺産分割は、相続開始時にさかのぼってその効力を生ずるものであるが、各共同相続人がその相続分に応じて分割単独債権として確定的に取得した上記賃料債権の帰属は、後にされた遺産分割の影響を受けないものというべきである」と解している（最判平成17・9・8民集59巻7号1931頁）。

3　相続人に対する遺贈

〔図1-1-3〕　相続人に対する遺贈

> 〔図1-1-1〕の相続において、相続財産として不動産ＡおよびＢ・金銭が存在し、被相続人が「金銭は配偶者に、不動産Ａは子Ａに、不動産Ｂは子Ｂにそれぞれ**遺贈**する」との公正証書遺言があった場合（遺留分の侵害はないものとする）

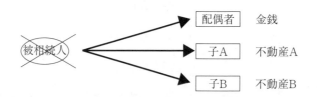

　遺贈は、被相続人（遺言者）の単独行為（処分行為）として、被相続人（遺言者）の死亡の時から効力を生じ（原則：民985条1項）、相続人ら（受遺者）

は、その効果として共同所有状態を経由することなく、直ちに個別具体的財産（特定遺贈の場合）を取得する（大判大正5・11・8民録22輯2078頁）。

遺贈対象財産は、遺産分割の対象とはならず、遺言執行の問題のみ生じる（後記4参照）。

ただし、相続人全員が同意している場合または遺言により利益を得る相続人が同意する場合、遺言書の内容と異なる遺産分割を新たに行うことは妨げられない。

〔図1-1-3〕において、遺言の対象となっていない遺産（たとえば株式）が存在すると想定した場合、遺言対象以外の遺産部分＝株式についてのみ遺産分割を行うことになる。

〔図1-1-3〕において、いずれかの相続人の遺留分が侵害されている場合、遺留分減殺請求手続で解決されることになる（民1031条）。この場合、原則は訴訟事項であるが、調停前置主義の適用がある（家手257条）。

4　遺言による遺産分割方法の指定（民908条）

〔図1-1-4〕　遺言による遺産分割方法の指定

> 〔図1-1-3〕のケースにおいて、被相続人が「株式は配偶者に、不動産Aは子Aに、不動産Bは子Bにそれぞれ**相続させる**」との公正証書遺言があった場合（遺留分の侵害はないものとする）

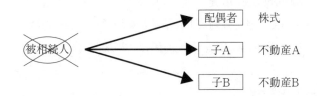

ほかに遺贈と解すべき特段の事由がない限り、遺産分割の方法が指定されたものとされる（最判平成3・4・19民集45巻4号477頁）。

相続人らは、何らの行為を要せずして、相続開始時に当該遺産を相続により取得する（前掲最判平成3・4・19）。すなわち、遺産分割の効力が生じる。

遺産分割の効力が相続開始時より物権的効力をもって生じているので（共同所有状態が生じていないので）、遺言対象財産は、遺産分割の対象とはならない。遺言執行の問題のみ生じる。

ただし、相続人全員が同意している場合または遺言により利益を得る相続人が同意する場合、遺言書の内容と異なる遺産分割を新たに行うことは妨げられない。

II 現象面の現れ

1 登記（相続分の割合に応じた相続登記（共有）がなされていない場合）

(1) 遺産分割

一般承継なので、遺産分割により不動産を取得した相続人（〔図1-1-2〕の配偶者）は、単独で登記申請ができる（不登63条2項）。登記原因は「相続」となる。

(2) 遺贈

遺贈者の単独行為（処分行為）によるものなので、受遺者と遺贈者（その相続人あるいは遺言執行者）の共同申請（不登60条）によらなければならない。登記原因は「遺贈」となる。

(3) 遺産分割方法の指定

一般承継なので、遺産分割により不動産を取得した相続人は、単独で登記申請ができる（不登63条2項）。登記原因は「相続」となる。

2 紛争処理手続

(1) 遺産分割

調停（原則として、別表第2調停事件。家手別表第2第12項）および審判（別表第2審判事件。家手39条）がある。

調停、審判のどちらも選択可能であるが、審判の申立てを行っても実務上

は調停に付されることが多い（家手274条）。

相続人の範囲、相続財産の帰属等のいわゆる前提問題が争いとなっている場合には、訴訟での解決となる。

調停が不成立の場合、審判事件に自動的に移行する（家手272条4項）。

(2) **相続人に対する遺贈**

調停（一般調停事件。家手244条）により解決が図られる。未分割状態の遺産がない限り、分割対象となる遺産がないので、別表第2事件とはならない。したがって、調停が不成立の場合でも審判に自動的に移行することなく、遺言書の効力、遺留分の侵害等の実体上の問題があれば、別途訴訟手続で争うことになる（遺言無効確認訴訟、遺留分減殺請求訴訟等）。

(3) **遺言による遺産分割方法の指定**

上記(2)と同様に調停（一般調停事件。家手244条）により解決が図られる（司法研修所編『遺産分割事件の処理をめぐる諸問題』69頁）。

第2章 相続のタイムスケジュール

I 相続のタイムスケジュール

大まかなタイムスケジュールは〔図1-2-1〕のとおりである。

〔図1-2-1〕 **タイムスケジュール**

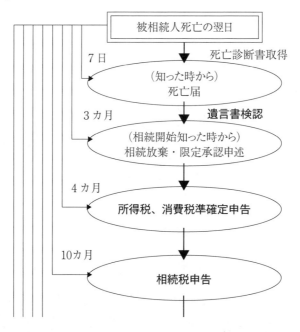

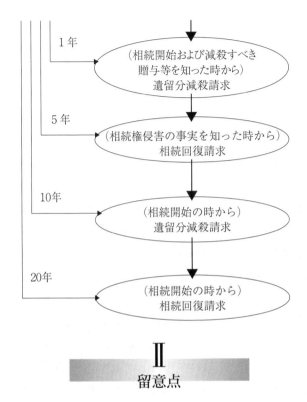

II 留意点

1 準確定申告

　確定申告をしなければならない者が翌年の1月1日から確定申告期限（原則として翌年3月15日）までの間に確定申告書を提出しないで死亡した場合、相続人は、相続の開始があったことを知った日の翌日から4カ月以内に申告と納税をしなければならない。これを準確定申告という。これを怠ると相続人に無申告加算税、延滞税等のペナルティが課せられることになるので、注意が必要である（所税124条、125条、所税令263条等）。

　確定申告が必要な場合とは、原則として、その年分の所得金額の合計額が所得控除の合計額を超える場合で、その超える額に対する税額が、配当控除額と年末調整の住宅借入金等特別控除額の合計額を超える場合は、確定申告の必要がある。

ただし、給与の収入金額が2000万円以下で、かつ、1カ所から給与等の支払いを受けており、その給与の全部について源泉徴収される者で給与所得および退職所得以外の所得金額が20万円以下である場合は、確定申告の必要はない。

また、平成23年分以後は、その年において公的年金等に係る雑所得を有する居住者で、その年中の公的年金等の収入金額が400万円以下であり、かつ、その年分の公的年金等に係る雑所得以外の所得金額が20万円以下である場合には確定申告の必要はない。

生前に被相続人が確定申告をしていた場合、ほぼ確実に準確定申告が必要になると考えてよい。もっとも、生前に確定申告をしている場合、税理士に申告業務を依頼していることが多いと思われるので、当該税理士への依頼を忘れないようにすればよい。

問題となるのは、生前に被相続人が自分で確定申告をしていた場合や、確定申告はしていなかったが、医療費が多額に上り、準確定申告をすれば源泉税等の還付が見込まれる場合である。この場合、専門家である税理士に依頼するのが原則であるが、知り合いの税理士がいないような場合、弁護士が税務代理を行うこと（弁護士法3条2項、税理士法51条）も1つの方法である。

準確定申告の詳細や書式は、国税庁ウェブサイトのタックスアンサーNo.2022〈https://www.nta.go.jp/taxanswer/shotoku/2022.htm〉が参考になる（平成26年9月現在）。

2　相続税

平成27年1月1日以降発生する相続に関しては、基礎控除額が減額されたことにより（基礎控除5000万円から3000万円に、相続人1人あたりの控除額1000万円から600万円に相続税法が改正された）、課税範囲が広がることになる。従来、非課税とされていたケースでも課税されることがあり得るので注意が必要である。

申告まで10カ月の期間があるが、遺産分割協議等を行っているとあっとい

う間に期限が到来する。課税される場合、早めに準備を行う必要がある。

　各共同相続人の相続税納税額を明確化する見地から、相続税の申告期限までに遺産分割およびその履行までを終わらせることが望ましい（相続人は、各自、法定相続分に従った形での申告が可能なので必須ではない）。

　相続税の申告も専門家である税理士に依頼するのが原則であるが、知り合いの税理士がいないような場合、弁護士が税務代理（弁護士法3条2項、税理士法51条）を行うことも1つの方法である。

3　遺言書検認

　期間制限はないが、「遅滞なく」検認手続を行う必要があるので（民1004条）、依頼者が遺言書を保管しているような場合、早めに検認申立てを行う。また、検認手続時には、相続人全員にその旨の通知がなされ、原則として相続人が家庭裁判所に出頭することになるので、この機を利用し、遺産分割協議のきっかけをつくることも考えてよい。

4　遺留分減殺請求

　相続開始および贈与等を知った時から1年と比較的短期間で時効にかかるので（民1042条）、遺留分の侵害が問題となり得るケースでは、権利行使を忘れないようにする。

　行使方法は受贈者等に対する意思表示で足り、裁判上の請求による必要はなく、またいったんその意思表示がなされた以上、法律上当然に減殺の効力が生じるので（最判昭和41・7・14民集20巻6号1183頁）、通常は、受遺者等に対して内容証明郵便を送付し、配達証明を得る方法で意思表示しておけば消滅時効の問題はクリアできる。

　遺留分減殺請求権行使の意思表示をしておけば、その効果として生じた目的物返還請求権等は、民法1042条の消滅時効には服さない（最判昭和57・3・4民集36巻3号241頁）。

第3章 遺産分割の要点と諸問題

I 遺産分割の要点

　遺産分割の要点は、共同所有状態にある被相続人の財産を個別・具体的に相続人に帰属させることにある。

II 遺産分割手続の意義

　遺産分割とは、①誰が（相続人の範囲）、②何を（遺産の範囲・評価）、③どのような割合で（指定・法定相続分、特別受益、寄与分）、④どのように分けるか（分割方法（現物分割、代償分割、換価分割））という手続である。
　したがって、分割手続（協議または調停・審判）においても上記①〜④の順に事実関係を確定（合意）させ、進めて行くことになる。

III 各段階で想定されうる問題

1　相続人の範囲の問題

(1)　隠し子の問題

　いわゆる「隠し子」（非嫡出子）の存否の問題があげられる。相続調査の不備によって起こりうる。
　民法の改正により嫡出子と非嫡出子の相続分は同等とされたが（民900条

4号)、平成25年9月4日以前に発生した相続に関しては、新法の適用はなく(改正法附則2項)、旧法の規定どおり非嫡出子の相続分は、嫡出子の2分の1になる。

(2) 代襲相続の問題

(A) 養 子

養子の連れ子は代襲相続をしない(直系卑属ではない。民887条2項)。

(B) 再代襲

兄弟姉妹の子(甥・姪)は代襲するが、甥・姪を被代襲者とする再代襲は認められない(民889条)。

(C) 数次相続

厳密な意味での相続人の範囲の問題ではないが、数次相続が生じた場合、たとえば、1次相続発生(〔図1-3-1〕の太郎死亡)後、遺産分割未了の状態で2次相続(〔図1-3-1〕の一郎死亡)が発生した場合、1次相続(太郎の相続)の遺産分割当事者の範囲が広がる。

〔図1-3-1〕 数次相続

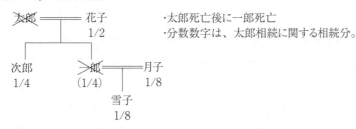

2 遺産の範囲・評価の問題

(1) 範囲の問題

(A) 分 類

遺産の範囲の問題は、以下のとおり分類できる。

① 遺産適格性(法的に遺産を構成する性格を有するか)
② 遺産分割対象性(遺産を構成するとして、遺産分割の対象となるか)

③ 遺産帰属性（当該遺産と主張される物が被相続人の所有に帰属するか）

④ 遺産の存在性（当該遺産と主張される物が存在するのか）

①および②の問題については、第4章で代表的な問題点をあげる。

(B) 遺産帰属性の問題

遺産帰属性の問題とは、たとえば、被相続人名義の土地につき、相続人たる長男が「その代金は自分が出捐したもので自分の所有である。節税対策のために父親と相談して父親名義にしただけだ」と主張するような場合のように、当該財産が被相続人に帰属しているかどうかという問題である。

いわゆる前提問題であり、本来的には訴訟事項である。審判の対象にできないわけではないが、当然ながら既判力は及ばず、後訴により審判の効力は失効する（最決昭和41・3・2民集20巻3号360頁）。

実務的には、調停の中で前提問題につき合意に達しない場合は、調停手続を取下げ、訴訟で前提問題を確定させたうえで再度調停を申し立てる扱いが多い（司法研修所編『遺産分割事件の処理をめぐる諸問題』28頁）。

(C) 遺産の存在性の問題

遺産の存在性の問題とは、たとえば、被相続人と同居していた相続人がおり、事実上当該相続人が遺産を握持しているケースで、非同居の相続人が「もっと遺産はあるはずだ、隠匿しているのではないか」と主張するように、判明している遺産以外に遺産が存在するかどうかという事実の存否の問題である。

「ない」ことの証明はいわゆる悪魔の証明であり、「遺産がある」と主張するほうにその主張・立証をさせることになるのが基本であるが、「遺産がある」と主張する相続人が「ない」ことに納得しない限り合意形成は難しい。最終的には審判に委ねるしかないが、「ない」ことを主張する相続人も「ない」ことをうかがわせる合理的説明、説得を行う努力は必要である。

(2) 評価の問題

(A) 意　義

当該遺産の評価額が一義的に定まらない遺産（不動産、株式等）の場合、

分割の方法や割合につき大筋で合意ができていたとしても、遺産の「値段」が具体的に定まらない限り、現実的に分割することは困難である。

たとえば、相続人間（長女と二男）で不動産を二男が取得し、法定相続分で代償分割する大筋での合意はできているが、代償金の支払額を減らしたい二男は低めの評価を主張し、逆の立場の長女は高めの評価を主張しているような場合、分割の前提として不動産の評価額を定めなければ（合意しなければ）、協議は平行線のままで合意には至らない。

(B) 解　決

評価につき合意に至らない場合、最終的には調停または審判で、不動産鑑定士による鑑定（家手64条1項、258条1項、民訴第2編第4章第4節）によって決することになるが、当然、相応の費用がかかる。

鑑定は最後の手段とし、可能な限り査定書を複数とり、当事者間ですり合わせるなどして、評価につき合意を形成することが望ましい。

(C) 評価時

遺産分割時とするのが実務上の大勢である（大阪高決昭和58・6・2判タ506号186頁等）。

3　相続分の問題

最も問題となり相続人間で対立を招きうるのは、特別受益および寄与分の問題である。

(1) **特別受益**

(A) 概　要

学資、婚姻のための贈与（持参金等）、生計の資本（生活費の援助）につき、その特別受益性が争われるケースが多い。細かい判断基準は、各特別受益の態様により異なるが、基本的には扶養義務の範囲内かどうか、他の共同相続人との均衡が目安となる。

(B) 持戻免除の意思表示

特別受益の主張がなされた場合、対立当事者の反論として、持戻免除の意

思表示（黙示の意思表示を含む）の主張がなされることも多い。各共同相続人に同程度の贈与を行っているような場合、持戻免除の意思表示を推認できる。

(C) 代襲相続に関連する特別受益の問題

被代襲者に対する特別受益を代襲相続人が承継するか（持戻義務を負うか）という法的問題がある。積極・消極両説があるが、積極説が有力な模様である（消極説をとるものとして大分家審昭和49・5・14家月27巻4号66頁）。

(D) 生命保険金の問題

特定の相続人が被相続人を被保険者とする生命保険の受取人である場合、当該死亡保険金は、原則として特別受益にあたらない（最決平成16・10・29民集58巻7号1979頁）。

(E) 評価時

特別受益の評価時は、相続開始時である（司法研修所編『遺産分割事件の処理をめぐる諸問題』263頁。最判昭和51・3・18民集30巻2号111頁）。遺産分割時ではない。

(F) 特別受益超過額の取扱い

特別受益額が相続分を超える場合、その超過額（特別受益超過額）をどのように負担するかにつき各種見解がある。本来的相続分基準説（特別受益超過額を、特別受益者を除いた共同相続人が本来的相続分に応じて負担する）と具体的相続分基準説（特別受益超過額を、特別受益者を除いた共同相続人が具体的相続分に応じて負担する）が多数説であるが、そのうち有力説である具体的相続分基準説を以下に具体例として取り上げる。

例：相続人：長女、二女、三女のみ
　　特別受益：長女に1200万円(a)
　　　　　　　二女に100万円(b)
　　相続財産：2000万円(c)

　・各相続人の一応の相続分（持戻し）
　　みなし相続財産の額＝(a)＋(b)＋(c)＝3300万円

各人の相続分3300万円×1/3＝各1100万円(d)

・民法903条に基づく相続分の計算
　　長女　1100万円(d)－1200万円(a)＝ 0 円（－100万円(e)）
　　二女　1100万円(d)－100万円(b) ＝1000万円(d1)
　　三女　1100万円(d)－ 0 円　　　 ＝1100万円(d2)
　(e)＝特別受益超過額。これは民法903条2項により返還しなくてよいので、誰がどのように負担するかが問題となる。

＊具体的相続分基準説による負担額計算
　特別受益超過額100万円を二女、三女の具体的相続分割合で分担する。

・二女の特別利益超過額の負担額
　＝100万円(e)×1000万円(d1)／1000万円(d1)＋1100万円(d2)
　　　　　　二女の相続分　二女の相続分　三女の相続分
　＝47万6190円(f)
・三女の特別受益超過額の負担額
　＝100万円(e)×1100万円(d2)／1000万円(d1)＋1100万円(d2)
　　　　　　三女の相続分　二女の相続分　三女の相続分
　＝52万3810円(g)

・最終取得分の算出
　長女　　　　　　　　　　　　　　　　　0 円
　二女1000万円(d1)－47万6190円(f)＝ 952万3810円
　三女1100万円(d2)－52万3810円(g)＝1047万6190円

(2) **寄与分**

(A) **類　型**

　次の①〜⑤に類型化できるが、財産の増加または維持に寄与したこと、その寄与が家族共同生活関係における相互扶助を超える特別の寄与であることが必要である。

① 家事従事型

無償またはそれに近い状態で家業に従事したような場合である。

② 金銭出資型

自己の収入等を出捐して、借金の肩代わりをしたような場合である。

③ 扶養型

自己の収入等を出捐して、生活費を渡していたような場合である。

④ 療養看護型

療養看護を行い、看護費用の支出を避けたような場合である。

高齢者介護もこの類型に該当するが、従前はあまり高く評価されていなかった。今後その寄与分をどのように算定するかは1つの課題である。

⑤ 財産管理型

財産管理を行い、管理費用の支出を避けたような場合である。

(B) 遺産分割審判・調停との関係

遺産分割審判（調停から審判に移行した場合も含む）で寄与分の主張を行う場合、別途寄与分を定める申立て（家手別表第2第14項）が必要である。この場合、遺産分割事件と寄与分事件は併合される（同法192条）。

遺産分割調停で寄与分に関する争いがある場合、調停委員より別途寄与分を定める申立てを促されることもある。

(C) 評価時

寄与分の評価時は、相続開始時である（通説。実務上ほぼ確立）。遺産分割時ではない。

4 分割方法の問題

(1) 基準

現物分割を原則とし（最判昭和30・5・31民集9巻6号793頁）、遺産の利用状態（なるべく現状維持）、細分化防止の観点および当事者の意向による。

(2) 現物分割

現物分割とは、原則的分割方法である。相続分に応じて、配偶者は不動産、

長女は株式、二男は金銭を各取得するという形で現物で分割する方法である。

相続分に応じて公平に分けられる現物があればよいが、不公平が生じるような場合は、次の代償分割を組み合わせて調整する。

(3) 代償分割（債務負担分割、代金分割）

代償分割とは、共同相続人の１人または数人に他の共同相続人に対する債務を負担させて、現物の分割に代える分割方法（家手195条）である。たとえば、唯一の遺産である不動産を長男が取得し、当該不動産の評価額を基礎として各共同相続人の相続分に応じた代償金を長男が支払うような場合である。

家事事件手続法195条に定める「特別の事情」として、現物を取得する相続人に債務支払能力があることを要件としている。このため、調停では、代償金の分割払いや、支払猶予を内容とする調停条項案に調停委員会から難色を示されることも多い。この場合、取得する現物財産に代償金支払債務を被担保債権とする担保権を設定する方法も考えられる。

(4) 換価分割

換価分割とは、遺産の全部または一部を換価してその換価金を分配する分割方法である。

審判では、換価を命じる裁判（遺産の競売または任意売却）の制度がある（家手194条）。

協議で換価分割する場合、方向性で合意に達しても、売却価格の設定、売却の実施者、売却方法および分配手続等でトラブルが発生しやすいので細目的事項まで合意しておくことが望ましい。

(5) 共有取得

共有取得とは、遺産を各共同相続人の共有（民249条）とする方法である。たとえば、遺産が不動産のみであり、長男が居住しているところ、長男に資力がなく、転居先もないときのように、上記の分割方法によることができないまたは適当でない場合に主として用いられる。

後日、共有物の使用収益方法や共有物の分割で争いが生じることが多いので、可能な限り避けるべき方法である。

第4章 遺産の範囲として問題となる物
——遺産適格性および遺産分割対象性

I 金銭

金銭は遺産であり、遺産分割の対象となる。

現金は、被相続人の死亡により相続人らの共有状態となり、相続人らは法定相続分に応じた持分権を取得する。相続分に応じて分割された額が当然に承継されるものではなく、遺産分割が成立していない以上、他の相続人に法定相続分に応じた引渡しを求めることはできない（最判平成4・4・10家月44巻8号16頁）。

II 預貯金（金銭債権）

預貯金等の金銭債権は、遺産であり、遺産分割の対象となる（最決平成28・12・19民集70巻8号2121頁）。

なお、従前の判例理論（最判昭和29・4・8民集8巻4号819頁）は、分割債権説を採用し、預金債権は、相続開始と同時に各相続人に分割して帰属することになるので共同所有状態が存在せず、分割対象性はないと解されていたが、前掲平成28年最高裁決定により、判例変更がなされている。

したがって、分割債権説を前提に、従前は、理論上認められていた、法定相続人の1人が自己の法定相続分につき預金の払い出しを求めることもでき

なくなる（最判平成29・4・6判時2337号34頁）。

III 株式

　株式は、遺産であり、遺産分割の対象となる。

　可分債権として扱うことが物理的に可能ではあるが（たとえば、相続開始と同時に、配偶者10株、長女5株、二男5株と分割承継することが可能である）、分割により端数が生じた場合、株式不可分の原則により準共有を承認せざるを得ないことから、可分債権と同列に扱うことはできず、遺産分割まで遺産たる株式すべてについて相続人間で準共有関係が生じ、相続分に応じた持分を有するにすぎないこととなる（東京高判昭和48・9・17高民集26巻3号288頁）。

IV 法定果実（不動産からの賃料収益）

　不動産からの賃料収益等の法定果実は、遺産である。下記判例理論からすれば、分割債権となるので、前記の預貯金と同様に分割対象性はないことになるが、預貯金と同様に当事者の合意があれば遺産分割の対象として扱うことは可能と解する。

　判例（最判平成17・9・8民集59巻7号1931頁）は、「遺産は、相続開始から遺産分割までの間、共同相続人の共有に属するものであるから、この間に遺産である賃貸不動産を使用管理した結果生ずる金銭債権たる賃料債権は、遺産分割により特定の相続人に帰属した遺産とは別個の財産というべきであって、各共同相続人がその相続分に応じて分割単独債権として確定的に取得」すると解している。

V 生命保険金（保険契約者＝被相続人）

生命保険金については、被保険者と受取人の関係によって異なる。

① 被保険者＝被相続人、受取人＝特定の相続人の場合

遺産ではない。指定された者は固有の権利として保険金請求権を取得する（大判昭和11・5・13民集15巻11号877頁）。

② 被保険者＝被相続人、受取人＝抽象的に「相続人」と定めた場合

遺産ではない。特段の事情がない限り、保険金請求権発生当時の相続人たる個人を受取人として指定したものと解され、相続人の固有財産となる（最判昭和40・2・2民集19巻1号1頁）。各相続人が受け取るべき割合は、法定相続分に従う（最判平成6・7・18民集48巻5号1233頁）。

③ 被保険者＝被相続人、受取人＝指定なしの場合

保険約款の「被保険者の相続人に支払います。」との条項の適用を受け、上記②と同じになる。

④ 被保険者＝被相続人、受取人＝被相続人の場合（養老保険等）

ⓐ 満期保険金（保険契約の満期後に被相続人が死亡した場合）

遺産である。保険契約の効力発生と同時に被相続人の固有財産となる。遺産分割対象性については、預貯金（前記Ⅱ）と同様になると解する。

ⓑ 保険事故による保険金（満期前に被相続人が死亡した場合）

保険契約者＝被相続人の意思を合理的に解釈すれば、相続人を受取人とする黙示の意思表示があったと解するか、少なくとも受取人の指定がなかったと解するのが相当であろう。

したがって、上記②、③と同じになる。

VI 死亡退職金

　死亡退職金は、原則として、遺産ではない。これらは法律または就業規則等の内規に根拠をおくが、法律による場合は、法律により受給者に固有の権利として与えられていると解され（東京高判昭和40・1・27下民集16巻1号105頁）、就業規則等による場合は、使用者と労働者間の第三者のためにする契約と解されるので、やはり受給者は固有の権利として取得すると解される（結論同旨：最判昭和55・11・27民集34巻6号815頁）。

　被相続人の固有財産とならず、遺産ではないが、特別受益の問題は生じうる。

VII 遺族年金

　遺族年金は、原則として遺産ではない。その性質等につき具体的に検討する必要があるが、厚生年金保険法の定める遺族厚生年金を例にすれば、遺族の範囲および順序が民法の規定と異なっていること、受給権の消滅事由または支給停止事由があることから、その性質は、遺族の生活保障を目的とするものといえ、受給者の固有の権利と考えられる。その他の遺族給付に関しても同様に、遺族の生活保障としての性質を有するものであれば、遺産性は否定されるものと思われる。

VIII 香　典

　香典は、遺産ではない。死者への贈与ではなく、死者の供養または遺族に対する慰謝のために贈られるものであり、被相続人の固有財産を形成しない。一般的に、香典は葬式費用に充当されるが、なお残額がある場合、喪主に帰属するという考え方が有力であるが、各相続人に帰属するという審判例がある（大阪家審昭和40・11・4家月18巻4号104頁）。

IX 祭祀財産(墓等)

祭祀財産(墓等)は、遺産ではない(民897条)。被相続人の指定があるときはその者が、ない場合は慣習に従った祭祀主宰者が承継する。慣習が明らかでないときは、家庭裁判所が定める(家手別表第2第11項)。

X 被相続人の遺骨

被相続人の遺骨は、遺産ではない。遺骨に所有権の客体性を肯定するとしても、客体性を有するのは被相続人の死亡後であり、被相続人の固有財産とはならない(通説。司法研修所編『遺産分割事件の処理をめぐる諸問題』254頁)。通説によれば、その所有権は、慣習法に基づき喪主たる者または祭祀主宰者に原始的に帰属するものと解されている。

XI 遺留分減殺請求による取戻財産

たとえば、相続人が長女および二男の2人だけで、相続財産が不動産Aのみの場合において、被相続人が不動産Aを長女に遺贈する旨の遺言があり、二男が遺留分減殺請求権を行使し、不動産Aの持分を有するに至った場合の当該取戻財産である(〔図1-4-1〕参照)。

〔図1-4-1〕 **遺留分減殺請求による取戻財産(例)**

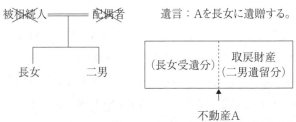

〔図1-4-2〕 **遺留分減殺請求による取戻財産の遺産分割手続**

不動産B（遺産）		不動産A（遺贈）	
長女相続分	二男相続分	取戻財産 二男遺留分	長女受遺分

　　　遺産分割（協議・調停・審判）　　　共有物分割（協議・調停・訴訟）

　遺留分減殺請求による取戻財産は、遺産ではない。すなわち不動産Aの共同所有状態は、民法上の共有になり、遺産分割の対象とならない。分割手続は、共有物分割（民256条）による（最判平成8・1・26民集50巻1号132頁）。

　したがって、〔図1-4-1〕の例において、遺産として不動産Aのほか、遺贈の対象となっていない不動産Bが存在すると想定した場合、「遺産（不動産AとB）」の分割手続は、〔図1-4-2〕のとおりとなる（取戻財産につき遺産説をとると、すべての財産につき遺産分割手続に基づき分割可能である）。

XII
遺産管理費用（相続開始後の固定資産税、賃借料等）

　遺産管理費用（相続開始後の固定資産税、賃借料等）は、積極・消極・折衷の3説が対立している。

　遺産の管理費用は、相続開始後に発生した遺産とは別個のものであり、相続人の債務となるものであるから、本書では消極説を支持したい。

　したがって、理論的には訴訟事項であると考えるが、相続人間で清算に関する合意があれば、協議または調停で解決することは可能と考える。

第5章 遺留分

I 遺留分の割合

1 総体的遺留分と個別的遺留分

〔図1-5-1〕 総体的遺留分と個別的遺留分

| 配偶者個別的遺留分1/4 | 同子 1/8 | 同子 1/8 | 可譲分(遺言等により処分可) 1/2 |

被相続人の遺産総体

総体的遺留分1/2

相続財産（遺産）は、被相続人が遺言・贈与により処分可能な可譲分（自由分）と自由に処分をなし得ない遺留分とに分かれる。遺留分権利者総体に帰属する相続財産部分を総体的遺留分といい、総体的遺留分を各遺留分権利者ごとに配分したものを個別的遺留分という。

可譲分が遺留分を侵害する遺言がなされたとしても、遺言そのものが無効になることはなく、個別的遺留分を侵害された相続人の遺留分減殺請求の問題となる。

2 遺留分権者と個別的遺留分

(1) 遺留分権者

遺留分権者は、配偶者・子・直系尊属である。兄弟姉妹は遺留分権者ではない（民1028条）。

代襲相続規定の準用がある（民1044条）。したがって、被相続人（祖母）死亡前に子（母）が死亡していた場合、孫も遺留分権者となる。

(2) 総体的遺留分の割合

総体的遺留分の割合（民1028条）は、下記のとおりである。

① 直系尊属のみが相続人の場合

　遺留分算定基礎財産額の3分の1

② 相続人がその他（配偶者、直系卑属）の場合

　遺留分算定基礎財産額の2分の1

(3) 個別的遺留分の割合

総体的遺留分の割合に法定相続分の割合を乗じて計算する（民1044条、900条）。

```
＊例1　直系尊属（父・母）のみが相続人の場合
　　総体的遺留分　　父・母相続分　　父・母個別的遺留分
　　　　1/3　　　×　　各1/2　　＝　　　各1/6
＊例2　配偶者（妻）と子2人が相続人の場合（〔図1-5-1〕のケース）
・配偶者
　　総体的遺留分　　妻相続分　　妻個別的遺留分
　　　　1/2　　　×　　1/2　　＝　　　1/4
・子
　　総体的遺留分　　子ら相続分　　子ら個別的遺留分
　　　　1/2　　　×　1/2×1/2　＝　　　各1/8
```

Ⅱ 遺留分の算定

1 遺留分算定基礎財産

遺留分算定基礎財産は、〔図1-5-2〕のとおりである。

なお、加算される贈与財産は、以下のものである。

① 相続開始前の1年間にしたもの（民1030条）
② 当事者双方が遺留分権者に損害を加えることを知って贈与したもの（民1030条）
③ 不当な対価による有償行為で当事者双方が遺留分権者に損害を加えることを知っていたもの（民1039条）
④ 共同相続人に対する特別受益（民1044条、903条）。持戻免除の意思表示があっても、全額算入される（最判平成10・3・24民集52巻2号433頁）

〔図1-5-2〕 遺留分算定基礎財産

2 具体的遺留分侵害額の算出

(1) 計算式

具体的遺留分侵害額を算出するための計算式は、下記のとおりである。

> 遺留分算定基礎財産×当該相続人の遺留分割合－当該相続人の特別受益額（受遺額＋受贈額）－純相続分額

(2) 具体例

下記に具体的遺留分侵害額を算出する例をあげる。

① 想　定

　相続人：長女、二女、三女のみ

　遺　言：二女に1400万円を遺贈する(e)。

　相続開始時の財産：3000万円(a)

　相続開始時の債務：1000万円(b)

　生前贈与：公益財団法人Xに3600万円寄付(c)

　特別受益：長女に400万円(d)

② 計　算

- 遺留分算定基礎額

　3000万円(a)＋3600万円(c)＋400万円(d)－1000万円(b)＝6000万円

- 各相続人の具体的相続分額（計算方法につき第3章III 3 (1)(F)参照）

　長女　（3000万円(a)＋400万円(d)）×1/3－400万円(d)≒733万円（民法903条に基づく相続分）

　　　　733万円－特別受益超過額負担分105万円＝628万円(f)

　二女　（3000万円(a)＋400万円(d)）×1/3－1400万円(e)＝0円

　　　　（－267万円……超過分は長女・三女が具体的相続分の割合（39.3：60.7）で負担）

　三女　（3000万円(a)＋400万円(d)）×1/3≒1133万円（民法903条に基づく相続分）

　　　　1133万円－特別受益超過額負担分162万円＝971万円(g)

- 各遺留分権者の遺留分侵害額

　長女　6000万円×1/6（一応の遺留分割合）－400万円(d)－628万円(f)＋333万円（相続債務(b)分担額）≒305万円

　二女　6000万円×1/6（一応の遺留分割合）－1400万円(e)－0円（相続による取得額）＋333万円（相続債務(b)分担額）＝0万円

　三女　6000万円×1/6（一応の遺留分割合）－971万円(g)＋333万円（相続債務(b)分担額）≒362万円

III 遺留分減殺請求権

1 法的性質

　遺留分減殺請求権の法的性質は、形成権であり、物権的効力を有する。すなわち、遺留分減殺の意思表示により当該侵害行為の効力は消滅する（通説・判例（最判昭和41・7・14民集20巻6号1183頁、最判昭和51・8・30民集30巻7号768頁））。

　行使の結果、対象となる遺贈・贈与等が未履行の場合は履行の義務を免れ、既履行の場合は、その返還を求めることができる。

2 限　度

　遺留分減殺請求権の限度は、遺留分を保全するのに必要な限度である（民1031条）。したがって、目的物（たとえば不動産）の一部減殺で遺留分を保全できる場合、遺留分減殺請求権行使の結果、当該目的物は、受遺者または受贈者と遺留分権者との共有関係が成立する。受遺者または受贈者が相続人の場合でも、この共有関係は民法上の共有となり、その分割手続は、遺産分割ではなく、共有物分割による（第4章XI参照）。

3 行使方法

　遺留分減殺請求権の行使は、意思表示の方法によればよく、詐害行為取消権とは異なり、訴えの方法によることを要しない（前掲最判昭和41・7・14）。

　訴訟の場合、一般に「遺留分減殺請求訴訟」と呼称されるが、遺留分減殺請求権が訴訟物となるわけではなく、行使の結果生じる効果として、遺留分権者に帰属した権利に基づく請求（所有権に基づく返還請求権としての移転登記請求権等）が訴訟物となる。

Ⅳ 遺留分減殺請求の相手方

1 範 囲

遺留分減殺請求の相手方の範囲は、下記のとおりである。

① 受遺者・受贈者およびそれらの包括承継人（民1031条）
② 悪意の特定承継人（民1040条1項）および悪意の権利設定者（同条2項）

2 共同相続人と遺留分減殺請求の範囲

共同相続人が受けた受遺・受贈については、それを受けた相続人の遺留分の額を限度とする（最判平成10・2・26民集52巻1号274頁）。

たとえば、①遺産が400、生前贈与・特別受益なし、②相続人は、長女、二女、三女、四女の子4名のみであり、③長女に250、二女に100、三女に50を遺贈する旨の遺言がなされている場合において、各遺留分権利者の個別的遺留分は8分の1、金額にすると各50となる。四女は、50の遺留分侵害を受けているが、三女の遺贈額は遺留分と同額であり、減殺請求の相手方とならない。すなわち遺留分を超える遺贈を受けた長女と二女が減殺請求の相手方となり、その行使額は、長女と二女の遺留分超過額（250－50＝200、100－50＝50）の割合（200：50＝4：1）による。

〔図1-5-3〕 共同相続人と遺留分減殺請求の範囲

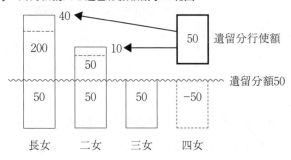

V 遺留分減殺請求権の行使

1 順序

(1) 原則

まず、遺贈が先であり、次に贈与となる（民1033条）。

(2) 遺贈内の順序

複数の遺贈がある場合は、遺言者が遺言で別段の意思表示をしていない限り、目的の価額の割合に応じて減殺する（民1034条）。

たとえば、減殺請求権者の侵害額が120万円、減殺請求の対象となる遺贈として、不動産A、B、Cがあり、その評価額がそれぞれ300万円、200万円、100万円の場合、減殺請求権者は、不動産A、B、Cそれぞれに対し、60万円、40万円、20万円の割合で減殺請求権を行使することになる。不動産Cを単独で取得し、不動産Bから侵害額残額の20万円を減殺するという、減殺対象の選択や特定はできない（東京地判昭和61・9・26家月39巻4号61頁）。

(3) 贈与内の順序

贈与は、後の贈与から前の贈与の順に、すなわち、被相続人の死亡時に近い順に減殺する（民1035条）。

(4) 共同相続人の受遺・受贈

前記Ⅳのとおり、共同相続人が受けた受遺・受贈については、それを受けた相続人の遺留分の額が限度となるので、第三者に対する贈与と相続人に対する遺贈があっても、当該遺贈が当該相続人の遺留分の範囲に収まっている場合、贈与を減殺することになる。

2 遺留分減殺請求権者の競合

(1) 説明

遺留分減殺請求権者が複数存在する場合、各減殺請求権者は、各侵害額に応じて、それぞれ遺贈・贈与等を減殺する。

減殺請求の順序・割合は、個別的に計算上定まるので、減殺請求の相手方が無資力の場合、その損失は減殺請求権者の負担に帰し、他の贈与等で損失分を埋め合わせすることはできない（民1037条）。

各減殺請求権者は、個別に、かつ、計算上の金額に従う限り、自由に減殺請求権を行使できる。

(2) **具体例**

遺留分減殺請求権者の競合の場合の対応について下記に具体例をあげる。

〈前記Ⅱ2(2)のケースの場合〉
- 減殺請求権者および侵害額は、長女：305万円、三女362万円、合計667万円。減殺の対象となり得るものは、公益財団法人Xに対する贈与3600万円と二女に対する遺贈1400万円。
- 長女と三女は、各侵害額の割合で、すなわち、305万円：362万円≒46：54の割合で減殺請求権を行使できる。
- 減殺の対象として、まず二女への遺贈1400万円が対象になるが、二女の遺留分額1000万円を超える400万円のみが対象となり、上記の侵害額の割合に応じ、長女184万円、三女216万円をそれぞれ行使できる。
- 上記のみでは、長女および三女の遺留分侵害額合計に満たないので、差額分（667万円－400万円）の267万円につき、公益財団法人Xの贈与3600万円を減殺する。この場合も長女と二女の侵害額の割合に応じ、長女123万円、三女144万円をそれぞれ行使できる。
- 計算上、各人の減殺請求の額と対象は以下のとおりとなる。

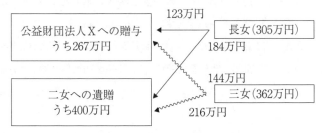

- 長女または三女は、他の減殺請求権者の権利行使と関係なく、上記金額内で個別に権利行使が可能であり、X、二女どちらを先に権利行使してもかまわ

- ない。
- 仮に二女が破産開始決定を受け、無資力となった場合、長女または三女は、その損失分を自ら負担し、その損失分をXに請求することはできない。

3 減殺の実現方法

(1) 原　則

　遺贈・贈与の目的物が特定されている場合、現物返還が原則である。既述のとおり、減殺請求対象の選択・特定はできないので、不動産等不可分物が対象物であれば、ほとんどの場合一部減殺（割合的な減殺）を求めることになり、その結果、当該財産は共同所有状態となる。この共同所有状態につき、民法上の共有となること、その分割方法は、共有物分割の手続によることは第4章XIのとおりである。

(2) 例　外

　遺留分減殺請求を受けた受遺者・受贈者は、現物の返還の代わりに、その価額を弁償することにより、現物の返還義務を免れることができる（民1041条）。複数の減殺目的物がある場合、受遺者・受贈者は、任意の目的物を選択して価額弁償を行うことができる（最判平成12・7・11民集54巻6号1886頁）。

　受遺者・受贈者からの価額弁償の意思表示がない限り、遺留分権利者が価額弁償を求めることはできないと解されている。

　現物返還義務を免れるのは、価額の弁償を現実に履行したときまたは弁済の提供を行ったときであり（最判昭和54・7・10民集33巻5号562頁）、評価の基準時は、現実に弁償がされるとき（価額弁償を請求する訴訟が提起されている場合は、口頭弁論終結時）である（最判昭和51・8・30民集30巻7号768頁）。

第2編 相続事件の現場
──モデルケースを素材として

第1章 遺産分割協議——調整型事例

I 事案の概要

―〈*Case* ①〉―

　被相続人Aの遺産に関し、相続人である妻B女と子3名（長女C子、長男D男、二男E男）の遺産分割協議を成立させるべく、弁護士が調整役として活動する。

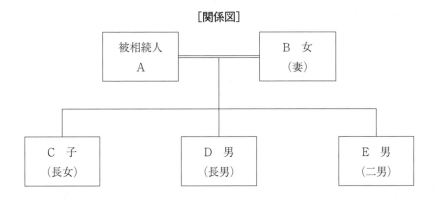

［関係図］

II 実務上のポイント

〈*Case* ①〉における実務上のポイントは、以下の2点である。
① 調整型の相続事件の特徴
② 具体的な調整方法

III 相談と受任

1 税理士からの相談

X弁護士は知り合いのY税理士からの電話を受けた。相続税申告に際しての遺産分割協議で相談があるらしい。

> X弁護士：Y先生お久しぶりです、お元気ですか。今日はどうしましたか。
> Y税理士：ええ、実は相続税の申告で依頼を受けている件があるのですが、遺産分割協議をしようと思ったら、相続人がいろいろ言い出して調整が難しくなってしまいました。申告期限もあるし、ちょっと私の手には負えそうにないので、先生のお力を借りたいと思いまして……。

Y税理士から詳しい話を聞いたところ、事実関係の概要は以下のとおりであった。
① 被相続人Aが昨年亡くなり相続が発生した。遺言はなし。相続人は、妻のB女、長女C子、長男D男、二男E男の4名である。
② 主な遺産は、ⓐB女と長男D男夫婦が住む実家、ⓑ二男E男の住む自宅（ただし共有持分）、ⓒ賃貸アパート1棟、ⓓ保険、ⓔ現預金である。
③ 妻B女の介護をめぐって兄弟間で若干軋轢がある。

④ 被相続人Aの葬儀費用は長男D男が負担している。

X弁護士：法定相続分を基準として分けられないのですか。

Y税理士：一応そのように考えてはいたのですが、誰が何をどの程度取得するかということについて、意見が分かれています。まずは不動産をどうやって分けるべきかがポイントになりそうですが。

X弁護士：なるほど、不動産については、評価額にもよりますが、現状誰がどこに住んでいるか、今後住み続けるかなどを基準に考えるのがよいと思います。共有にするのはあまりよくないでしょうから、不動産はなるべく単独で取得するのがよいと思います。あとは、現預金を必要とする人が誰かだとか、そのあたりの意向を聞き取って調整することになりますね。介護の問題も含めて、詳しいお話はご本人らからお聞きしてみますが、私はどのような形で関与したらよいでしょうか。誰が依頼者ということになりますか。

Y税理士：そのあたりをご相談したいのですが、たとえば、こういう事案だと、弁護士としてどのような関与がありうるのでしょうか。全員の代理人として先生が遺産分割協議をする、ということになりますか。本件は、皆さん裁判まではやりたくないという意向でして、話合いで穏便に決着したいと思っています。私としても、申告期限に間に合うのであればそうしたいので、話合いによる解決が望ましいと考えています。

X弁護士：相続税の申告は相続開始から10カ月以内でしたよね。亡くなったのが○月○日だから……現時点で6カ月以上経過していますので、今から遺産分割調停や審判をすると申告期限までに間に合わないでしょうね。でも、確か未分割財産として法定相続分で一応申告可能ではなかったのではありませんか。

Y税理士：そうですが、本件では小規模宅地等の特例を使うのですが、未分割だとこれが使えないのです。いったん未分割で申告して、あとで修正または更正請求を入れるのも可能ではありますが、期限内に分割協議を成立させて普通に申告できればそれに越したことはないのです。

X弁護士：わかりました。弁護士が遺産分割協議に介入する場合ですが、やり方としては大きく2つあります。1つは、ある特定の方の代理人としてその他の方と対立的に代理人として活動する方法です。よくある形ですね。たとえば、妻の代理人につけば、子3名を相手にして、妻の利益を最大限確保すべく活動します。まずは任意の遺産分割協議成立に向けて話合いをしますが、誰か反対すれば、最終的には遺産分割調停や審判などの裁判所での手続に移行して、遺産分割協議を成立させることになります。ただ、本件では調停までもつれると10カ月を超えてしまいますね。

　　　　　もう1つのやり方としては、誰か特定の代理人というわけではなくて、あくまで皆さんの調整役、交通整理役として入る方法です。皆さんの意向を聞きながら遺産分割協議書を作成していって、円満に協議成立をめざす、というやり方です。

Y税理士：なるほど、そういう調整型という方法もあるのですね。ちなみに、誰か特定の代理人になる場合、複数名の代理人も兼ねることは可能でしょうか。

X弁護士：複数名の代理人として活動することも一応可能です。たとえば、妻と長男の2名の代理人として、長女と二男を相手にする、という場合です。ただ、妻と長男の間が調整できていればよいのですが、利益対立が顕在化して調整がつかなくなった場合には、妻と長男両方の代理人を辞任することになります。これだと、当事者同士が仲違いした場合、事件を途中で

　　　　　　放り出す結果となってしまいますので、慎重な対応が必要で
　　　　　　す。
Y税理士：その場合、どちらか1人だけの代理人で残る、というわけに
　　　　　　はいかないのですか。
X弁護士：駄目です。たとえば妻だけの代理人に残るとしたら、すでに
　　　　　　長男の代理人として長男の利益を確保する立場に立って活動
　　　　　　してしまっていますから、いまさら手のひらを返すようなこ
　　　　　　とはできません。
Y税理士：なるほど、よくわかりました。今回は、皆さんも裁判までは
　　　　　　望んでいませんし、そこまでの対立とも思えませんので、調
　　　　　　整型でお願いしたいと思います。私も遺産分割協議成立のた
　　　　　　めに協力しますので、よろしくお願いします。
X弁護士：わかりました。では後日ご本人らにお会いして話をしてみま
　　　　　　しょう。

2　弁護士のつぶやき
(1)　調整型遺産分割協議

　今回は税理士からの紹介事件である。仲の良い税理士がいるとそこから事件が入ってくることがあり大変ありがたい。税理士にとってもよくわからない法務関係を丸投げでき、かつ（当該弁護士がきちんと仕事をすればという条件付きであるが）クライアントの信頼も得られるので、お互いに Win-Win の関係といえよう。

　さて、今回は調整型の遺産分割協議事案である。弁護士は対立的な（いわば法に基づいた「けんか」）仕事が多いが、時として、当事者のみでは話合いが難しい場合の調整・交通整理役を担うことがある。私的な調停、といったところであろうか。

　ただ、本当に調整役として入ることができるかどうかは、慎重な判断を要

するところであり、通常の対立的事件よりも困難を伴う場合もある。

　調整役として入ることができる場合の前提条件としては、当事者間に最低限の信頼関係があり、調整可能な余地があることである。峻烈な対立関係で互譲の余地もなければ、調整役で入るべきではない。いったん調整役で入って、当事者全員の話を聞いてしまうと、後に敵対する相手方からも相談を受けたということで、その後特定の者の代理人活動もできなくなる可能性がある。

　したがって、調整役として入る場合には、最初に誰の、どの程度の話を聞くかが重要である。最初に接触する当事者から話を聞いた段階で調整不能と判断した場合でも、当該相談者の代理人として行動することは可能であるからである。

(2) 調整型の遺産分割協議の手順

　調整型遺産分割協議の進め方といっても、基本的には代理人型と同じと考えてよいだろう。一般的な手順としては以下のとおりである。

① 遺言の有無の確認→遺言があれば、原則的には遺言に従う（遺言無効の場合は別）
② 相続人の範囲の確認
③ 相続財産の確認と評価額の検討
④ 法定相続分のほか、特別受益・寄与分等の検討

　ただ、代理人型と異なる点は、相続人皆が納得する（少なくとも合意しうる）遺産分割協議を行うことが目的である、という点である。したがって、当事者間で主張が対立する場合には、その主張が事実であるか（事実認定）、仮に事実だとすると、遺産分割協議においてはいかなる法的意味があるか（法的主張と評価）を調整役弁護士が行い、それを当事者にフィードバックして協議する必要がある。したがって、調整役弁護士は上記を的確に行い、当事者らにわかりやすく説明して納得してもらう作業が必要であり、そのためにも当事者全員から一定の信頼を得る必要がある。逆にいえば、全当事者から一定の信頼を得られれば、遺産分割協議成立の可能性はかなり高まったと

いえよう。

(3) 複数人の代理人の場合

調整型遺産分割協議ではないが、複数人の利害が一致しているものの、特定人との利害が合致しない場合には、利害が一致する複数人の代理人として遺産分割協議に関与する場合がある。

裁判手続（調停等）で遺産分割協議を行う場合、申立て時には複数人の代理人として申立てをして遺産分割調停に関与するが、調停成立時には、成立時のみ形式的に潜在的利益相反関係を解消すべく、特定の者だけの代理人となり、その余の者については本人が出頭するか、または「○○内容の遺産分割調停が成立しても異議がない」旨の念書を裁判所に提出する必要があろう。

したがって、複数人の代理人に就任する場合には、調停成立時に上記のような手続を要すること、場合によっては本人に出頭を要することがある旨説明しておく必要がある（特に遠方の場合には注意が必要である）。

3　長男D男の話

Y税理士によると、今回の事情を最もよくわかっているのが長男D男らしい。X弁護士は、Y税理士とともにD男の自宅へ向かった。

> Y税理士：こんにちは。この間お話した弁護士さんを連れて来ましたよ。
> D　男　：先生こんにちは、よろしくお願いします。
> X弁護士：初めまして、Xです。話の概要はY先生から聞いています。何でも遺産分割協議の調整が難航しているとか。
> D　男　：そうなのです。まずは私の状況からご説明します。私は実家で両親と同居しており、父は数年前に体調を崩してから自宅療養をしていましたが、昨年亡くなりました。母も昨年から認知症が出てきましたが、まださほど重度ではないのが救いです。ただ、今後は施設入所も考えなければならないと思います。ですので、母には現金を相続させたほうがよいのかも

しれないと思うのですが、この家を私が継ぐのもちょっと気が引けています。実は、私の妻が母の面倒をみているのですが、最近母と妻の折り合いが悪いのです。私も仕事にかまけて妻に母の面倒を任せきりにしてしまったのも悪かったのですが、将来的には母とは別居して別のところを借りようかとも思っている次第でして。まあ、しばらくはまだ同居しようとは思っていますが。

X弁護士：なるほど。Y先生、遺産目録はありますか。

Y税理士：はい、こちらです（〈表2-1-1〉参照）。

X弁護士：借入金などはありますか。

D　男：借入れはありませんが、父の葬儀費用は私が出しています。大体150万円だったと思います。先生、これは相続財産から出してもらえないのでしょうか。

X弁護士：葬儀費用は当然に相続財産から出すわけではありません。法的には喪主の負担ということになります。ただ、実際には故人が自分の財産で賄うつもりのことも多いですし、相続人らもそれでよいという場合が少なくありません。他の兄弟はどう言っていますか。

D　男：二男のE男は不服そうでしたね。兄貴は香典をもらっているからそれで葬式費用も出ただろう、と言われました。まあ、確かに香典分も考えると少し足が出たくらいで済んでいますので、私も別にこだわりません。

X弁護士：そうですか。どちらの処理もありうるとは思いますが、とりあえず葬儀費用は考えないで計算すると、遺産総額としては8000万円ということになりますね。

Y税理士：そのほかにも保険金がいくつかありますが、受取人はAではなく妻のB女だとか二男のE男などになっていますので、遺産分割の対象外、という理解でよろしいでしょうか。

X弁護士：他の遺産と比してその保険金額がとても大きい場合には特別受益的な扱いもありますが、さほど大きくなければ特有財産扱いでよいと思います。ちなみに、この遺産目録の評価額は何の額を入れていますか。

Y税理士：路線価ベースで入れています。固定資産評価額よりは大きくなりますが、実際の時価よりは気持安い程度でしょうか。今回の物件は時価と大きく乖離している、とまでは言えないので、これでもよいかなと思っています。

D　男：不動産の価格が違うのですか。

X弁護士：はい、不動産の評価額は、公的には固定資産評価額、公示価格、基準値価格、路線価価格とありますが、実勢価格、すなわち実際に取引される額とは異なることが多いですね。よく、固定資産評価額は実勢価格の7割程度、路線価は8割程度などと言われますが、今回の物件はそこまで違うわけではなさそうです。評価額をいくらにするかで相続額も異なってきますから、厳密に争う場合には評価額も争いになりますね。ただ、もし皆さんに異議がなければ、Y税理士に調べていただいた路線価ベースの価格で話を進めてもよいと思います。

D　男：そうですか。少なくとも私と母は異論ないと思います。

X弁護士：わかりました。最終的には他の方の意見も聞いて決めましょう。

　　　　次に、分け方を考える前提として、各不動産の使用状況をお聞きしますね。まずご実家ですが、しばらくはB女さんとD男さんご夫婦が住む、と。二男のE男さんも自宅を転居する予定はなさそうですね。賃貸アパートはずっとお父様が管理していたのでしょうか。

D　男：そうです。私たちは全く関与していません。

X弁護士：誰かこの不動産がどうしても欲しい、またはどうしてもお金

がよいという方はいますか。

D　男：自宅には住み続けるとしても、それ以外は特にないと思います。ただ、母の介護費や今後の施設入所費用を考えると、母には現金か、または賃料収入があってもいいかもしれません。とはいえ、母に不動産を相続させると、次の相続の際に揉める気もします……。生前父は、私が長男だから、私が全部相続しろ、その代わりに母の面倒はお前が全部みろ、とも言われたことがあります。このあたりは、他の兄弟の意見も聞きながら考えたいと思っています。それから、遺産分割協議とは直接関係がないのですが、二男のE男の自宅は、私が建築資金を援助したために私に6分の1の持分があります。できればこれを機に共有状態を解消したいので、E男に私の持分を買い取ってもらいたいのです。買取りが無理であれば、とにかくE男に名義移転だけでもしたいのです。

X弁護士：そうですか。でもどうしてですか。弟さんが買取りをしないのであれば、そのまま持分を持ち続けることでよいのではありませんか。

D　男：実は、私と弟とは母の介護をめぐって感情的なしこりがあるのです。私の妻が主に母の面倒をみていて、長女のC子も時々手伝いに来ています。ただ、二男のE男だけは母の面倒をあまりみないので、妻が怒ってE男とけんかをしたことがあるのです。それからというもの、私がE男の自宅に持分があることに、弟も妻もあまりいい顔をしないのです。

X弁護士：う～ん、これは遺産分割とは別に弟さんに打診してみないとわかりませんね。この件はさておき、まずは私のほうで遺産の分け方の案をいくつか提示したいと思います。次回は他の相続人の方もなるべくご同席いただけると助かります。

D　男：わかりました。皆に伝えておきます。

> X弁護士：おっと、大事なことを忘れていました。委任契約と弁護士費用の件ですが、あとで見積書と契約書案をお送りしますのでご確認をお願いします。

〈表 2-1-1〉 遺産目録（〈*Case* ①〉）

項　目	評価額（不動産は路線価ベース）	特　記
実家不動産	1500万円	妻B女、長男D男夫妻居住
賃貸アパート	3500万円	入居者3名、賃料収入月15万円
二男E男自宅	2000万円	遺産は共有持分2分の1。残り6分の1は長男D男、3分の1は二男E男持分
生命保険	500万円	受取人はA
現預金	500万円	

4　今後の進め方の検討

今日は長男D男からの概要確認をしたが、二男E男の自宅持分の件は直接遺産とは関係がないので、とりあえず横においておく。それ以外は何とか調整型でいけそうな気がする。分け方も考えるとして、まずは見積書提示と契約書のサインをもらわなければ。

まず、遺産目録を基に分割案をいくつか作成して、それを相続人らにみせながら方向性を決めていこうか。

(1)　委任契約書の作成

弁護士が事件を受任するにあたり、原則として弁護士報酬に関する事項を含む委任契約書を作成しなければならない（弁護士職務基本規程30条1項本文）。調整型の場合、誰から署名押印をもらうべきだろうか。

もちろん、相続人全員からもらうことができればそれに越したことはない。

しかし、実際には相続人が複数いる場合、全員から署名押印をもらうことが困難な場合もある。その場合には、相続人代表者名義でもらうことも１つの方法と考えられよう。

　また、調整型の特徴として、紛争が顕在化した場合には辞任しなければならない。依頼者に再確認させる意味でも、これを特記事項として記載するのが望ましいであろう。たとえば、「本件は、円満に遺産分割協議が成立することを目的とするものであり、任意の遺産分割協議が不成立の場合（調停申立て等を含む）には、受任弁護士が委任契約を解除することができるものとする」などと記載するのも方法であろう（その場合の弁護士費用の取扱いも規定しておいたほうがよい）。

　なお、弁護士費用の支払いについては、当事者の了解があれば必ずしも相続人全員が等分に負担しなければならないものではないから支払いは誰か１人が負担することもあり得る。しかし負担者のみの利益を尊重した遺産分割協議を行うべきでないことは当然のことである。

(2) 調整型遺産分割協議の進め方

　調整型遺産分割協議の場合、進め方としては大きく２つの方法があるように思う。

　１つは、最初に全員の意見を聞き、そのうえで遺産分割協議書案を作成する方法である。受任時または受任直後に相続人全員が一同に会する場がある場合（または各相続人の希望をすべて聞くことができる状況がある場合）はこの方法による。比較的少人数の場合には手っ取り早い。しかし、人数も多く利害対立が若干ある場合には、面談時に収拾がつかない状況に陥る可能性もある。

　もう１つは、まず相続人中特定の人物から概要を聴取し、これを基に、弁護士が客観的に相当と判断しうる分割案を作成し、各相続人の意見を集約していく方法である。

　この場合は、具体的な分割案を基に話を進めていくため、各相続人もイメージがつかみやすく意見を述べやすい。分割案を作成する場合、たとえば、

①法定相続分で分けるとどうなるか（最もスタンダードな形）、②誰か1人が相続するなど極端な形（比較のための提示）、③その中庸をとって、ある程度特色があるが相続人が許容しうる程度の形（実際に分割協議として相当だと考え得るもの）の3つを提示するのも1つの方法である。

IV 分割協議案の作成（1回目）

　事務所に帰ったX弁護士は、Y税理士からもらった遺産目録（〈表1-2-1〉）と、長男D男の話を基に、分割案の骨子を作成した。

　今回は不動産を売却して金銭にすることまでは皆想定していないとのことであったため、売却するスキームは考えないことにした。

〈表2-1-2〉　当事者の法定相続分と遺留分（〈*Case* ①〉）

	法定相続分	遺留分
妻B女	4000万円	2000万円
長女C子	1333万円	666万円
長男D男	1333万円	666万円
二男E男	1333万円	666万円

※前提：法定相続分と遺留分（遺産8000万円評価）

　まずは各自の法定相続分を確認する。最も公平なのは、この額どおりで分け、分けきれない部分は代償金で調整する方法である。

　しかし、ある程度柔軟な協議ができる場合には、厳密に法定相続分どおりにする必要もない。もっとも、遺留分を割るような提案は少なくとも第1案としては避けたほうがよいだろう。

IV 分割協議案の作成（1回目）

〈表2-1-3〉 遺産分割案の骨子・第1案（法定相続分ベースで不動産を割り付けていく方法）（〈Case ①〉）

	実家	アパート	二男自宅	保険金	現預金	代償金	合計額
B女		3500万円		500万円			4000万円
C子					500万円	＋834万円	1334万円
D男	1500万円					－167万円	1333万円
E男			2000万円			－667万円	1333万円

※C子は法定相続額よりも1万円多いが端数処理の問題である。

　考え方としては、まず、分割が困難（または避けるべき）である不動産を基準に、法定相続分に近い不動産を割り付ける。〈Case ①〉では、アパートの価値が最も高く3500万円であるから、これを妻B女に割り付ける。二男E男の自宅は、現在住んでいるE男が通常相続すべきであるため、E男に割り付ける。実家についても、現在住んでいるD男に割り付ける。しかし、D男とE男に割り付けた不動産はいずれも法定相続分の評価額を超えるため、超えた分については代償金を足りない者に支払うこととする（〈表2-1-3〉の代償金欄参照）。

　したがって、D男は1500万円と法定相続分の差額167万円を代償金として支払い、E男は、2000万円と法定相続分の差額667万円を代償金として支払うことになる。

　残りは長女のC子が1333万円分、妻のB女が500万円分不足しているから、これを残った現預金や保険金、代償金で割り付ける。

　以上より、この考え方では、妻のB女にアパートを相続させるため、今後の生活の糧ができることがメリットであるが、特に二男のE男は代償金を支払う原資があるかが問題となる。逆に長女のC子は流動資産である現金を手にするため、現状維持にすぎないにもかかわらず逆に現金を支払う立場におかれるE男らから異論が出るかもしれない。

〈表 2-1-4〉 遺産分割案の骨子・第 2 案（実家を妻 B 女が相続して居住権を確保する方法）（〈Case ①〉）

	実家	アパート	二男自宅	保険金	現預金	代償金	合計額
B 女	1500万円			500万円		＋2000万円	4000万円
C 子					500万円	＋834万円	1334万円
D 男		3500万円				－2167万円	1333万円
E 男			2000万円			－667万円	1333万円

※ C 子は法定相続額よりも 1 万円多いが端数処理の問題である。

　次に、妻 B 女に実家を相続させ、B 女が安心して実家で生活できるよう居住権を確保する方法である。二男の E 男に二男自宅を相続させることは変わらない。アパートを誰が相続するかであるが、長女の C 子または長男 D 男いずれが相続しても、法定相続分をベースにすると多額の代償金が必要となる。また、E 男が相応の代償金を要する可能性があることも第 1 案と同様である。アパートを相続する者の資力や、代償金額をどうするかの調整ができるか否かがポイントとなろう。

〈表 2-1-5〉 遺産分割案の骨子・第 3 案（長男 D 男が多めに相続し妻 B 女の介護を引き受ける方法）（〈Case ①〉）

	実家	アパート	二男自宅	保険金	現預金	代償金	合計額
B 女	1500万円					＋334万円	1834万円
C 子				500万円	500万円	＋333万円	1333万円
D 男		3500万円					3500万円
E 男			2000万円			－667万円	1333万円

※ B 女への代償金額 1 万円は端数処理の問題である。

最後に、長男D男に多めに相続させる代わりに、妻B女の介護負担を条件とする方法である。B女には実家を相続させ居住権を確保すること、二男E男の自宅の処理も第2案と同様であるが、同居するD男が介護の責任を引き受けるという点で、B女には安心できる形なのかもしれない。また、長女のC子や二男のE男の取り分を小さくし、その分をD男が相続する形にすれば、亡Aの遺志といわれる「長男D男がすべてを相続する」という形に近いものになる。

　なお、結局二男のE男が自宅を相続する場合には、まともに法定相続分で考えるとどうしてもE男が代償金を支払うことが必要になってしまう。この点をどう解決しうるか（E男が金銭を用意するのか、または代償金を減額または免除するのか）ということは共通の問題である。

　ほかにもパターンはいくつもあるが、とりあえずはこの程度にして、あとは他の相続人からも意見を聞いてから具体的に考えることにする。

V　各人の意向調査

1　妻B女、長女C子および長男D男との面談

　X弁護士は事務所で妻B女、長女C子、長男D男と面談した。二男のE男は日中仕事が忙しく来られないとのことであった。

> X弁護士：今日は先日D男さんからうかがった事情を基に、私のほうで遺産の分割方法を少し考えてみました。これがすべてではないですし、単なる例ですが、確認しながら皆さん一緒に考えてみてください。遺産総額は、仮の数字ですが8000万円程度です。これは路線価ベースで計算していますが、特にご異論なければこれを前提として進めたいと思います。さて、3つの案の考え方ですが……。

X弁護士は、作成した分割案3案を提示しながら説明した。妻B女は、法定相続分という概念は知っていたものの、合意すればどのように分けてもよいという説明には驚いた様子であった。C子は熱心に分割案の数字をみている。X弁護士は、不動産は後々のことを考えるとなるべく単独所有にすべきこと、今住んでいる方が相続すべきであること、調整は代償金で行う方法があること、どうしても代償金で調整できなければ不動産を売却して金銭で分けることなど一般論を説明した。

C　子：私はどの遺産が欲しいということは特にありません。額も法定相続分でなくてもよいです。ただ、二男のE男には、母の面倒をきちんとみるように約束させたいですね。私は預金はさほどないので、仮に不動産を相続しても代償金は払えません。

D　男：私は少しなら代償金を払えますが、それでも第2案（〈表2-1-4〉参照）のように2000万円以上もの代償金なんて払えませんよ。かといって、実家を相続するのも気が引けます。

B　女：私は正直相続しなくてもよいです。息子たちがきちんと面倒をみてくれればそれでかまいません。長男のD男と一緒に暮らしていますから、場合によっては私の相続分をD男にあげてもいいです。先生、どうかよいように分けてやってください。

C　子：そうですね、私も先生がよいと思う分け方なら納得できます。ただ、母が全然相続しないのもよくないので、相応に相続してもらったほうがよいと思います。また、E男もきちんと母の面倒をみることと、E男の自宅の共有状態は解消しておいたほうがよいと思います。E男は長男のD男の持分をとても気にしていて引け目に感じているので、自宅が100％自分の物になれば少しは気持も落ち着くと思います。

> X弁護士：E男さんの自宅の持分の件は、本件遺産分割協議とは直接の関係はないのですが、どうも皆さんのお話をうかがっていると、一緒に解決できたほうがよさそうですね。それから、B女さんの相続分とD男さんの相続分を一緒に考えることができるのであれば、かなり柔軟な遺産分割ができそうです。私のほうでもう一度考えてみます。今度はE男さんも同席してもらって検討しましょう。

2　二男E男の希望

　二男のE男とはなかなか会えない日が続いたが、長女C子を通じて、E男は予想どおり自宅を相続したいこと、また、できれば長男D男が有している自宅持分をE男に移転したいとの意向が示された。B女の介護についてはどのような意見を有しているのかはわからないが、遺産分割とは別途、E男の妻が生命保険金を受け取っているとの情報も得た。
　これを前提に、さらに分割案を練り直すことにした。

3　全員での面談と意向確認

　X弁護士は新たに作成した分割案を手に、指定された喫茶店に出向いた。

(1)　遺産分割の修正案

まず、確実なところから決めると、
- 二男E男は自宅を相続する。
- 妻B女の居住権を確保すべく、実家はB女が相続する。
- 長女C子はアパートを相続したくないとのことだったため、アパートは長男D男が相続する（B女とD男はワンセットと考える）。
- C子は現預金と保険金を相続する。

というところであろうか。あとは、
- 代償金は計算上発生しうるが、どの程度にするかは話合いで決める。た

〈表 2-1-6〉 遺産分割案の骨子・修正分割案（〈Case ①〉）

	実家	アパート	二男自宅	保険金	現預金	代償金	合計額
B女	1500万円					＋〇万円	1500万円 ＋〇万円
D男		3500万円					3500万円
C子				500万円	500万円	＋〇万円	1000万円 ＋〇万円
E男			2000万円			－〇万円	2000万円 －〇円

だしE男は妻が生命保険を相続しているため、若干の現金は用意できるはずである。

・遺産分割協議とは別になるが、同時期にD男の二男自宅についての6分の1持分をE男に移転する。相当価格での売買が困難になると、譲渡所得税の問題が生ずることを説明する。

このあたりが落としどころであろうか。上記は様子をみながら提案することにする。

(2) 遺産分割協議の成立

X弁護士が喫茶店に着くと、今回は相続人全員が揃っている。Y税理士にも同席してもらう。

X弁護士は、あらためて今回集まってもらった趣旨を説明し、遺産分割案を記載した書類を示しながら説明した。当初は緊張した表情だった二男のE男も、X弁護士らが丁寧に説明し、時には笑顔を交えながら話す様子に、徐々にリラックスする様子がうかがえた。

二男E男からは、不動産の評価額について質問が出たが、Y税理士から説明を受け納得した表情を浮かべた。これで相続人の範囲、遺産の範囲および評価額といった分割協議の前提問題はクリアである。あとは分け方だ。

法定相続分どおりでなくともよいが、一応の目安にはなることを説明しつつ、まずは不動産の割り付けについて説明する。特に違和感なく受け入れられそうである。

　問題は代償金の金額である。二男Ｅ男に問うと、妻の保険金の範囲であれば代償金を払うことは可能との回答であったが、同時に長男Ｄ男の自宅持分を移転してほしいとの要望も出た。

　厳密に考えると、長男Ｄ男の代償金額は不十分であるし、二男の自宅持分をＤ男から譲渡を受ける法的理由もない。しかし、Ｃ子やＤ男は、Ｅ男がきちんと母親の面倒をみることを約束するのであれば受け入れるとのことであった。Ｂ女も異論はない。

　Ｘ弁護士は、Ｙ税理士とも協力しながら、相続人らの様子をみつつ慎重に話を進め、おおむね上記の方向で分割協議を成立させることの同意を得た。最後に、相続開始から遺産分割協議成立までの間のアパート賃料をどうするか、法定相続で取得するということもあるが、話合いで決めることでもかまわないと述べると、アパートを相続する長男のＤ男が取得する代わりに、固定資産税等の費用もＤ男が負担する、という結論に落ち着いた。

　これらを確認したＸ弁護士は、正式な遺産分割協議書は後日作成し郵送持ち回りで調印することを説明し、面談を終了した。

　【書式2-1-1】は成立した遺産分割協議書である。

【書式2-1-1】　遺産分割協議書（〈*Case* ①〉）

遺産分割協議書

　被相続人Ａ（本籍：○○県○○市……）は、平成○年○月○日に死亡したので、共同相続人であるＢ女、Ｃ子、Ｄ男、Ｅ男は、被相続人の遺産について、以下のとおり遺産分割協議をした。

　1　相続人全員は、別紙遺産目録記載の各財産が、被相続人Ａの遺産である

ことを確認し、次のとおり分割する。
(1) 相続人B女は、同目録1(1)及び(2)記載の各財産を取得する。
(2) 相続人C子は、同目録2（預貯金の利息も含む）及び3記載の各財産を取得する。
(3) 相続人D男は、同目録1(3)及び(4)記載の各財産を取得する。
(4) 相続人E男は、同目録1(5)及び(6)記載の各財産を取得する。

2 相続人全員は、別紙遺産目録1(3)及び(4)記載の不動産について、平成○年○月○日から本日までの賃料収入を、本件遺産分割の対象とすることを確認し、相続人D男がこれを取得する。

3 相続人E男は、相続人B女に対し、第1条(4)記載の遺産を取得した代償として、金○万○円を平成○年○月末日限り支払う。但し、本代償金は、E男の妻が受取人となる保険金を原資とするため、同日までに保険金支払手続きが完了しない場合には、手続き完了後速やかに支払う。

4 将来別紙遺産目録記載の各財産以外に、被相続人Aの遺産（但し、積極財産に限る）が発見されたときは、相続人B女が全て相続する。

5 相続人C子、同D男及び同E男の3名は、互いに協力して今後の相続人B女の生活を全面的に援助し、同人の介護・生活費を平等に負担することを相互に確認する（事情により介護労働の提供ができない者は、それに替わる金銭的負担をするものとする）。
　なお、本協議の際、相続人E男は、例えば週末は相続人B女をE男自宅に宿泊させ介護する用意があることを表明しており、相続人C子、同D男及び同E男の3名は、今後相続人B女の意向に配慮しつつ、協力して相続人B女の介護を行うことを相互に確認する。

以上の協議を証するため、この協議書を4通作成し、各自1通ずつ所持する。
　　　　　　　　　　　　　　　　　　　　　　平成○年○月○日
（相続人：B女）

```
        住　所
        氏　名
(相続人：C子)
        住　所
        氏　名
(相続人：D男)
        住　所
        氏　名
(相続人：E男)
        住　所
        氏　名
```

遺　産　目　録

1　不動産
　(1)　所　　在　　○○……
　　　 地　　番　　××番1
　　　 地　　目　　宅地
　　　 地　　積　　○○平方メートル
　(2)　所　　在　　○○……
　　　 種　　類　　××
　　　 構　造　等　△△
　　　 床　面　積　1階　　○○平方メートル
　　　　　　　　　 2階　　○○平方メートル
　(3)　所　　在　　○○……
　　　 地　　番　　××番2
　　　 地　　目　　宅地
　　　 地　　積　　○○平方メートル
　(4)　所　　在　　○○……
　　　 種　　類　　××
　　　 構　造　等　△△

　　　　床 面 積　　1階　　〇〇平方メートル
　　　　　　　　　　2階　　〇〇平方メートル
　　　　地　　積　　〇〇平方メートル
　(5)　所　　在　　〇〇……
　　　　地　　番　　××番3
　　　　地　　目　　宅地
　　　　地　　積　　〇〇平方メートル
　　　　上記持分2分の1
　(6)　所　　在　　〇〇……
　　　　種　　類　　××
　　　　構 造 等　　△△
　　　　床 面 積　　1階　　〇〇平方メートル
　　　　　　　　　　2階　　〇〇平方メートル
　　　　地　　積　　〇〇平方メートル
　　　　上記持分2分の1

2　預貯金
　(1)　ゆうちょ銀行　定額郵便貯金　口座番号　〇〇
　(2)　ゆうちょ銀行　定額郵便貯金　口座番号　〇〇
　(3)　M銀行　〇〇支店　普通預金　口座番号　〇〇

3　独立行政法人郵便貯金簡易生命保険管理機構
　　×年養老保険金　満期金請求債権
　　保険番号〇
　　満期保険金　500万円
　　満期日　平成〇年〇月〇日
　　契約者　　A
　　被保険者　×
　　受取人　　A

Ⅵ その後

　後日、相続人らが署名押印した遺産分割協議書とともに、登記を担当する司法書士に書類を引渡し登記手続も完了した。同時に、二男Ｅ男自宅の移転登記に関し簡単な合意書を作成して手続を行った。

　これで業務は終了である。成立した遺産分割協議は、法定相続分どおりではなかったが、妻Ｂ女の介護の問題などが解決したため、皆満足してくれたようである。調整型の遺産分割はすべての相続人に目配りする必要がある点で気苦労が多いが、だからこそ円満に成立した場合には喜びも大きい。Ｘ弁護士はまた１つ事件が解決したことに満足し、記録をキャビネットに閉まった。

　本稿は、複数の事例を組み合わせるなどして構成したものであり、実際の事例とは異なる。

第2章 遺産分割協議
──多人数の遺産分割協議

I 事案の概要

〈Case ②〉

　甲弁護士は都内のとある法律事務所に勤務する、経験2年目の弁護士である。

　今日は、事務所のボス弁護士の知人からの紹介で、松田三郎という人物からの相談を受けることになった。

　初回相談の時点での三郎の話は、概要以下のとおりであった。

① 本件の被相続人は松田二郎、平成26年8月8日に死亡した（享年71歳）。

② 二郎の父・母・妻はすでに死亡しており、二郎に子はいない。

③ 三郎は二郎の弟で、相続人の1人である。

④ 二郎の兄弟は、兄の一郎（戦争中に死亡。妻・子はいなかった）、相談者の三郎、弟の四郎（10年ほど前に事故で死亡。子はAおよびBがいる）・五郎・六郎

⑤ 二郎が死亡した当時に保有していた財産は、おおむね次のとおり。

　　ⓐ　赤菱銀行新宿支店　　普通預金　1500万円
　　ⓑ　あおい銀行渋谷支店　普通預金　500万円
　　ⓒ　緑友銀行池袋支店　　普通預金　1000万円

ⓓ　その他、中古自動車、自宅の家財等

　本事例は、預貯金等の金銭債権も遺産であり、遺産分割の対象となるとする最高裁判例（最決平成28・12・19民集70巻8号2121頁）以前の事案を基に執筆されているため、現在の実務とは異なる点があることに注意されたい。

Ⅱ　実務上のポイント

〈*Case* ②〉における実務上のポイントは、以下の3点である。
① 　多数当事者の遺産分割協議における適切な進行方法の検討
② 　公平性・合理性のある遺産分割協議内容の立案
③ 　相続人に成年被後見人が含まれる場合の処理の仕方

Ⅲ　初回の相談

甲弁護士と松田三郎との初回相談の内容は以下のとおりである。

甲弁護士：基本的には、二郎さんの財産は預金が中心なのですね。
三　　郎：そうです。自動車や家財は、財産としてはほとんど価値はありません。もちろん、私にとっては兄との思い出が詰まった大切なものですが……。他の相続人からみて価値がないことは確かです。ですから、甲先生にお願いするのは、基本的には預金の分け方に関する交渉になると思うのです。
甲弁護士：なるほど。しかし、預金債権は、相続が開始した時に法律上当然に分割され、各共同相続人が相続分に応じて権利を承継するというのが判例です（最判昭和29・4・8民集8巻4号819頁、最判昭和30・5・31民集9巻6号793頁）。
三　　郎：えっ、相続人同士の話合いで分け方を決めるのではないので

すか。

甲弁護士：預金の場合は、話合いが必須というわけではないのです。もっとも、実務上は、相続人間で預金も遺産分割の対象とすることを合意したうえで、協議により分け方を決めるということが行われています。ですから、他の相続人が預金についても遺産分割協議により分け方を決めるということに合意してくれれば、問題はありません。

三　郎：そうなんですか。まずはそこから出発しなければならないのですね。ところで先生、実は私たち兄弟は、早くに親父を亡くしましてね。20歳になる頃からずっと、親父が残してくれた果物商店を一緒に経営していたんです。ところが20年ほど前、近所にスーパーができた頃から、弟の五郎・六郎は、「親父の店じゃあスーパーには敵わないから、店はつぶして土地も建物も売ってしまえ」などと言うようになったのです。親父が大事にしてきた店ですし、自分たちが生まれ育ってきた店でもありますから、二郎も四郎も、もちろん私も、頭にきてしまいましてね。それで、五郎や六郎とは縁を切ってしまったんですよ。結局その後5年くらいして、私も四郎も体調を崩して、商店はやめることになってしまったのですが、その後も二郎は店を守ってくれていました。私は、二郎の店が苦しいときには数百万円というお金も融通して、二郎を支えてきました。10年ほど前、四郎が事故で亡くなった頃、二郎も体調を悪くして店をたたんだようですが、二郎は、一人暮らしが随分大変な様子でした。そこで、その頃から二郎の身のまわりの世話は私が手伝ってやるようになりました。ヘルパーもつけてやりましたし、見舞いも週に一度は必ず行っていました。一方で、五郎・六郎は、縁を切ってから20年間音信不通で、今何をしているのか、生きているのかどうかさ

えもわかりません。五郎・六郎は、二郎の見舞いにだって来やしませんでしたし、葬式に顔を出すこともありませんでした。ですから、五郎や六郎には、二郎の遺産をもらう資格はないと思っています。
甲弁護士：三郎さん、お気持はわかります。ですが、だからといって直ちに三郎さんが遺産を多く受け取ることができるというものではないのです。遺言でもあれば状況は違ってくるのですが……。
三　郎：遺言ですか。この間、二郎の遺品を整理していたら、出てきましたよ。
甲弁護士：なるほど。「三郎に、財産含め、死後の一切を任せることにする。二郎」ですか。手書きですね。
三　郎：これをみれば、二郎としても、私に遺産の処理をすべて任せようと思っていたことが明らかだと思うのです。
甲弁護士：いや、大変残念なのですが、これは法的な効力をもった遺言にはなりません。遺言が法的に効力をもつためには、民法の規定に従った要件を満たしている必要があります。自筆により遺言をするには、少なくとも、遺言者がその全文、日付および氏名を自書し、これに印を押さなければなりません（民967条）。この書面には、日付の記載もないですし、二郎さんの印も押していませんよね。したがって、これは法的な意味での遺言にはなりません。
三　郎：そうなんですか。では、他の兄弟たちにもお金をもらう権利があるということなんですね……。今まで散々二郎のことをほったらかしにしておいたような連中でも、こういうときだけ、もらえるものはもらえるというのは、何だかひどく不公平なものですね……。
甲弁護士：お気持はわかります。ただ、実のご兄弟である以上、法的に

は一定の権利が認められているということになります。一方で、遺産分割協議というのは、相続人同士が納得すれば自由に分け方を決められるというものですので、三郎さんの取り分が他の相続人より多くなるという内容であっても、相続人全員が納得してくれるのであれば問題はありませんよ。

三　郎：実は、先日の二郎の葬式の際に、四郎の子どものAとBが来ていましてね。その時、AとBは、「自分たちは二郎さんの遺産は一切受け取らないから、自分たちの分は全部三郎さんが受け取ってほしい」と言ってくれたのです。先生、生前の二郎の面倒をすべてみてきたのは私なんです。他の兄弟連中は、縁を切ったきり、二郎とは赤の他人同然でした。AとBは、そのあたりの実情を知ってくれているので、二郎の遺産はいらないと言ってくれたのだと思います。他の相続人との間でも、同じように、遺産を受け取らないようにうまく話をまとめられないでしょうか。

甲弁護士：それでは、そのような方針で遺産分割協議ができないか検討を進めてみましょうか。ただ、本来法的に受け取る権利のあるものについて、受け取りを辞退してください、という交渉になりますので、なかなか難しいものになるかもしれませんよ。結論として、全部を三郎さんが受け取るということはできず、他の相続人にもある程度は受け取ってもらう形にならざるを得ないのではないかと思います。いずれにしても、まずは、相続人や遺産の範囲を調査しなければなりません。早速、とりかかりたいと思います。

三　郎：よろしくお願い致します。

［関係図］

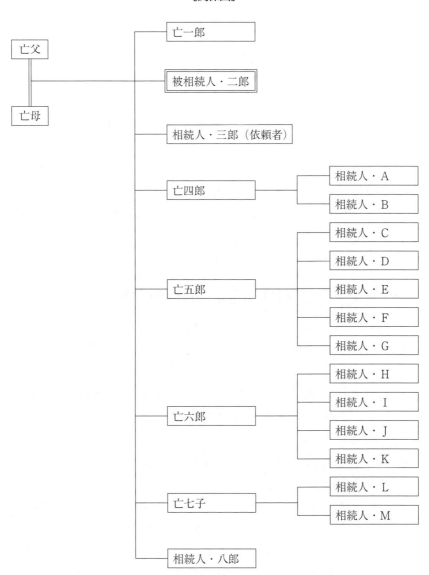

※相続人とならない者（相続人の配偶者等）について、一部記載を省略している。

IV 遺産と相続人の範囲の調査

　三郎から委任を受けた甲弁護士は、早速遺産の調査を開始し、各金融機関の二郎の預金債権が、おおむね三郎から聞いたとおりの残高であることを確認した。

　また、中古自動車と、自宅の家財等を除けば、ほかにめぼしい遺産等は見当たらなかった。遺産の内容としては、それほど複雑ではない部類の案件である。

　ところが、戸籍を取り寄せたところ、すぐに、〈*Case* ②〉が容易な事件ではないことが明らかになってきたのだった。二郎の相続関係図は、前頁のとおりである。

V 2回目の相談（方針の決定）

　相続の関係図が把握できたところで、甲弁護士は、相談者の三郎と2回目の相談の機会をもった。

甲弁護士：戸籍を取り寄せた結果、相続人がわかりましたよ。七子さん、八郎さんという方はご存知ですか。

三　郎：いや、全く知りません。

甲弁護士：七子さんも八郎さんも、法律上は三郎さんのご兄弟にあたる方のようです。

三　郎：ええっ、兄弟ですか。そんな人たちがいるなんて全く聞いたこともありませんでした。確かに、父と母は、私たちが生まれた頃から別居状態でしたので、実は私たちも知らない、兄弟にあたる者がいたのかもしれませんが……。それにしても七子さんや八郎さんは、顔も知りませんので兄弟なんて実感

が全くありません。その人たちにも財産を受け取る権利があるのですか。

甲弁護士：法律上はこれらの方にも法定相続分が認められています。七子さんはすでに亡くなっていますので、そのお子さんのLさん、Mさんが相続人になります。本件の相続人は、三郎さんも加えると実に15名になります。各相続人が法定相続分に従って取得する預金の額をまとめると、次のとおりです。

相続人	法定相続分	3000万円×法定相続分の金額
三郎、八郎	各6分の1	各500万円
A、B、L、M	各12分の1	各250万円
H、I、J、K	各24分の1	各125万円
C、D、E、F、G	各30分の1	各100万円

三　郎：そんなにたくさん相続人がいるのですか……。

甲弁護士：そうです。これら相続人全員が合意できる内容の遺産分割協議書を作成しなければなりません。

三　郎：Lさん、Mさんは、おそらく二郎の顔すら知らないでしょうに……。赤の他人も同然だったのに、250万円もの大金をいきなり手にするなんて、先生、おかしいと思いませんか。

甲弁護士：おっしゃるとおり、確かに、二郎さんと生前非常に親しくしておられ、身のまわりのお世話までしてきた三郎さんが遺産を多くもらうことは、法律上はともかく、実態としてみれば1つの妥当な結論ですよね。また、三郎さんは、二郎さんの商売に対してもお金を出しているようですから、これは遺産分割の場面では、「寄与分」として認められる余地も出てきそうです。

三　郎：寄与分？　なんですかそれは。

甲弁護士：亡くなった方の財産の維持または増加について特別に寄与した方について、その分多く遺産を取得することを認めるというものですよ。

三　郎：そんなことを言い出したら、他の相続人が何か文句を言い出すかもしれません。

甲弁護士：おっしゃるとおりかもしれませんね。ですので、ひとまず交渉のはじめの段階では、正面から寄与分があるということまでは主張しないということにしましょう。その代わり、三郎さんが二郎さんの財産の維持または増加について寄与分的な貢献をしたという事情をご説明したうえで、三郎さんの取り分を多くしてもらえないかという交渉を、他の相続人に対してしていくことにしましょうか。

三　郎：そうしてください。他の相続人には、金一封として3万円も渡せば十分だと思います。

甲弁護士：三郎さん、お気持はわからなくもないですが、本件は、各相続人が、黙っていても100万円から500万円の預金を当然に承継できるというところが出発点になっているのです。それがいきなり1人3万円になるというのでは、さすがに不満が噴出するのではないかと思いますよ。このあたりは、何か決まりがあるわけでもないので、加減が難しいところですが……。

三　郎：じゃあ、とりあえずまずは他の相続人には50万円を渡すという提案でお願いします。それで納得しない者がいたら、増額も考えます。

甲弁護士：50万円×相続人14名＝700万円が他の相続人に受け取ってもらう分で、三郎さんが残り2300万円を受け取るという案ですね。わかりました。ひとまずはそれで交渉を開始してみましょうか。それでは、三郎さんが、二郎さんの生活や事業に対

してどのような貢献をされてきたのか、もう少し具体的に教えてください。

Ⅵ 具体的な遺産分割協議の進め方の検討

　2回目の相談で依頼者との間で処理方針を固め、ある程度の事情を聞き取ったところで、甲弁護士は、事務所の先輩弁護士である乙弁護士と〈*Case*②〉について議論をしていた。

乙弁護士：うわ〜、相続人の数が多いねえ。三郎さんを入れて相続人は15名か。これだけ人数が多いと、遺産分割協議も大変だね。
甲弁護士：そうなんです。15人が一度に集まる日程や会場を調整できるかな……。
乙弁護士：う〜ん。まあ15人くらいなら何とかなるかもしれないけれど、必ずしも一堂に会する必要まではないんじゃない。そもそも、遺産分割協議は全員一致でないと決まらないのだから、今回のように人数が多いと、一堂に会してもその場で結論が出るとは限らないし、まして依頼者に有利な結論になるとは思えないけれど。
甲弁護士：そうすると、私が中心となって各相続人と連絡をとって協議をまとめていき、最終的に遺産分割協議書に全員からサインをもらうということになりますかね。ただ、戸籍をみる限り、各相続人の所在は、北海道・青森・新潟・茨城・岐阜・京都・山口・福岡・宮崎と、みごとに散り散りなようです。これでは、たとえ協議が成立したとしても、遺産分割協議書を15通つくって、それをお互いに郵送し合ってサインしてもらう、といったことをやるのは大変ですよね。

> 乙弁護士：遺産分割協議書を15通つくるとなると、15人全員が15通全部にミスなく署名押印してくれるかも心配だし、手間がものすごくかかる話だよね。
> 甲弁護士：……ですよね。じゃあ、私が15通を持って日本全国を駆け回るしかないのかな。乙先生、僕の留守中の仕事、お願いしてもいいですか。本当にすみません。
> 乙弁護士：ちょっとちょっと、あなたが全国をまわったりしたら交通費や日当なんかも馬鹿にならないよ。依頼者の費用負担も考えなきゃ。
> 甲弁護士：そうか……どうしたらいいでしょうか。
> 乙弁護士：何か良いやり方がないか、文献とかでもう少し調べてみたら。相続人の人数が多くなるケースなら、ほかにもあるだろうから。

早速甲弁護士は、相続人の人数が多い場合に、遺産分割協議をうまく進める方法がないか検討してみることにした。

> 甲弁護士：乙先生、文献を調査してみたところ、「遺産分割協議証明書」というものを用いる例があるようです。
> 乙弁護士：へえ、それはどういう書類なの。
> 甲弁護士：遺産分割協議証明書というのは、遺産分割協議書のように、各書面に相続人全員が署名押印を行うのではなく、成立した遺産分割の内容を記載した書面を、相続人全員が同じ内容で作成するというもののようです（なお、〈*Case* ②〉で作成された遺産分割協議証明書は、【書式2-2-2】参照）。
> 乙弁護士：つまり、各相続人は、自分の発行する証明書１枚に、自分の署名押印のみを行えばいいってことなのかな。
> 甲弁護士：そうです。これを相続人全員から集めれば、遺産分割協議が

　　　　　　成立したことの証拠になるのではないでしょうか。
乙弁護士：なるほどね。あとは、金融機関からきちんと預金が下ろせるかどうかだね。当事者間でどのような遺産分割協議が成立したかを金融機関側にきちんと示すことができれば、必ずしも全員が1通に署名押印している遺産分割協議書という形式にこだわらなくてもいいように思うけれど……。
甲弁護士：確かにそうですよね。金融機関に聞いてみます。

Ⅶ　金融機関との調整

　甲弁護士は、遺産分割協議書ではなく、遺産分割協議証明書を用いた進め方が可能かどうか、金融機関に聞いてみることにした。1社目は、赤菱銀行新宿支店である。

甲弁護士：口座を開設している松田二郎さんという方の相続の件でお尋ねしたいことがあるのですが……。
担　当　者：どういったご用件でしょう。
甲弁護士：実は、相続人の人数が多いので、一般的に用いられている遺産分割協議書ではなく、遺産分割協議証明書というものを用いようと思っているのです。
担　当　者：それはどういったものでしょうか。

　甲弁護士は、赤菱銀行の担当者に、遺産分割協議証明書としてどういったものを作成しようとしているのか、どうして〈Case②〉において遺産分割協議証明書を用いる必要があるのか等を詳しく説明した。すると、担当者は、作成を予定している書面のサンプルを送ってほしいと言うので、甲弁護士は遺産分割協議証明書のサンプルを作成し、赤菱銀行の担当者に送付した。

数日後、赤菱銀行の担当者からは、甲弁護士が作成しようとしている遺産分割協議証明書であっても預金を引き出すのに支障はないとの確認をとることができた。
　なお、2行目以降の金融機関に話をする際には、「赤菱銀行さんはこれで大丈夫と言ってくれています」と伝えたところ、いくぶんスムーズに話が進んだようにも思われた。
　こうして、無事3社とも、遺産分割協議証明書による進め方で問題はないことが確認できたのだった。

VIII 交渉の着手

乙弁護士：甲君、金融機関は遺産分割協議証明書の進め方で問題ないと言ったそうだね。

甲弁護士：はい。確認に時間がかかったところもありましたが、意外とスムーズに認めてくれました。

乙弁護士：ところで、各相続人との交渉だけれど、具体的にはどのように進めていくつもりかな。調停かな。

甲弁護士：はい、やり方はいろいろあると思いますけれども、まず、三郎さんの希望としては、裁判所の調停手続等は希望しないそうです。確かに、今回の件で、三郎さんの希望を調停委員に伝えても、預金債権は原則として当然分割になりますので、調停委員がこちらに有利にリードしてくれるとは限りません。手間はかかるかもしれませんが、まずは調停外で粘り強く話合いを試みてみようかと思っています。

乙弁護士：なるほどね。それで、調停外でやるとして、具体的に交渉はどのように始めるのかな。

甲弁護士：はい、まずは各相続人に受任通知を兼ねて連絡・提案文書を

乙弁護士：送ってみたいと思います。あわせて、回答書を同封して返信してもらうようにしたいと思っています。
乙弁護士：へえ、回答書をつけるんだ。
甲弁護士：ええ、今回は相続人の人数も多いので、書面をベースにしてやりとりをしたほうが、交渉過程が整理しやすいのではないかと思いますし、回答する側にしても手間が省ける面があると思います。仮に何か別の提案をしたい人がいれば、おそらく回答書の書式にこだわらず意見表明をしてくると思います。
乙弁護士：なるほど。でも、今回の提案内容だと、三郎さんにかなり有利な内容だから、いきなり手紙でこんな提案をされたら、気分を害する人も出てくるかもしれないよ。
甲弁護士：その点は心配しています。ですので、今回は、手間にはなりますが、手紙が届いた頃に、一度各相続人に電話をかけて、口頭でも詳しく事情を説明する機会をもちたいと思っています。ただ、先に手紙を送ってこちらの考えを説明しておくことで、いきなり知らない弁護士から電話がかかってくるよりは、話がしやすいのではないかという考えです。

　上記甲弁護士の進め方も1つの方法ではあるが、交渉の進め方については、ほかにもさまざまな方法が考えられるところである。1つの方法にこだわることなく、事案に応じて、そのつど適切と思われる方法を柔軟に選択していくことが必要である。
　なお、甲弁護士が、各相続人に送付した文書は【書式2-2-1】のとおりである。

【書式 2-2-1】 各相続人への連絡文書（〈Case ②〉）

松田二郎様の相続についてのご連絡

平成○年○月○日

○○県○○市○○
○○○○様

〒○○○－○○○○　東京都△△区□□□
　　　　　　　　　××ビル5階
　　　　　　　　　○○法律事務所
　　　　TEL　03（××××）××××
　　　　FAX　03（××××）××××
　　　　松田三郎　代理人
　　　　　　弁護士　　　甲

前略
　突然お手紙を差し上げる失礼をどうぞお許しください。当職は、通知人松田三郎より委任を受けた弁護士です。通知人に代わって本件に関する手続の委任を受けましたので、どうぞよろしくお願い致します。
　さて、お聞きおよびのことと存じますが、通知人の兄二郎が、本年×月×日に他界し、後記のとおり、二郎の財産が発見されております。そこで、貴殿及び通知人を含む法定相続人間（二郎の相続関係図を同封します。）において、その分割等について協議をさせていただきたいと存じますが、本件に関しまして、以下のとおりの事情がございますので、ご配慮いただきたく、ご連絡差し上げた次第です。

　生前二郎は、○○県○○市にて一人暮らしをしておりました。
　通知人は、独居である二郎の身を案じ、10年程前から、少なくとも毎週1回程度は二郎の自宅を訪れ、家事の手伝いや食事の手配、ヘルパーとの契約交渉など、通知人の生活全般にわたり支援を続けて参りました。また、二郎がかつて経営していた△△商店の事業にも、○百万円の経済的な支援をするなどして

きました。
　これらの通知人の働きぶりを評価してか、二郎が生前作成した文書においても、財産を含む死後の一切について実弟である通知人に一任する旨が記載されており、二郎の意思としても、通知人による二郎の財産の承継を望んでいたことがうかがわれます。
　以上に述べたとおりの事情がございますゆえ、二郎の遺産につきましては、**別紙**のとおり分割することをご提案させていただく次第です。どうぞ上記諸事情及び故人の遺志を汲んでいただき、寛大なご対応をお願い申し上げます。
　上記に関し、貴殿のご意向を、速やかに当職宛ご連絡いただきたく、お手数ですが別添の回答書にてご回答いただきますようお願い致します。なお、本件は法定相続人も多数であり、なるべく速やかに協議を成立させ権利関係を安定させることが望ましいと考えられますので、勝手なお願いではございますが、**平成〇年〇月〇日**までにご回答をいただければ幸いです。
　本件につきましては、全て当職が通知人より委任を受けておりますので、ご連絡は当職宛（連絡先は冒頭に記載のとおりです。）にしていただき、通知人本人への直接の連絡はご遠慮いただきますようあわせてお願い申し上げる次第です。
　何卒よろしくお願い致します。

草々

記

　　　1　赤菱銀行新宿支店　普通預金
　　　　口座番号　〇〇〇〇
　　　　口座名義　松田二郎
　　　　残　　高　1500万円
　　　2　あおい銀行渋谷支店　普通預金
　　　　口座番号　〇〇〇〇
　　　　口座名義　松田二郎
　　　　残　　高　500万円
　　　3　緑友銀行池袋支店　普通預金
　　　　口座番号　〇〇〇〇

```
                口座名義  松田二郎
                残   高  1000万円
        4   普通乗用車1台
                車   名  ○○○○
                登録番号  東京○○
                車台番号  第○○号
                名 義 人  松田二郎

                    (以下略)
```

別紙 遺産分割協議のご提案

1 相続人松田三郎は、他の相続人を代表して、赤菱銀行新宿支店普通預金口座（口座番号○○○○、口座名義　松田二郎））の預金債権全額について払戻しを受ける。
2 前項により払戻しを受けた金銭は、以下の各号に定めるとおり、各相続人が取得する。
　(1) 相続人A、B、C、D、E、F、G、H、I、J、K、L、M及び八郎
　　　各50万円
　(2) 相続人松田三郎　上記(1)を除く全額
3 相続人松田三郎は、前項(1)に定める相続人に対し、遅滞なく前項に定めたとおりの取得額に相当する金銭を支払う。
4 上記1ないし3項に記載の預金債権を除く松田二郎の遺産及び本協議成立後に新たに発見された松田二郎の遺産の一切は、松田三郎が取得する。

以　上

回　答　書

平成○年○月○日付「松田二郎様の相続についてのご連絡」別紙に記載の遺産分割協議案について、私は、

1．同意します。
   （後日、同様の内容にて作成される遺産分割協議証明書に署名押印致します。）

 2．同意しません。
   二郎の遺産分割については、以下のとおり提案します。

```
┌─────────────────────────────────────┐
│                                     │
│                                     │
│                                     │
└─────────────────────────────────────┘
```

※上記1．又は2．に○を付けてください（2．に○を付けた場合は、ご提案内容をご記入ください。）

　平成　　年　　月　　日
　　　　　住所＿＿＿＿＿＿＿＿＿＿＿＿＿＿＿＿＿＿＿
　　　　　電話　（　　　）　　　－

　　　　　氏名＿＿＿＿＿＿＿＿＿＿＿＿＿＿＿印

　上記の文書を送った2日後、甲弁護士のところに、相続人Aから、書類の書き方について問合せがあった。Aは、事前に三郎から聞いていたとおり、「自分は今回の相続では何も受け取るつもりはないし、二郎さんの近くでいつも面倒をみてきた三郎さんが、二郎さんの財産をすべて受け取るべきだと思う。だから自分の取り分は、全部三郎さんに譲りたいので、その場合の回答書の書き方を教えてほしい」とのことであった。
　翌々日には、AとBから、二郎の遺産のうち、自分の取り分にあたる部分については三郎に譲りたいこと、その他一切の手続は三郎に一任することを内容とする回答書が甲弁護士の事務所に返送されてきた。
　甲弁護士は、ひとまず順調な滑り出しのようで一安心した。
　ところが、相続人の1人であるCからは、甲弁護士の提案には納得できないとの電話があった。甲弁護士は、Cからの電話に、次のように対応した。

相続人Ｃ：送ってもらった手紙は読みましたよ。でもねえ、法律で取り分は決まっているんじゃないの。そのとおりやらなきゃいけないんじゃないの。

甲弁護士：おっしゃることはごもっともです。ですが、法定相続分とは異なる合意を相続人間で行うことも可能です。お手紙にもお書きしましたが、本件の場合、二郎さんと三郎さんはご兄弟として非常に親しくしてこられました。また、三郎さんは、二郎さんの生活や事業に対して金銭的にも一定の負担をしてきましたし、実際に頻繁にお見舞いに行って二郎さんの生活の面倒をみていたという負担もありました。一方で、他の相続人の皆さんは、二郎さんとはあまり接触してこられなかったと聞いています。このような事情がありますので、相続人の皆さんには、一律、50万円という金額を受け取っていただく代わりに、三郎さんが残りの遺産を受け取るという解決を認めていただきたく、お願いをしているのです。

相続人Ｃ：う〜ん、まあ確かに私は二郎さんのことは顔も知らないし、何かしてあげたということは一度もなかったんだけどさ……。とりあえず合意で決めればよいということはわかったけれど、そんなこと受け入れる相続人はいないでしょう。もともともらえるはずのものなんだから。

甲弁護士：いえ、少なくとも一部の方からはすでに当方の提案にご快諾いただいています。二郎さんとしても、亡くなった後の財産の管理等を三郎さんに委ねるおつもりだったようです。そのことを示す二郎さん作成の文書もあります。こうしたことから、むしろ生前の二郎さんの様子をご存知の方からは、三郎さんが遺産を全部受け取るべきだとまで言っていただいています。

相続人Ｃ：う〜ん……。
甲弁護士：Ｃさん、二郎さんとはこれまでほとんど会ったこともなく、亡くなったことさえご存知なかったんですよね。一方で、幼い頃から兄弟としてずっと一緒に過ごしてきた二郎さんが亡くなって、誰よりも悲しんでいるのは三郎さんなんです。ここは、三郎さんに譲歩していただくということはできませんか。
相続人Ｃ：まあ、そりゃ私は二郎さんの葬式だって行っていないし、今回の相続のことは、もともと全然予期していなかったことなんだけどさ……。他の相続人も同様に50万円なんですね。
甲弁護士：そうです。一律50万円をお受け取りいただくということでの解決をお願いしています。
相続人Ｃ：皆50万円ということなら仕方ないかね。わかりましたよ。
甲弁護士：ご理解いただきありがとうございます。

　何とか相続人Ｃを説得でき、甲弁護士は安堵した。
　その後も他の相続人からの回答書や電話での返答は順調に集まっていった。
　一部の相続人は、しぶしぶ了承といった様子であったり、電話であれこれと嫌味を言ってきたりすることもあったが、おおむねどの相続人も、甲弁護士の提案に同意するということであった。
　ただ１人、相続人Ｊからは回答がないままであった。

Ⅸ　成年被後見人がいる場合の処理

　甲弁護士が各相続人に連絡文書を送ってから１カ月が経った。連絡文書に記載した回答期限からは２週間以上が過ぎている。この間、全く連絡がとれず、回答もなかった相続人がいた。相続人Ｊである。甲弁護士も、Ｊからの連絡がないことを気にしてはいたものの、依頼者である三郎からも「気長に

もう少し待ちましょう」と言われていたこともあったため、しばらく様子をみていたのだった。

そんなある日、相続人Cから甲弁護士に電話が入る。

相続人C：なあ、先日提案してもらった50万円の件だけど、どうなっているの。こっちも入ってくるお金があると思ってあてにしているんだけれども。

甲弁護士：申し訳ありません。まだ連絡がとれていない相続人の方がいらっしゃいまして……。

相続人C：早く何とかしてよ。待っているんだからさ。その人の兄弟とか親戚の連絡先知らないの。どうなっているのか聞いてみたらいいじゃない。

甲弁護士：至急、検討します。

相続人C：頼むよ。こっちも好きでこんな文句言っているわけじゃないんだけど。……いや、何でもない。とにかく、急いでくださいよ。

甲弁護士は、早速相続人Jの兄弟である相続人H、I、Kに電話してみることにした。すると、H、IはJの消息は知らないということだったが、Kからは、次のような話があった。

相続人K：いやあ、僕はJの弟だけれど、Jとは10年ほど連絡をとってなくてね。何せ兄弟とかかわるのが好きじゃない、何というか、昔から変わり者の兄貴でね。年をとってから特にそんな性格が強く出てくるようになったな。そういえばJはね、確か認知症のために判断能力が衰えてきたとかで、P市の施設に入っていたんじゃなかったかな。

甲弁護士：えっ、施設ですか。

相続人K：うん、そうだそうだ、間違いない。それで今は奥さんとも別々に暮らしているんだったな、確か。
甲弁護士：判断能力が衰えているということは、成年後見人の方がついているとかそういったご事情でしょうか。
相続人K：うん？　後見人？　いや細かいことはよくわからないな。ちょっとJの奥さんに聞いてみるよ。

　相続人Jの判断能力が衰えているというのは甲弁護士にとって想定していない事態であった。早速甲弁護士は乙弁護士に相談してみることにした。

乙弁護士：遺産分割は法律行為だから、Jさんの判断能力が衰えているとすれば、成年後見人等がついていなければ進められないね。
甲弁護士：そうなんです。もし後見人がまだいないのであれば、まずは後見開始の申立てからしなければならないことになります。そうなると、時間・手間・費用もかかりそうです。
乙弁護士：Jさんに全く財産がなければ、この相続の件のためだけに後見人をつけるという方向にはならないかもしれないね。もっとも、施設に入っているということだから、もうすでに後見人が就任していて、施設側と契約が結ばれているのかもしれないね。
甲弁護士：確かにそうですね。
乙弁護士：仮に成年後見人がついていたとして、その場合の遺産分割協議はどのように進めるの？
甲弁護士：えっ、今までどおりの提案内容でいいんじゃ……。
乙弁護士：本当に？　もともと判例では預金債権は当然に分割されて各相続人が承継するのが原則だよね。そこを、今回はさまざまな事情を考慮してもらって、各相続人から三郎さんに譲ってもらおうっていう提案でしょ。言ってみれば、各相続人の好

　　　　　　意で譲ってもらうわけだよね。法的に寄与分が認められた
　　　　　　といった事案ならともかく、裁判外の任意の交渉で、成年後見
　　　　　　人はそんな譲歩できるのかな。
甲弁護士：確かに……そうすると、せめて成年被後見人については、法
　　　　　　定相続分に従った協議内容でないと駄目ですかね。
乙弁護士：少なくとも成年被後見人については、そのように考えたほう
　　　　　　がいいのかもしれないね。でもそれって、成年被後見人であ
　　　　　　るＪさんだけは、他の、好意で取り分を少なくしてもらった
　　　　　　相続人よりも取り分が多くなるという結論だよね。他の相続
　　　　　　人が納得してくれるかな。
甲弁護士：確かに、どうしても不公平感が出てしまいますね。
乙弁護士：だからといって、全員が法定相続分どおりだと、ふりだしに
　　　　　　戻ってしまって、われわれが三郎さんを代理して交渉をした
　　　　　　意味がないよね。甲君、腕の見せどころだよ。
甲弁護士：は、はい！

　数日後、相続人Ｋから連絡があり、相続人Ｊは、Ｐ市の老人養護施設に入所しているらしいこと、成年後見人に弁護士が就任しているらしいことを教えてもらった。
　甲弁護士は早速、相続人Ｊの成年後見人であるＱ弁護士に連絡をとった。
　甲弁護士は、Ｑ弁護士にこれまでの交渉経過等を伝えたところ、Ｑ弁護士は甲弁護士の苦労に理解は示してくれたものの、相続人Ｊの成年後見人の立場としては、最低限法定相続分については確保しておいてもらわないと、遺産分割について合意することはできないとのことだった。
　そこで、甲弁護士は、すぐに依頼者三郎との間で打合せを行い、Ｊの状況を報告し、十分に今後の方針について話し合った。そして、相続人Ｊについては、法定相続分に相当する金額を受け取ってもらうとの内容により遺産分割協議を進めることに決めた。

三郎との打合せを終え、席に戻った甲弁護士は、すぐに受話器をとり、相続人Ｃに電話をかけた。相続人Ｃは、甲弁護士からの当初の提案について、難色を示していた人物である。Ｃの理解が得られるかどうかが今回の協議の成否の分かれ目だと甲弁護士は考え、まずＣに連絡することにしたのである。

　甲弁護士から事情を聞いた相続人Ｃは、一晩考えてみる、とだけ言って電話を切ったが、翌日、Ｃから甲弁護士に電話があり、次のようなやりとりがなされた。

> 相続人Ｃ：昨日説明を受けたことについて、一晩考えましたが、どうしても納得できないです。提案に異論を述べたＪが125万円で、他の者は50万円だけ、というのは、やはりどう考えてもおかしい。

　甲弁護士は、あらためて成年後見制度の概要、後見人の役割や、成年後見人が法定相続分よりも譲歩することは難しいと考えていること等を丁寧にＣに説明した。

> 相続人Ｃ：法律やら制度やらでそうなんだと言われても、どうしても納得はできませんよ。とにかくそちらの提案には応じられません。弟たちにも聞いてみてくださいよ。

　Ｃはそう言って乱暴に電話を切った。そこで、甲弁護士はＣのほかの弟らにも電話をしてみることにした。

> 相続人Ｄ：自分は法律をかじっていたこともありますのでね、成年後見制度についても大体のことはわかりますよ。ただ、成年後見人としての法律的な立場はわかりますが、いくら何でも不公

平感があるのではないですか。
甲弁護士：いや、不公平ではないと考えます。なぜなら……。

　ここでも甲弁護士は、Cに説明したのと同様、後見人に関する事項を丁寧にDに説明した。すると、Dから次のような話を聞くことができた。

相続人D：わかりましたよ。でも、私のほかの兄弟がよいと言わなければ、私だけが認めるわけにもいかないのでね。特に妹のEは頑固者でしてね。あいつがうんと言わなければわれわれ兄弟はこの協議案を認めるわけにはいかないのですよ。大方、Cも、Eにどやされているんじゃないですかね。
甲弁護士：Eさんがですか。Eさんは、私がお電話したときは比較的こちらの提案に同調的でしたよ。反対しているのはCさんではないのですか。
相続人D：いやいや、そうじゃないんですよ。実はね……。

　Dの話によると、どうやら今回の二郎の遺産相続の件に関しては、C、D、E、F、Gの兄弟の中では、長女のEが主導権を握っているらしい。Eは、内心では甲弁護士の最初の提案にも猛反対だったが、先にCが甲弁護士の提案に同意してしまったため、Eも、仕方なくこれに同調していたようだという。
　ところが今度はJには法定相続分に従った金額が譲られるという話になってきたため、いよいよEの腹の虫がおさまらなくなったということのようである。
　ただ、Eは表向きは金銭に無関心であるとみられたいようであり、兄のCに指図して、甲弁護士と再交渉するように仕向けていたようだ。
　甲弁護士は、Dに丁寧にお礼を言って電話を切り、乙弁護士に相談してみることにした。

甲弁護士：乙先生、どうやらキーパーソンはEさんのようです。Eさんを説得してみようとは思いますが、どうやらEさんはかなり頑なになっているようで、説得することは難しいかもしれませんので、その場合は、Eさんにだけ、若干金額を上乗せする協議案を提案してみようかと思っています。

乙弁護士：う〜ん、最終的にはそれも考えられるのかもしれないけれど、そうすると、Eさんの兄弟であるC、D、F、Gも当然金額を上乗せしてほしいと言ってくるだろうね。そうなってしまえば、他の相続人も、自分も自分も、となるのではないかな。もともと、皆一律の金額を受け取って、あとは三郎さんに譲りましょうという案だったのだから、それがEさんやその兄弟だけ増額なんて協議案になってしまったら、根本的な考え方がぶれてしまうよね。今まで納得してくれていた他の人たちからも不平不満が出て、収拾がつかなくなってしまうのではないかな。

甲弁護士：そうか……。あ、じゃあ、三郎さんとEさんだけの約束で、こっそりEさんには増額してお金が渡るような協議内容にしておく、というのはどうでしょう。

乙弁護士：論外だね。今回のように相続人全員が一堂に会するのではなく、持ち回りで分割協議をする場合には、分割の内容が確定していて、そのことが各相続人に提示されることが必要だとした裁判例もあるみたいだから（仙台高判平成4・4・20判タ803号228頁参照）、他の相続人に協議内容を知らせないような形で進めることは控えるべきだよ。詐欺や錯誤も問題になりかねないし、あとで遺産分割協議の効力に疑義が生じたらどうするの。

甲弁護士：すいません……。

> 乙弁護士：大変だと思うけれど、ここが踏ん張りどころだと思うな。Eさんをきちんと説得できれば、兄弟（C、D、F、G）も従うような気がするけれど。
>
> 甲弁護士：やってみます。

こうして、甲弁護士は、あらためてEの説得を試みることにしたのだった。

> 相続人E：一度は兄のCも甲先生の提案に納得したみたいですけれどね、実際は「同意させられた」って言っていましたよ。
>
> 甲弁護士：そんなことはありません。事情を丁寧に説明して納得してもらっただけです。
>
> 相続人E：そんなこと言ったって、法律の専門の人に言われたら、素人は反論の余地がないでしょう。
>
> 甲弁護士：いやいや、そんなことはありません。Cさんのお考えは十分に話していただきました。それをお聞きしたうえで、こちらの考え方を丁寧にお伝えする、ということをさせていただいただけです。
>
> 相続人E：それに、二郎さんの面倒をみていたのは三郎さんだけとおっしゃいますけれどね、兄のCも、二郎さんの面倒をみに行っていたのではないかと思いますよ。
>
> 甲弁護士：いや、そんなことはないはずです。Cさんとはすでにお電話でお話させていただきましたが、二郎さんにお会いされたことはないとおっしゃっていましたよ。
>
> 相続人E：……う……。
>
> 甲弁護士：いずれにしても、最終的には、すべての相続人が、ご自身の判断で遺産分割協議書にサインをするかどうかです。別にこちらの提案に応じることを皆さんに強制しているわけではあ

りません。どうしても納得していただけないということであれば、今度はEさんから、再度相続人全員に代替の提案をしていただけませんか。それでもどうしてもまとまらないという場合は、第三者を間に入れた形での調停というやり方だってあります。多少時間はかかってしまいますが……。

相続人E：……わかりましたよ。うちだって50万円でもお金が入ってくるのであれば助かりますし、今さら私が再提案なんて、他の相続人たちから、金にがめついと思われるだけでしょうから、恥ずかしくてできません。時間も手間もかかってしまいそうですし、そちらの案で結構ですから、その代わり、早く進めてください。

こうして甲弁護士は、どうにかEも説得することができた。気持よく譲ってもらう、というところまではいかなかったが、ひとまずこちらの提案を受け入れてくれただけでも大きな成果である。Eが甲弁護士の提案に同意した後は、C、D、F、Gも難なく甲弁護士の提案に応じてくれた。

このようにして、甲弁護士はすべての相続人の意見をまとめることに成功したのだった。

X 遺産分割協議証明書の作成

甲弁護士は、各相続人に、協議の経過を電話で報告した後、遺産分割協議証明書を送付し、署名・押印をしたうえで印鑑証明とともに送り返してもらうよう要請した。

遺産分割協議（証明）書への署名・押印は、必ず実印で作成を行うようにする。金融機関は実印による押印と、印鑑証明書の送付を要求してくるためである。郵送により遺産分割協議（証明）書のやりとりをする場合は、各相続人に、実印を用いることを十分に念押ししておく必要がある。

甲弁護士が作成した遺産分割協議証明書は、【書式 2-2-2】のような書式である。

【書式 2-2-2】 遺産分割協議証明書（〈*Case* ②〉）

遺産分割協議証明書

　被相続人松田二郎（平成26年8月8日死亡、本籍地○○県○○市○○町○－○）の遺産につき、相続人松田三郎、A、B、C、D、E、F、G、H、I、J、K、L、M及び松田八郎は、遺産分割協議の結果、被相続人の遺産を次のとおり分割し、取得することに合意したので、ここに証明する。

第1条　上記相続人全員は、被相続人の遺産が、別紙遺産目録記載のとおりであることを確認する。

第2条　相続人松田三郎は、他の相続人を代表して、別紙遺産目録1記載の預金（赤菱銀行新宿支店普通預金口座（口座番号○○○○、口座名義　松田二郎））の全額について払戻しを受ける。
　　2　前項により払戻しを受けた金銭は、以下の各号に定めるとおり、各相続人が取得する。
　　　(1)　相続人C、D、E、F、G、H、I、K、L、M、松田八郎　各50万円
　　　(2)　相続人J　　　125万円
　　　(3)　相続人松田三郎　上記(1)及び(2)を除く全額
　　3　相続人松田三郎は、前項に定める相続人に対し、遅滞なく前項に定めたとおりの取得額に相当する金銭を支払う。

第3条　相続人松田三郎は、前条に定める他、被相続人の一切の遺産を取得する。本協議成立後に新たに発見された被相続人の遺産の一切についても相続人松田三郎が取得するものとする。

　　平成　　年　　月　　日

```
　　住　　所


　　氏　　名　　　　　　　　印
```

別紙　遺産目録

【預金】

	金融機関	支店	種類	口座番号	口座名義	金　額
1	赤菱銀行	新宿支店	普通預金	○○○○	松田二郎	1500万円
2	あおい銀行	渋谷支店	普通預金	○○○○	同上	500万円
3	緑友銀行	池袋支店	普通預金	○○○○	同上	1000万円

【自動車】
　　普通乗用車1台
　　車　　名　○○○○
　　登録番号　東京○○
　　車台番号　第○○号
　　名義人　松田二郎

　　　　　　　　（以下略）

XI 預金の引き出し

1 金融機関等から追加で書類等を求められた場合の対応

　預金を引き出すことが必要となる場合、金融機関から、遺産分割協議（証明）書とは別に、各金融機関が用意する相続用の書式（「相続関係届出書」「相続手続依頼書」等の名称が付されているが、書式は各金融機関によりまちまちである）に、遺産分割により預金を取得する相続人全員が署名・押印（実印）をするよう求められる。

　〈Case ②〉では、赤菱銀行の預金については、最終的に三郎のほか、C、D、E、F、G、H、I、K、L、M、八郎およびJに渡すことを内容としていたため、赤菱銀行からは、相続関係届出書に、上記預金を受け取ることになる相続人全員が署名押印をすることを求められた。このため、赤菱銀行の相続関係届出書については、遺産分割協議証明書とは別に、上記預金を受け取ることになる各相続人に対して順次郵送を行い、署名押印をしたうえで返送してもらうようにした。

　なお、金融機関等から追加で書類等を求められる可能性もないわけではないため、そのような場合に備えておくのであれば、【書式2-2-2】に掲げた条項のほか、各相続人の協力義務等を定めておくことも考えられる。状況により検討すべきであろう。

2 預金の引き出しと進捗状況の記録

　遺産分割協議証明書等を各相続人に送った後、甲弁護士の下には、順次、遺産分割協議証明書および金融機関の書式に各相続人の署名・押印がなされたものが返送されてきた。

　全部が揃ったところで、甲弁護士は、金融機関に対して預金の引き出し手続を開始した。1金融機関あたり、社内手続等のため2週間程度がかかったが、無事3行とも預金を引き出すことに成功した。

結果、依頼者である三郎は、預金につき、法定相続分どおりであれば500万円を取得するはずであったところ、遺産分割協議の結果、2325万円を取得することができたのだった。三郎が、甲弁護士の働きに喜んだことはいうまでもない。

なお、〈*Case* ②〉のように多数の当事者との間で交渉を行う案件では、各交渉相手との交渉の進捗を管理しておくことが重要である。たとえば、甲弁護士は、【書式2-2-3】のような進捗表を作成し、進捗状況を記録していた。

【書式2-2-3】 交渉経過進捗表（抜粋）（〈*Case* ②〉）

氏名	住所・連絡先等	経　　過	法定相続分
A	〒○○ 東京都新宿区○○	受任前に交渉あり。 ×月×日　ご連絡文書発送 ×月×日　架電。当方の提案に応じるつもりだが妻とも話して少し検討する。 ×月×日　電話あり。遺産の受領は辞退したいので、回答書の書き方を教えてほしい。なお、本件関係者多く、結論が出るまでに時間がかかる可能性があることをお伝えしたところ、定期的に状況報告欲しいとの希望あり。 ×月×日　回答書到着（辞退） ×月×日　電話で状況報告 ×月×日　遺産分割協議証明書、金融機関書式送付 ×月×日　遺産分割協議証明書、金融機関書式、印鑑証明の返送あり。	1/12
C	〒○○ 大阪府○○ ○○	×月×日　ご連絡文書発送 ×月×日　回答書到着（同意） ×月×日　架電。納得できない部分あり。→説得、了承	1/30

		×月×日　成年被後見人（J）は法定相続分となる旨説明。	1/30
		×月×日　電話あり。納得できない。弟らにも聞いてほしい。	
		×月×日　架電。Eの了承を得た旨伝えると、当方提案につき了承。	
		×月×日　遺産分割協議証明書送付	
		×月×日　遺産分割協議証明書・印鑑証明返送あり。	
		×月×日　金融機関書式の送付	
		×月×日　金融機関書式の返送あり。	
J	P市の老人養護施設に入所中 〈成年後見人・Q弁護士〉 〒○○ S県P市○○○○	×月×日　Kより、Jは判断能力が衰えているとの情報あり。	1/24
		×月×日　住民票、成年後見の登記がされていないことの証明書の取り寄せ手続を開始。	
		×月×日　Kより、成年後見人Qの連絡先を聞く。	
		×月×日　成年後見人Qと架電。事情を説明したところ、法定相続分であれば協議に応じるとのこと。	
		×月×日　遺産分割協議証明書送付	
		×月×日　遺産分割協議証明書・印鑑証明返送あり。	
		×月×日　金融機関書式の送付	
		×月×日　金融機関書式返送あり	

XII　最後に

　最後に、本章で解説した事件処理の手順・書式は、あくまで〈*Case* ②〉の解決のうえで必要に応じて用いられたものである。事案が異なれば、当然適切な処理方法は異なったものとなりうる。とりわけ遺産分割の案件においては、当事者間の人間関係や、感情のもつれ等が協議の成否に大きな影響を

与えることも少なくない。したがって、依頼者・関係者の話に真摯に耳を傾け、登場人物の利害状況等に配慮しながら、事案に応じた適切な解決方法を検討し実行していくことが肝要である。

> 本稿は、複数の事例を組み合わせるなどして構成したものであり、実際の事例とは異なる。

第3章 遺産分割調停──交渉の中で寄与分の調整を行った事例

I 事案の概要

〈Case ③〉

Y子から、「私を相手方として、父Aを被相続人とする遺産分割調停を弟のX男から申し立てられた。私は、母Bの死後、長年父Aの面倒をみてきたし、認知症が進んでからは介護もしてきたので、寄与分があるはずである」との相談を受けた。

[関係図]

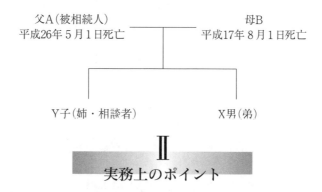

II 実務上のポイント

〈Case ③〉における実務上のポイントは、以下の3点である。

① どのような場合に寄与分が認められるか

② 介護活動に関する寄与分をどのように評価するか
③ 寄与分を定める処分調停（審判）の申立て

Ⅲ 相談者との打合せ①

　甲弁護士は、別件の依頼者から、「私の知人のＹ子さんが、弟から遺産分割調停を申し立てられて困っている。相談に乗ってもらえないか」とお願いされ、後日、事務所でＹ子と打合せをすることになった。初回打合せでのＹ子とのやりとりは以下のとおりである。

> 甲弁護士：前提としておうかがいしたいのですが、父Ａの遺産にはどのようなものがありますか。また、それぞれの価値・評価額を教えてもらえますか。
> Ｙ　子：東京都○○区にある不動産（建物とその敷地）および預金があります。不動産の価値は6000万円、預金は2000万円です。
> 甲弁護士：Ｘ男から遺産分割調停を申し立てられたとのことですが、申立ての前に、父Ａの遺産分割について、Ｘ男との間で話合いをしましたか。していた場合、まとまらなかったためにＸ男が今回の申立てをしたと思いますが、何が原因でまとまらなかったのでしょうか。
> Ｙ　子：父Ａの遺産の分け方については、かなり前からＸ男と話し合っていました。しかし、私は、長女ということもあり、母Ｂの死後、父Ａにご飯をつくってあげたりして面倒をみていました。また、私は結婚後家を出て別の場所で生活していたのですが、父Ａが認知症になり、だんだん悪化して、サポートが必要になったので、平成19年５月からは、父Ａと同居し、亡くなるまで介護をしていました。このように、好きな父のこととはいえ、大変な苦労をしてきたので、父Ａ

の遺産を分けるにしても、私の取り分を多くするようにX男に求めていたのです。しかし、お互いの主張は平行線で、話合いはずっと進まない状態でした。そうこうしているうちに、X男が私を相手方として遺産分割調停を東京家庭裁判所に申し立てたのです。

甲弁護士：なるほど。ところで、Y子さんは、遺産をどのように分けるようX男に求めたのでしょうか。また、これに対してX男は何と言ってきましたか。

Y　子：調べたのですけれど、親の世話をした場合は、法律で寄与分というものが認められるのですよね。そこで、私は、寄与分があることと、長年父と同居し、ご近所づき合いも長くなり、この地域と家に愛着があったので、「私は土地と建物を取得し、X男は預金を取得するのがいい」と言ったのです。X男は、「姉さんが父Aの世話で苦労していたことはわかるが、土地と建物は50％：50％の持分割合で共有とし、姉さんの寄与分を400万円と評価したうえで預金を分けるのが妥当ではないか」と言ってきたのです。私は納得できなかったので、話がそこで止まってしまいました。

甲弁護士：なるほど、本件では、Y子さんが父Aの世話や介護をしてきたことに関する寄与分の評価が争点になっているわけですね。

Y　子：そうなんです。先生、私のような場合、調停では寄与分はどの程度認められるものなのでしょうか。

甲弁護士：寄与分は、遺産の維持や増加に特別の寄与をした場合に認められます。そして、まずは、他の相続人との協議で決めることになり、協議が調わないときは、家庭裁判所の審判で決めてもらうことになります。他の相続人との協議においてどの程度の寄与分を求めるのか、また、家庭裁判所の審判で寄与

分がどのくらい認められるかについては、寄与行為の内容、期間、遺産総額等によってケース・バイ・ケースです。Y子さんのケースでどの程度の寄与分が認められる可能性があるかについては、Y子さんの寄与行為について、具体的な内容や期間等を詳細におうかがいするとともに、類似した事案の裁判例や審判例、家庭裁判所の運用等を調べる必要があります。

そして、Y子の話によると、〈*Case* ③〉の調停においてX男がY子に提案した遺産分割案の概要は以下のとおりであった。

〈X男がY子に提案した遺産分割案の概要〉
○土地および建物はX男とY子の共有とする（持分はそれぞれ2分の1）
○2000万円の預金は次のように分ける。
・Y子の寄与分を400万円と評価する。
・その場合、みなし相続財産は、
　（6000万円＋2000万円）－400万円＝7600万円
となり、
　Y子の具体的相続分額は、（7600万円×1/2）＋400万円＝4200万円
　X男の具体的相続分額は、7600万円×1/2＝3800万円
となる。
・以上を踏まえ、2000万円の預金について、
　Y子は、｛4200万円－（6000万円×1/2）｝＝1200万円
　X男は、2000万円－1200万円＝800万円
を取得する。

これに対し、Y子は、それでは寄与分の評価が低すぎる旨、寄与分を正

当に評価したうえで、Y子が6000万円の土地および建物を、X男が2000万円の預金を取得するのがよい旨主張して争っているとのことであった。

以上のやりとりの後、Y子は、遺産分割調停の代理人を甲弁護士に依頼した。

甲弁護士は、Y子に対し、次回の打合せの前に、具体的な寄与行為の内容や、父Aの要介護度の推移等について時系列に沿って書面にまとめるよう、加えて、父Aの要介護状況に関する資料（例：要介護認定通知書）や、父Aが介護サービスを受けていた場合には、それに関する資料（例：介護サービスのケアプラン、介護サービス利用票等）を送るようお願いした。

また、甲弁護士は、介護等の寄与行為に関する裁判例・審判例、家庭裁判所の運用等を調査し、その結果を次回の打合せでY子に報告することになった。

IV 検討

1 寄与分とは

寄与分の制度は、共同相続人中に遺産の維持、増加に特別の寄与をした者がある場合に、その者に相続分を多く取得させることにより、相続人間の実質的な衡平を図ることを目的として設けられたものである。

寄与分に関し、民法は、904条の2第1項において、「共同相続人中に、被相続人の事業に関する労務の提供又は財産上の給付、被相続人の療養看護その他の方法により被相続人の財産の維持又は増加について特別の寄与をした者があるときは、被相続人が相続開始の時において有した財産の価額から共同相続人の協議で定めたその者の寄与分を控除したものを相続財産とみなし、第900条から第902条までの規定により算定した相続分に寄与分を加えた額をもってその者の相続分とする」と定めている。

そこで、民法904条の2（以下、本章において「本条」という）の内容を踏まえながら、寄与分が認められる基本的な条件を簡単にまとめてみると、次

項のようになる。

2 寄与分が認められる条件

(1) 寄与分権者の範囲

本条において「共同相続人中に……特別の寄与をした者があるときは……寄与分を加えた額をもってその者の相続分とする」と定められていることからわかるように、民法は、寄与分の制度によって利益を受けることができる者を相続人に限定している。

したがって、相続人ではない者が寄与行為をした場合、その者は、寄与分の主張ではなく、契約や不当利得に基づく権利を主張していくことになる。

もっとも、裁判所の判断や通説においては、相続人の配偶者や子が寄与行為をした場合で、相続人自身の行為と同視できるときは、履行補助者による行為として、寄与の対象となると解されており、実務上注意が必要である。たとえば、東京高決平成元・12・28家月42巻8号45頁は、代襲相続において、被代襲者の配偶者が被代襲者の死後も被相続人の財産の維持または増加について特別の寄与をした場合、その寄与が相続人の寄与と同視できるときは、相続人の寄与として考慮することも許される旨判示し、また、東京家審平成12・3・8家月52巻8号35頁は、相続人の妻子が被相続人を介護したことが、相続人の履行補助者的立場にある者による無償の寄与行為として、当該相続人の寄与分において考慮される旨判示している。

(2) 寄与行為の内容

本条は、以下の各方法により被相続人の財産の維持または増加について特別の寄与をした場合に、寄与分が認められる旨定めている。

① 被相続人の事業に関する労務の提供（「家事従事型」ともいわれる）
　　例：農業や自家営業を夫婦・親子が協力して行うような場合等
② 被相続人の事業に関する財産上の給付（「金銭出資型」ともいわれる）
　　例：被相続人の事業について資金、資産を提供したり、被相続人の借財を弁済する場合等

③　被相続人の療養看護（「療養看護型」ともいわれる）
　　例：病気になった被相続人を看病したり、身の回りの世話をしたりする場合等
④　その他の方法
　寄与行為は、上記①～③に限られず、被相続人の財産を維持、増加させる行為であればいかなる行為でもよい。その他の方法としては、自己の収入等を出捐して、生活費を渡していたような場合（「扶養型」ともいわれる）や、財産管理を行い、管理費用の支出を避けたような場合（「財産管理型」ともいわれる）などがある。また、審判例の中には、被相続人所有地の権利関係を整理し売却に尽力した相続人に不動産仲介人の手数料基準も考慮して300万円を寄与分と認めたもの（長崎家諫早出審昭和62・9・1家月40巻8号77頁）などもある。

　そして、本条における「特別の寄与」とは、夫婦の間には同居・協力・扶助の義務があり（民752条）、親子・兄弟姉妹間には扶養義務があるところ（同法877条）、これらの義務の範囲を超えるような寄与をした場合をいう。

　したがって、寄与分が認められるためには、上記①～④により扶助義務・扶養義務を超えるような特別の寄与を行い、これによって被相続人の財産が維持または増加することが必要となる。

(3)　寄与行為の無償性

　また、寄与行為は原則として無償でなければならないと解されており、たとえば、寄与があっても、生前贈与、遺言等によって寄与に対する相応の補償が与えられている場合には、寄与分は認められないと解されている。

3　寄与分の評価の基準時

　寄与分の評価の基準時は、判例・通説上、相続開始時であると解されている（たとえば、広島高決平成5・6・8判夕828号258頁は、相続開始時を評価の基準時とすべき旨判示している）。

4　寄与分を定める方法

　寄与分は、まず、共同相続人全員の協議によって定める（本条1項）。そして、協議が調わず、または協議をすることができないときは、家庭裁判所が、寄与をした者の請求により、寄与の時期、方法および程度、相続財産の額その他一切の事情を考慮して、寄与分を定めることになる（本条2項）。家庭裁判所による寄与分を定める処分は審判によって行われるが、この処分について調停を申し立てることも可能である。

　実務上は、寄与分を定める処分の審判（調停）手続まで進むことはあまり多くなく、遺産分割調停の中で、遺産分割に関するその他の争点とあわせて、寄与分の有無・評価についても話し合われ、一体的な解決が図られる場合が多いように思われる。

5　〈Case ③〉に関連した裁判例・審判例および家庭裁判所の運用等

　〈Case ③〉の争点は、Y子が父Aの世話や介護をしてきたことに関する寄与分の評価である。

　寄与行為の類型としては、本条の「被相続人の療養看護」に最も近い。

　この点、「特別な寄与」に該当する必要があるため、裁判例・審判例や家庭裁判所の運用上、被相続人の療養看護としては、通常、高齢になったために世話をした程度では「特別な寄与」とは認められず、扶養義務の範囲を超えた著しい程度の療養看護であることが必要と解されている。

　以下、〈Case ③〉の検討にあたり、被相続人の療養看護に関する裁判例・審判例や、家庭裁判所（特に東京家庭裁判所）の運用等について概観する。

(1)　裁判例・審判例

(A)　東京高決平成22・9・13家月63巻6号82頁

　申立人（抗告人）の妻による被相続人の入院中の看護や死亡直前半年間の介護の一部は家政婦などを雇ってあたらせることを相当とする事情の下で行われ、その余の介護も13年余りの長期間にわたって継続して行われたものであって、申立人（抗告人）の妻による抗告人の履行補助者としての上記看護

や介護は同居の親族の扶養義務の範囲を超えて相続財産の維持に貢献したと評価することができ、また、申立人（抗告人）は約15年にわたって勤務先から支給された給与の全額をいったん両親の家計に入れ、その管理を被相続人またはその妻に任せて家計を援助していたものであって、相続財産の維持および増加に寄与したと評価することができるから、これらについて申立人（抗告人）の寄与分を認めることが相当であるとし、同人の寄与分を400万円と定めた事例である。

(B) 大阪高決平成19・12・6家月60巻9号89頁

遺産分割および寄与分を定める処分審判に対する抗告審において、被相続人の死亡まで自宅で介護をした申立人の負担は軽視できず、申立人が支出した費用は、遺産の形成維持に相応の貢献をしたものと評価できるが、遺産建物の補修費関係の支出は、被相続人と同居していた申立人自身も相応の利益を受けており、申立人の寄与を支出額に即して評価することは建物の評価額からすると必ずしも適切ではないこと、農業における寄与についても専業として貢献した場合と同視できる寄与とまでは評価できないことなどから、寄与分を遺産総額の30％と定めた原審判を変更し、遺産総額の15％と定めた事例である。

(C) 大阪家審平成19・2・26家月59巻8号47頁

被相続人に対する介護を理由とする寄与分の申立てに対し、申立人の介護の専従性を認めたうえで、申立人が被相続人から金銭を受領しているものの他の相続人らも同様に金銭を受領していた事実があるから、その介護の無償性は否定されず、寄与分を評価するうえで評価すべき事情としてその他の事情とあわせ考慮し、申立人の寄与分を遺産総額の3.2％強である750万円と定めた事例である。

なお、本審判例では、寄与分の算定根拠を詳細に説明しており、参考となる。すなわち、本審判例は、申立てがなされた平成17年当時の看護師家政婦紹介所が看護師等を派遣する際の標準賃金表を参考としつつ、具体的には、看護師の場合、①泊込勤務が1万8000円、②午前9時から午後5時までの通

勤勤務が1万3000円、ケアワーカーの場合は、①泊込勤務が1万2100円、②午前9時から午後5時までの日勤が7800円、いずれも泊込勤務の際、午後10時から午前6時まで特に介護を要した場合、泊り料金の1割から2割増しとなり、徹夜勤務の場合は5割増しとなっていることを参考としつつ、①勤務としてではなく、あくまで親族介護であること、②少人数による在宅介護のため、完璧な介護状態を保つことは困難だったとうかがわれること、③申立人が他の親族より多額の小遣いを取得していたこと、④昼間は、他の親族も交代で被相続人の介護を手伝っていたこと、⑤被相続人の生活が次第に昼夜逆転し、深夜の排泄介助もしばしばあったことは負担感を増したといえること、⑥相続人が特殊な体型であり、介護の肉体的負担が極めて大きかったといえることなどを考慮して、基本的に、1日あたりの介護費用を1万2000～1万3000円程度として算定した。そして、当該費用に基づき申立人が介護に専従した期間の介護労働を金銭的に換算すると600万円程度となるところ、介護に専従した期間よりも前から、軽度の身体介助や排泄にまつわる介助が始まっていたこと等もあわせ考慮し、最終的な寄与分の評価としては、遺産総額の3.2％強である750万円と定めている。

(D) 大阪家審平成19・2・8家月60巻9号110頁

被相続人に対する身上監護を理由とする寄与分の申立てに対し、被相続人が認知症となり、常時の見守りが必要となった後の期間について、親族による介護であることを考慮し、1日あたり8000円程度と評価し、寄与分を876万円と定めた事例である。

(E) 盛岡家審昭和61・4・11家月38巻12号71頁

高齢により重い認知症に罹患した被相続人を10年間にわたり看護した申立人の寄与分について、職業付添婦紹介所の協定料金を参考に評価した事例である。

前述のとおり、本審判例は、寄与分について職業付添婦紹介所の協定料金を参考に評価しているが、具体的には、盛岡看護婦・家政婦紹介所扱いの昭和58年当時の協定料金は、基本料金1日4500円で、それに泊込みの時間外手

当が加わると1日6750円であることが認められ、夜間の看護が必要となったのは昭和53年以降とするのが相当であるから、申立人の療養看護により被相続人が支出を免れた総額は、(4500円×365日×6年)＋(6750円×365日×4年)の計算式により1971万円となるが、申立人が職業付添婦でないことや昭和46年から6年間くらいは被相続人の療養看護のかたわら、家族のための一般家事労働をする余裕もあったことを考慮すると、申立人の療養看護による寄与分の額は、上記金額の60％程度、すなわち1182万6000円と認めるのが相当である旨判示しており、参考となる。

(2) 家庭裁判所の運用

療養看護型の寄与分に関し、家庭裁判所の実務の運用としては、介護保険法が施行される前は、次の算定方式が用いられていたとされる（東京弁護士会弁護士研修センター運営委員会編『相続・遺言——遺産分割と弁護士実務——』112頁〔上原裕之〕参照）。

「付添婦の日当額×療養看護の日数×裁量的割合」

そして、介護保険法が施行された後しばらくして、介護報酬基準が定められたことを踏まえ、東京家庭裁判所の遺産分割部では、上記の算定方式を、

「介護報酬基準額×療養看護の日数×裁量的割合」

に改め（つまり、「付添婦の日当額」を「介護報酬基準額」に改め）、上記の裁量的割合を、「通常、0.5から0.8」と定めることにしたとされる（東京弁護士会弁護士研修センター運営委員会・前掲113頁）。

そして、相続人の身分関係等に照らし、通常行われるであろう程度の介護をしていたにとどまるときは、「特別の寄与」とは認められないが、この点について、東京家庭裁判所の遺産分割部では、要介護者の状態について、自立、要支援1・2、要介護1〜5の合計8段階に分かれているところ、検討の結果、自立、要支援1・2、そして「要介護1」のあたりまでは、通常行われるであろう程度であって、「特別の寄与」とはいえない場合が多いとの結論に至ったとされる（東京弁護士会弁護士研修センター運営委員会・前掲114頁）。

この点、上記の結論を踏まえ、東京家庭裁判所の調査官が、試みに〈表2-3-1〉、〈表2-3-2〉の2つの表を作成しており、参考になる。

なお、自立、要支援1・2、要介護1～5の各段階および〈表2-3-1〉、〈表2-3-2〉における「身体介護」、「生活援助」の大まかな内容については、後記【要介護者の状態および「身体介護」・「生活援助」】にまとめたとおりである。

〈表 2-3-1〉 訪問介護の場合の介護報酬基準（平成18年以降）

要介護認定等基準時間	要介護度	身体介護	生活援助
30分未満	要支援1	2,310円	
30分以上、60分未満		4,020円	2,080円
	要支援2・要介護1		
	要介護2		
60分以上、90分未満		5,840円	2,910円
	要介護3		
90分以上、120分未満	要介護4	6,670円	
	要介護5		
120分以上、150分未満		7,500円	

〈表 2-3-2〉 介護報酬基準額に基づく療養看護報酬額（日当）の試算例

介護種別	身体介護				生活援助			
裁量割合	なし	0.8	0.7	0.6	なし	0.8	0.7	0.6
要支援1	2,310円	1,850円	1,620円	1,390円				

要支援2	**4,020円**	**3,220円**	**2,810円**	**2,410円**	2,080円	1,660円	1,460円	1,250円
要介護1								
要介護2	5,840円	4,670円	4,090円	3,500円	2,910円	2,330円	2,040円	1,750円
要介護3								
要介護4	6,670円	5,340円	4,670円	4,000円				
要介護5	7,500円	6,000円	5,250円	4,500円				

※(1) 上表は、訪問介護の場合における介護報酬基準に基づき、それぞれの要介護度ごとに療養看護報酬額(日当)を試算したものであるが、要介護度に対応した要介護認定等基準時間には幅があるので、具体的評価の場面では個別に検討する必要がある。
 (2) 裁量割合を乗ずる際には、10円以下を四捨五入した。
 (3) 「要支援1」、「要支援2」、「要介護1」の場合には通常寄与分は認められず、よって、ゴシック文字部分は現実的には想定できない。
(上記2つの表および「※」部分について、東京弁護士会弁護士研修センター運営委員会・前掲137頁から引用)

【要介護者の状態および「身体介護」・「生活援助」】
○要介護者の状態の区分

要介護度	状　　態
自立 ※非該当	歩行や起き上がりなどの日常生活上の基本的動作を自分で行うことが可能であり、かつ、薬の服用、電話の利用などの手段的日常生活動作を行う能力もある状態。
要支援1	社会的支援を要する状態で、予防給付が対象。 掃除などの身のまわりの世話や一部に見守りや手助けが必要。排泄や食事はほとんど自分でできる。
要支援2	部分的な介護を要する状態で、予防給付が対象。

	要介護1に相当する状態で、「認知症高齢者の日常生活自立度」が自立またはIであり、心身の状態が安定している。
要介護1	部分的な介護を要する状態で、介護給付が対象。 みだしなみや掃除などの身のまわりの世話に見守りや手助けが必要。立ち上がりなどの複雑な動作に何らかの支えが必要。歩行や両足での立位保持等の移動の動作に何らかの支えを必要とすることがある。排泄や食事はほとんど自分でできる。問題行動や理解の低下がみられることがある。
要介護2	軽度の介護を要する状態。 みだしなみや掃除などの身のまわりの世話全般に見守りや手助けが必要。立ち上がりなどの複雑な動作に何らかの支えが必要。歩行や両足での立位保持等の移動の動作に何らかの支えが必要。排泄や食事に見守りや手助けを必要とすることがある。問題行動や理解の低下がみられることがある。
要介護3	中程度の介護を要する状態。 みだしなみや掃除などの身のまわりの世話、立ち上がりなどの複雑な動作が自分1人でできない。歩行や両足での立位保持等の移動の動作が自分でできないことがある。排泄が自分でできない。いくつかの問題行動や理解の低下がみられることがある。
要介護4	重度の介護を要する状態。 みだしなみや掃除などの身のまわりの世話、立ち上がりなどの複雑な動作がほとんどできない。歩行や両足での立位保持等の移動の動作が自分1人ではできない。排泄がほとんどできない。多くの問題行動や全般的な理解の低下がみられることがある。
要介護5	最重度の介護を要する状態。 みだしなみや掃除等の身のまわりの世話、立ち上がりなどの複雑な動作、歩行や両足での立位保持等の移動の動作、排泄や食事がほとんどできない。多くの問題行動や全般的な理解の低下がみられることがある。

○「身体介護」・「生活援助」について
　現在、介護保険制度に基づき訪問介護が広く行われているところ、訪問介護とは、介護福祉士やホームヘルパーが利用者の自宅を訪問して、入浴・排泄・食事等の介護、調理・洗濯・掃除等の家事、生活に関する相談・助言等の必要日常生活の世話を行うことであり、身体介護と生活援助に分けられる。
　このうち、身体介護とは、利用者の身体に直接接触して行う介助と、日常生活に必要な機能の向上のための介助、専門的な援助をいい、生活援助とは、日常生活に支障が生じないように行われる家事をいう。

(3) その他

これらのほか、療養看護型の場合の寄与分の算定方式として、民事交通事件訴訟における近親者付添費を参考とし、これと療養看護日数との積を基準額とする考え方もある（司法研修所編『遺産分割事件の処理をめぐる諸問題』290頁)。

なお、日弁連交通事故相談センター東京支部編『民事交通事故訴訟・損害賠償額算定基準上巻（基準編）2014』によると、近親者付添人の入院付添費は1日につき6500円とされており、症状の程度により、1割〜3割の範囲で増額を考慮することがあるとしている（同10頁)。

V 相談者との打合せ②

今回の打合せでは、まず、Y子が、甲弁護士に対し、事前に送っていた介護活動に関する資料を基に、以下のとおり、時系列に沿って大まかにどのような介護活動を行ったかを説明した。

○平成17年8月1日に母Bが死亡したところ、父Aは家事ができなかったため、近所に住んでいたY子が定期的に通い、食事・洗濯・掃除等の世話を始めた。父Aは、記憶の衰えはあるものの、理解力の低下はなかった。
○平成19年1月頃から、父Aの物忘れがひどくなり、歩行も少し不安定になってきたため、病院で検査した結果、軽度の認知症と診断された。転倒して

軽い怪我をしたこともあり、Y子は同年5月頃から父Aと同居することとし、食事・洗濯・掃除等の世話に加え、室内の移動のサポートもするようになった。また、Y子だけが介護するのは困難であるため、週1日（1日合計2時間）、訪問介護を依頼することとし、それにあたって要介護認定の申請をしたところ、父Aは、「要介護度1」の認定を受けた。

○平成21年1月頃から、父Aの認知症が少しずつ悪化し、これまでに加え、着替えの手伝い、食事の介助等も必要となり、同年2月から要介護度は2と認定された。なお、在宅サービス（訪問介護）は従前どおりであった。

○平成23年2月頃から、父Aの認知症がより悪化し、1人で起き上がったり移動することが困難になったため、これらの介助も必要となり、同年3月から要介護度は3と認定された。介護の負担が重くなったことから、同時期より、訪問介護を週2日（1日合計2時間）、通所介護を週1日（1日合計6時間）依頼することとなった。

○平成24年10月頃から、同じ発言を繰り返したり、Y子のこともたまに忘れるようになったうえ、1人では着替え・食事・排便がほとんどできないようになり、一層の介助が必要になった。そして、平成24年11月から要介護度は4と認定された。介護の負担がより重くなったことから、同時期より、訪問介護を週2日（1日合計2時間）、通所介護を週2日（1日合計6時間）、短期入所を月に5日（終日）依頼することとなった。

○平成25年2月頃、父Aはほとんど寝たきりとなり、意思疎通も非常に困難な状態となった。Y子は、介護サービスのない日は、着替え・食事・排便の介護を休みなく行った。そして、同年3月から要介護度は5と認定された。介護の負担が非常に重くなったことから、同時期より、訪問介護を週2日（1日合計2時間）、通所介護を週4日（1日合計6時間）、短期入所を月に5日（終日）依頼することとなった。

○平成25年11月頃、父Aの容体が急変し、急遽入院した。そして、平成26年5月1日、父Aは多臓器不全で死亡した。

ちなみに、甲弁護士が、父Aの介護にX男が協力したことはあったかと質問したところ、Y子は、「X男の妻が年に数回食事をつくってくれたり、X男がたまに父Aの外出時車で移動するときに運転してくれたりしたが、

せいぜいその程度である」と答えた。

その後、甲弁護士が、介護等の寄与行為に関する裁判例・審判例、家庭裁判所の運用等について調査した結果をＹ子に説明した。

介護活動に関する寄与分をどのように評価するかについては、前掲大阪家審平成19・2・26（前記Ⅳ5(1)(C)）のように看護師家政婦紹介所が看護師等を派遣する際の標準賃金表を参考としたり、東京家庭裁判所のように介護保険制度における介護報酬基準を参考としたり、民事交通事件訴訟における近親者付添費を参考にする等の方法があるところ、甲弁護士とＹ子が相談した結果、今回の調停が東京家庭裁判所に係属していることから、同裁判所の運用に基づき、介護保険制度における介護報酬基準を参考にして、次回の打合せまでに甲弁護士が寄与分を試算することになった。

Ⅵ 相談者との打合せ③

甲弁護士は、今回の打合せまでに、Ｙ子からヒアリングした介護活動の内容を踏まえ、寄与分を試算した。

試算にあたり、「要介護1」のあたりまでは、通常行われるであろう程度であって、「特別の寄与」とはいえない場合が多いとされていることを踏まえ、「寄与分計算表」では、要介護度が2になった以降の介護活動を基礎とした。

また、介護報酬の金額については、平成26年4月時点の介護報酬の算定方法で計算し、前述の〈表2-3-1〉の金額を、試みに〈表2-3-3〉のとおり変更した（「介護報酬の算定構造」は、厚生労働省のホームページ〈http://www.mhlw.go.jp/stf/seisakunitsuite/bunya/hukushi_kaigo/kaigo_koureisha/housyu/index.html〉で公表されている）。

<表2-3-3> 介護報酬の金額（<Case ③>）

要介護認定等基準時間	要介護度	身体介護	生活援助
30分未満	要支援1	2,550円	
30分以上、60分未満		4,040円	1,910円（これは、実際には20分以上45分未満の場合の金額である）
	要支援2・要介護1		
	要介護2		
60分以上、90分未満		5,870円	2,360円（これは、実際には45分以上の金額である）
	要介護3		
90分以上、120分未満	要介護4	6,700円	
	要介護5		
120分以上、150分未満		7,530円	

なお、前述した東京家庭裁判所の運用は、一定期間の経過により変更されている可能性があり、また、介護報酬の算定方法についても年々変更されていることから、〈表2-3-3〉は、現在の実際の運用どおりの金額と一致していない可能性もあるところ、一応の根拠にはなり得るため、甲弁護士は〈表2-3-3〉に基づいて寄与分を試算することにした。

<表2-3-4> 寄与分計算表（<Case ③>）

年月	①介護サービスの時間数	②介護サービスの日数（①÷24）	③入院日数	④介護活動をした日数（各月の日数−②−③）	要介護度	日当（身体介護）	日当（生活援助）	寄与分の額（円）
H21.2	8	0.3333	0	27.67	2	5,870	2,360	227,697
H21.3	8	0.3333	0	30.67	2	5,870	2,360	252,387

H21.4	8	0.3333	0	29.67	2	5,870	2,360	244,157
H21.5	8	0.3333	0	30.67	2	5,870	2,360	252,387
H21.6	8	0.3333	0	29.67	2	5,870	2,360	244,157
H21.7	8	0.3333	0	30.67	2	5,870	2,360	252,387
H21.8	8	0.3333	0	30.67	2	5,870	2,360	252,387
H21.9	8	0.3333	0	29.67	2	5,870	2,360	244,157
H21.10	8	0.3333	0	30.67	2	5,870	2,360	252,387
H21.11	8	0.3333	0	29.67	2	5,870	2,360	244,157
H21.12	8	0.3333	0	30.67	2	5,870	2,360	252,387
H22.1	8	0.3333	0	30.67	2	5,870	2,360	252,387
H22.2	8	0.3333	0	27.67	2	5,870	2,360	227,697
H22.3	8	0.3333	0	30.67	2	5,870	2,360	252,387
H22.4	8	0.3333	0	29.67	2	5,870	2,360	244,157
H22.5	8	0.3333	0	30.67	2	5,870	2,360	252,387
H22.6	8	0.3333	0	29.67	2	5,870	2,360	244,157
H22.7	8	0.3333	0	30.67	2	5,870	2,360	252,387
H22.8	8	0.3333	0	30.67	2	5,870	2,360	252,387
H22.9	8	0.3333	0	29.67	2	5,870	2,360	244,157
H22.10	8	0.3333	0	30.67	2	5,870	2,360	252,387
H22.11	8	0.3333	0	29.67	2	5,870	2,360	244,157
H22.12	8	0.3333	0	30.67	2	5,870	2,360	252,387
H23.1	8	0.3333	0	30.67	2	5,870	2,360	252,387
H23.2	8	0.3333	0	27.67	2	5,870	2,360	227,697
H23.3	40	1.6667	0	29.33	3	5,870	2,360	241,413
H23.4	40	1.6667	0	28.33	3	5,870	2,360	233,183
H23.5	40	1.6667	0	29.33	3	5,870	2,360	241,413
H23.6	40	1.6667	0	28.33	3	5,870	2,360	233,183
H23.7	40	1.6667	0	29.33	3	5,870	2,360	241,413
H23.8	40	1.6667	0	29.33	3	5,870	2,360	241,413
H23.9	40	1.6667	0	28.33	3	5,870	2,360	233,183
H23.10	40	1.6667	0	29.33	3	5,870	2,360	241,413

Ⅵ　相談者との打合せ③

H23.11	40	1.6667	0	28.33	3	5,870	2,360	233,183
H23.12	40	1.6667	0	29.33	3	5,870	2,360	241,413
H24.1	40	1.6667	0	29.33	3	5,870	2,360	241,413
H24.2	40	1.6667	0	27.33	3	5,870	2,360	224,953
H24.3	40	1.6667	0	29.33	3	5,870	2,360	241,413
H24.4	40	1.6667	0	28.33	3	5,870	2,360	233,183
H24.5	40	1.6667	0	29.33	3	5,870	2,360	241,413
H24.6	40	1.6667	0	28.33	3	5,870	2,360	233,183
H24.7	40	1.6667	0	29.33	3	5,870	2,360	241,413
H24.8	40	1.6667	0	29.33	3	5,870	2,360	241,413
H24.9	40	1.6667	0	28.33	3	5,870	2,360	233,183
H24.10	40	1.6667	0	29.33	3	5,870	2,360	241,413
H24.11	184	7.6667	0	22.33	4	6,700	2,360	202,340
H24.12	184	7.6667	0	23.33	4	6,700	2,360	211,400
H25.1	184	7.6667	0	23.33	4	6,700	2,360	211,400
H25.2	184	7.6667	0	20.33	4	6,700	2,360	184,220
H25.3	232	9.6667	0	21.33	5	7,530	2,360	210,987
H25.4	232	9.6667	0	20.33	5	7,530	2,360	201,097
H25.5	232	9.6667	0	21.33	5	7,530	2,360	210,987
H25.6	232	9.6667	0	20.33	5	7,530	2,360	201,097
H25.7	232	9.6667	0	21.33	5	7,530	2,360	210,987
H25.8	232	9.6667	0	21.33	5	7,530	2,360	210,987
H25.9	232	9.6667	0	20.33	5	7,530	2,360	201,097
H25.10	232	9.6667	0	21.33	5	7,530	2,360	210,987
H25.11	0	0.0000	30	0.00	5	7,530	2,360	0
H25.12	0	0.0000	31	0.00	5	7,530	2,360	0
H26.1	0	0.0000	31	0.00	5	7,530	2,360	0
H26.2	0	0.0000	28	0.00	5	7,530	2,360	0
H26.3	0	0.0000	31	0.00	5	7,530	2,360	0
H26.4	0	0.0000	30	0.00	5	7,530	2,360	0
合計								13,391,537

(注) 「①介護サービスの時間数」には、(1)介護保険の訪問介護、(2)通所介護、(3)短期入所の時間数を記載している。いつ、(1)～(3)のうちどのような介護サービスが行われたかについては、疎明資料1～○を参照されたい。
※筆者注：寄与分計算表には、補足として上記の（注）を記載することが考えられる。なお、「疎明資料1～○」は、介護サービスのケアプラン、介護サービス利用票等を指す。

　今回の打合せにおいて、甲弁護士は、「寄与分計算表」（〈表2-3-4〉）をY子に提示し、その内容を説明した。
　Y子は、当初、「最終的な寄与分の額が少なすぎる。これでは土地と建物を取得できない」と難色を示したが、甲弁護士は、この計算は東京家庭裁判所の運用（考え方）をベースとしており、また、裁量的割合を「なし」としているが、実際には一定の割合が掛けられ、減額させられる可能性もあり、現実的にはこれが精いっぱいと思われる旨説明したところ、Y子は渋々ながら納得した。そして、Y子の了解を得て、甲弁護士は、次回の調停期日において、Y子の介護活動に関する寄与分につき、「寄与分計算表」記載の金額を主張することとなった。
　また、甲弁護士は、東京家庭裁判所が採用している「寄与分主張整理表」（判タ1376号69頁参照）に、Y子の介護活動の要点を記載した（要介護度2になって以降の介護活動について記載していることは、「寄与分計算表」と同様である）。

【書式2-3-1】 寄与分主張整理表（〈*Case*③〉）

平成○年（家イ）第○号
寄与分主張整理表（被相続人A　平成26年5月1日死亡）

番号	時期	具体的寄与行為	財産の維持・増加との因果関係	対価の有無	証拠資料の有無
1	平成21年1月1日から平成	被相続人は認知症に罹患していたところ、少しずつ悪化したため、従前行	介護のための費用の支出を防止した。	なし。	要介護認定通知書。

	23年1月31日まで	っていた食事・洗濯・掃除等の世話、室内の移動のサポートに加え、着替えの手伝い、食事の介助を行った。なお、平成21年2月から要介護度は2と認定された。				
2	略	略		略	略	略

平成○年○月○日

寄与主張者（記載者氏名）Y子代理人　弁護士　甲　㊞

VII 調停期日①

甲弁護士は、期日の1週間前に、「寄与分計算表」（〈表2-3-4〉）、その内容を説明する主張書面および「寄与分主張整理表」（【書式2-3-1】）を申立人（X男）代理人の乙弁護士にファクシミリで送付し、調停期日に臨んだ。対立している部分でもあり、具体的なやりとりに関しては、以下のとおり調停委員と甲弁護士との間で行われた。

> 調停委員：乙弁護士は、「寄与分計算表」の内容について、X男も父Aの面倒を定期的にみていたこと等に照らしても、裁量的割合を「なし」としているのはおかしいので、最終的な金額は高すぎる、との主張でした。
> 甲弁護士：しかし、X男自身は、たまに父Aが外出時車で移動するときに運転をした程度であり、食事をX男の妻が年に数回つくったこともありますが、X男自身の行為ではないうえ、回数も少ないです。したがって、申立人の主張は成り立たな

　　　　　　いというべきでしょう。
　調停委員：しかし、先生もご存知のとおり、寄与分は一般的にそれほど多く認められるものではないし、寄与分を定める処分の申立てにおいて、申立人が介護の専門家ではないこと等を考慮し、裁量的割合が「0.6」になることも多い。乙弁護士は、寄与分について、700万円までなら認めてもよいと言っているので、この金額で合意できませんか。
　甲弁護士：当方としてはとうてい納得できるものではありませんが、一応依頼者に確認します。

VIII 相談者との打合せ④

　甲弁護士は、調停期日での調停委員の発言およびＸ男の提案をＹ子に伝え、今後の方針について相談した。Ｙ子は、Ｘ男が金額を上げてきたことについて一定の評価をしたが、金額的にはどうしても納得できないとのことであった。そして、Ｙ子が、「寄与分について白黒つけたいです。そのためにはどのような手段があるでしょうか。追加の費用が発生してもかまいませんので、教えてください」と甲弁護士に質問したため、甲弁護士は、寄与分を定める処分調停（審判）の申立ての方法があることをＹ子に説明した。ただし、Ｘ男も少しずつ譲歩しているため、Ｙ子は、甲弁護士と相談した結果、はじめから審判を申し立てるのではなく、調停を選択することにし、また、次回期日でまとまらなければ調停を申し立てる旨記載した主張書面を提出し、次回期日でのＸ男の反応をみたうえで申し立てることにした。

IX
寄与分を定める処分調停（審判）の申立て準備

1 寄与分を定める処分調停（審判）の大まかな流れ

　前述のとおり、寄与分は、まず、共同相続人全員の協議によって定めることになるが（本条1項）、協議が調わず、または協議をすることができないときは、寄与分を定める処分を家庭裁判所に申し立てることになる（本条2項）。この処分は審判によって行われるが、この処分について調停を申し立てることも可能である。

　そして、寄与分を定める処分は、①遺産分割の審判もしくは調停の申立てがあった場合または②相続開始後に認知された者の価額の支払請求審判があった場合に申し立てることができる（本条4項）。そして、②の場合を除き、遺産分割が未了のときは、遺産分割の審判または調停の申立てが先または同時になされている必要があり、寄与分を定める手続のみを申し立てることはできない。

　寄与分を定める処分審判の申立てを行った場合、上記②の場合を除き、遺産分割の審判の手続と併合される（家手192条）。そして、遺産分割の審判とともに、寄与分を定める審判（または申立てを却下する審判）がなされ、2週間以内に即時抗告がなされなければ、審判は確定することになる。

　また、寄与分を定める処分調停の申立てを行った場合、調停期日において合意ができなければ、審判に移行することになる。

　遺産分割調停・審判事件がすでに係属している場合は、その事件が係属している家庭裁判所に対してのみ、寄与分を定める処分審判（調停）の申立てをすることができる。遺産分割事件が係属していない場合は、審判事件のときは、相続開始地を管轄する家庭裁判所に属し（家手191条1項）、調停事件においては、相手方のうち誰か1人の住所地を管轄する家庭裁判所か、当事者の全員が合意によって定めた家庭裁判所の管轄に属する（同法245条1項）。

　なお、家庭裁判所は、遺産分割審判の手続において、寄与分を定める処分

審判の申立ての期間を１カ月の範囲で定めることができる（家手193条１項）。そして、この期間経過後にされた申立ては却下することができる（同条２項）。

2　寄与分を定める処分調停申立書

甲弁護士が作成した寄与分を定める処分調停申立書の「申立ての理由」の部分は【書式2-3-2】のとおりである。

【書式2-3-2】　寄与分を定める処分調停申立書（抜粋）──「申立ての理由」（〈*Case* ③〉）

申立ての理由

1　申立人は、被相続人Ａ（平成26年５月１日死亡）の長女であり、相手方は被相続人の長男である。
2　申立人は、以下に述べるとおり、平成17年８月以降、被相続人の世話、介護を積極的に行い、被相続人の財産減少の回避に貢献している。
　(1)　平成17年８月１日に母Ｂが死亡したところ、被相続人は家事が出来なかったため、近所に住んでいた申立人は、定期的に被相続人の自宅に通い、食事・洗濯・掃除等の世話を始めた。
　(2)　平成19年１月頃から、被相続人の物忘れがひどくなり、歩行も少し不安定になってきたため、病院で検査した結果、軽度の認知症と診断された。転倒して軽い怪我をしたこともあり、申立人は同年５月頃から被相続人と同居することとし、食事・洗濯・掃除等の世話に加え、室内の移動のサポートもするようになった。
　(3)　平成21年１月頃から、被相続人の認知症が少しずつ悪化したため、申立人は、着替えの手伝い、食事の介助等も行うようになった。
　(4)　平成23年２月頃から、被相続人の認知症がより悪化し、１人で起き上がったり移動することが困難になったため、申立人は、これらの介助も行うようになった。
　(5)　平成24年10月頃から、被相続人は、同じ発言を繰り返したり、申立人の

こともたまに忘れるようになった上、1人では着替え・食事・排便がほとんどできないようになり、申立人は、着替え、食事及び排便の介助を行うようになった。
(6) 平成25年2月頃、被相続人はほとんど寝たきりとなり、意思疎通も非常に困難な状態となった。申立人は、平成25年11月1日に被相続人が入院するまで、介護サービスのない日は、着替え・食事・排便の介護を休みなく行った。
3 前項(1)〜(6)記載のとおり、申立人は、被相続人の療養看護に努め、このことを通じて、介護サービス利用の負担を大きく軽減し、被相続人の財産減少の回避（財産の維持）に大きく貢献している。そして、申立人の寄与分は、別紙「寄与分計算表」記載のとおり、金1339万1537円となる。
4 このため、申立人は、被相続人に係る遺産分割調停事件（平成26年（家）○号）において、相手方と寄与分について協議を行ったが、相手方は申立人の寄与分を過小評価し、協議がまとまらなかったため、本申立てをする次第である。

以上

X 調停期日②

調停委員からは、「乙弁護士は、900万円までなら認めてもよいと言っているが、これが限界とのことであり、これでまとまらなければ寄与分を定める処分調停を申し立ててもらってかまわない、徹底的に争う、と言っていた。私としても、今回の事案では、900万円程度が妥当か、少しY子氏に有利なくらいではないかと思っている。前回も言ったが、Y子氏は介護の資格をもっているわけではなく専門家ではないし、介護施設とは違って24時間完全に介護をしているわけでもない。1人ですべて面倒をみてきたわけでもなく、介護サービスも活用している。このような事情からすれば、時間と費用をかけて寄与分を定める処分調停を申し立て、その後審判に移行しても、裁量的割合が0.6よりも低くなる可能性も十分あるのではないか。そこのところも

考えて、再度検討してもらえないか」との発言があり、甲弁護士は持ち帰って依頼者と検討する旨調停委員に回答した。

XI 最後に

　甲弁護士が、調停期日での調停委員の発言およびＸ男の提案をＹ子に伝えたところ、Ｙ子は、Ｘ男が900万円に増額してきたことや、調停委員の発言を受けて、寄与分の定める処分調停を申し立てるか否か逡巡し、どのように進めるべきか甲弁護士に助言を求めた。これに対し、甲弁護士が、従前説明した裁判例や審判例に照らしても、調停委員が言っていたように、裁量的割合が0.6以下になる可能性は否定できず、仮に裁量的割合が0.6とされたとして「寄与分計算表」を基に試算すると、(1339万1537円×0.6)＝803万4922円になること、また、今回の遺産分割調停の争点は寄与分のみであり、Ｘ男の提案を受け入れれば解決するが、寄与分を定める処分調停の申立てをした場合には、より時間がかかることになる旨説明したところ、Ｙ子はＸ男の提案を受け入れることにした。

　その後、唯一の争点であった寄与分の問題が解決したことにより、次回以降の調停はスムーズに進み、大要以下の内容で調停成立に至った。

〈成立した調停調書の概要〉
○土地および建物はＸ男とＹ子の共有とする（持分はそれぞれ2分の1）
○2000万円の預金は次のように分ける。
　・Ｙ子の寄与分を900万円と評価する。
　・その場合、みなし相続財産は、
　　(6000万円＋2000万円)－900万円＝7100万円
　となり、
　　Ｙ子の具体的相続分額は (7100万円×1/2)＋900万円＝4450万円
　　Ｘ男の具体的相続分額は7100万円×1/2＝3550万円
　となる。

・以上を踏まえ、2000万円の預金について、
　Y子は、{4450万円－(6000万円×1/2)}＝1450万円
　X男は、2000万円－1450万円＝550万円
を取得する。

　上記のとおり、当初のX男の提案（2000万円の預金のうち1200万円をY子が取得）よりも、Y子は250万円多く預金を取得することができたため、Y子には（納得はしていたが）不満が残っていたものの、一応成功といえるのではないかと思われる。

　本稿は、複数の事例を組み合わせるなどをして構成したものであり、実際の事例とは異なる。

第4章 遺産分割調停――遺産の評価、遺言の効力を中心に

I 事案の概要

〈*Case* ④〉

　平成26年10月、甲弁護士は、顧問先の社長であるＸ氏から、Ｘ氏の父親の死亡に伴い弟Ｙ氏から遺産分割調停が申し立てられたとの相談受けた。父親は、預貯金のほか、東京と長野の不動産と、美術品を20点所有していたところ、その評価と分割方法について問題となった。

　また、調停の途中で遺言書が提出されたことから、その効力と解釈についても検討が必要である。

II 実務上のポイント

〈*Case* ④〉における実務上のポイントは、以下の２点である。
① 　遺産の評価・分割方法
② 　遺言書の効力と解釈

Ⅲ 相談の記録

　そろそろ肌寒くなってきた10月上旬、甲弁護士は、普段お世話になっている顧問先の社長のＸ氏から連絡を受けた。会社のことではなく、個人的な相談をさせてほしいとのことであったので、早速日時を設定して打合せをすることにした。

Ｘ　氏：先生、いつもお世話様です。今日は、会社のことではなく、私個人のことで相談させていただきたいことがあって参りました。実は、私の父であるＺが昨年の平成25年4月に亡くなったのですが、父の財産をどう分配しようかということで、現在まで、私と弟であるＹと分配方法の話合いをしてきました。しかし、私と弟は、昔から仲が悪く、全く話合いはまとまりませんでした。どうしたものかと思っていましたら、平成26年7月下旬に、突然Ｙから遺産分割調停を申し立てられたのです。

甲弁護士：それは大変ですね。一応確認しますが、Ｙ氏は、御社の従業員や役員ではないですよね。コンフリクトの問題がありますので。

Ｘ　氏：その点は大丈夫です。

甲弁護士：そうですか。申立ての相手方となっているのは、Ｘさんだけですか。つまり、ほかにご兄弟などの相続人はいらっしゃるのですか。

Ｘ　氏：いいえ。母親はすでに亡くなっていますし、妹がいるのですが、妹は、すでに結婚して家を出た身であり、お金のことで争いたくない、とのことで相続放棄をしています。

甲弁護士：わかりました。もう期日はあったのですか。

Ｘ　氏：はい、先月の９月下旬に第１回目の期日があって、仕事の合間をぬって出席しました。ただ、そこでもＹからいろいろなことを言われて何とも悩ましく、個人的なことで恥ずかしいのですが、先生のところに相談に参った次第です。

甲弁護士：そうですか。そんな遠慮をする必要はありませんよ。Ｙ氏が出した調停申立書はお持ちですか。

Ｘ　氏：はい、これです。ほかに今年の１月に税務署に提出した相続税申告書がありますので、どんな財産があるかは詳しくはこれをみていただければと思います。預貯金のほかに、長野と東京に不動産があるのですが、この不動産の評価がＹとの間で一番問題になっているのです。

甲弁護士：ちょっとみせていただきますね。……なるほど、お父様は、長野のほうにたくさんの土地をお持ちだったようですね。結構いい場所にあるのですか。

Ｘ　氏：とんでもない。ほとんどが山や田んぼの中にあるような土地です。これについて、弟は、第１回の調停期日で、「長男であるＸのほうで責任をもって処理すべきだ。固定資産税評価額で引き取ってくれ」ということを言ってきているのですが、長野の土地にはさまざまな問題があり、とうてい固定資産税評価額の価値はありません。

甲弁護士：長野の土地は、Ｘさんのほうで必要な土地なのですか。

Ｘ　氏：まさか。全くいらない土地で、できればＹのほうで引き取ってほしいくらいです。ただ、このまま放置して、問題を後世に引き継がせるのは嫌ですので、Ｙが絶対にいらないと言うのであれば、私のほうで引き取って処理しようと思っています。１回目の期日で、私が固定資産税評価額を基準に評価することに異論を述べたところ、<u>調停委員から、「では、不動産の評価について、Ｘ氏のほうで何か案を出していた</u>

　　　　　だけますか」と言われています（下記Ⅳ参照）。
甲弁護士：そうですか。ほかに何か問題になりそうな点はありますか。
Ｘ　氏：それから、父は道楽者で、結構な数の美術品を持っていました。大した価値はないと思うのですが、1つひとつの価値がわからなくて困っており、美術品をどのように分割するかという点も問題になるかもしれません。
甲弁護士：Ｘさんのほうで、その美術品を取得したいという希望はあるのですか。
Ｘ　氏：相続税申告をした際の評価額が100万円だったのですが、そのくらいの価格で取得するのであればいいですけれども……。ただ、こだわりはないのでＹのほうで取得したいのならそれでかまいません。
甲弁護士：わかりました。いろいろ問題がありそうな案件ですので、バックアップとしてではなく、よろしければ私のほうで受任いたしましょう。早速次の第2回調停期日から出席します。
Ｘ　氏：ありがとうございます。ぜひよろしくお願いいたします。
甲弁護士：では、もう少し事情を聞かせてください。

その後、さらに詳しくＸ氏から事情を聞いた。Ｘ氏の話をまとめると、以下のとおりである。

・相続人は、Ｘ氏とＹ氏（Ｘ氏の弟）の2人（妹がいるが、相続放棄済み）。
・被相続人は、Ｘ氏・Ｙ氏の父親であるＺ氏（平成25年4月に死亡）。なお、母親は故人。
・Ｚ氏の遺言書はないと思う（少なくとも、Ｘ氏はみたことがない）。
・Ｚ氏は、生前、後見開始決定を受けており、Ａという弁護士が後見人として就任していた。
・すでに相続税申告は済んでいる（法定相続分で相続したものと仮定して計算している）。

- 財産は、相続財産一覧表（〈表2-4-1〉）のとおり。なお、預金通帳等の財産関係書類は、Z氏の元後見人のA弁護士が保管している。
- X氏のほうで、取得を希望している遺産は特にはない。ただし、Y氏と公平な額での分配でなければ納得できない。
- Y氏は、東京にあるZ氏の元居宅に居住しており（相続財産一覧表〈表2-4-1〉番号1・2参照）、その取得を希望している。
- 長野にいくつか土地があるが（相続財産一覧表〈表2-4-1〉番号3～7参照）、評価額として、固定資産税評価額では高すぎる。これについてはX氏もY氏も取得を希望していない（ただし、X氏としては、Y氏が取得しないのであれば、長男として責任をもって処理したいとの気持がある）。
- 美術品が計20点あるが（以前数えたことがあるので、数量は間違いない）、その評価額がわからない。これについて、Y氏の意向は不明だが、X氏のほうで取得するということになった場合、相続税申告した際の評価額である100万円ならOK。
- あとは遺産として、預貯金と有価証券がある。
- 現時点でY氏に代理人はついていない。

　遺産分割事件では、自分自身の頭の整理や、依頼者・相手方との間で認識が齟齬することを防止するため、遺産の多寡にかかわらず、相続財産一欄表の整理は不可欠である。遺産分割調停を申し立てる際、所定の一覧表の提出を求められる場合がほとんどであるが、〈*Case* ④〉では、Y氏のほうでまだ提出していないようだ。

　甲弁護士は、X氏から預かった相続税申告書を参照しながら、相続財産一覧表を作成した（〈表2-4-1〉）。X氏によると、相続税申告の際は、A弁護士とY氏にも協力してもらったとのことであった。

　なお、相続税申告は、基礎控除額（5000万円＋(1000万円×法定相続人の数)）。なお、平成27年1月1日以降に被相続人が死亡した場合の基礎控除額は、「3000万円＋600万円×法定相続人の数」）を超える相続財産がある場合、被相続人の死亡を知った日の翌日から10カ月以内に行うことになっており（相税27条）、申告期限までに相続財産の全部または一部について遺産分割協議が調わない

場合は、未分割の財産を法定相続分で相続したものと仮定して計算した申告をしなければならないとされている（同法55条）。

甲弁護士は、作成した相続財産一覧表を眺めながら、以下のとおり大まかにこの調停の着地点を検討した。

Y氏は、現在自宅にしている東京の土地・建物（相続財産一覧表〈表2-4-1〉番号1・2）の取得を希望しているとのことだが、それについてはX氏も異論がないので、Y氏が取得するということですんなりといくだろう。ただ、交渉の材料として、X氏も東京の土地・建物を必要としている、と主張する場面は出てくるかもしれない。とはいえ、最終的には、Y氏が東京の土地・建物を取得する前提で考えると、評価額とのバランスからして残りの相続財産についてはすべてX氏のほうで取得して、代償金をいくらか払う形になるかもしれない。その場合、長野の不動産と美術品の評価額がいくらになるかによって、X氏が支払う代償金の額は大きく変わってくると思われる。

いろいろと悩ましい案件であるが、甲弁護士は、まずは、第1回調停期日で調停委員から宿題とされている不動産の評価案について検討・作成することにした。

Ⅳ 第2回調停期日までの検討・準備

1 検討（不動産の評価）

(1) 遺産の評価の必要性

遺産分割は、遺産を相続人に公平かつ適正に分配することを目的とする手続であるから、その前提として、総遺産の経済価値を評価する必要がある。

特に、代償分割（特定の相続人が遺産を取得し、他の相続人に対し一定の金員を支払う方法）をする見込みが高いのであれば、遺産の評価は必須である。換価分割（相続財産を売却して現金に換え、現金を相続人に分配する方法）や共有分割（遺産を相続人の共有状態にする方法）をする場合であったとしても、

〈表 2-4-1〉 相続財産一欄表（《Case ④》）

A．不動産

番号	所 在	地目等	評価額（固定資産税）	備考	取得希望 X氏	取得希望 Y氏
1	東京都〇〇区〇〇町1番	宅地	53,574,800（路線価）	Y氏が居住（Z氏の生前はZ氏と同居）	△	○
2	東京都〇〇区〇〇町1番地4番2	居宅・木造瓦2階建	1,411,200			
3	長野県〇〇市〇〇字〇〇29番	畑	3,539,013		△	×
4	長野県〇〇市〇〇字〇〇29番2	畑	2,669,506			
5	長野県〇〇市〇〇字〇〇107番	雑種地	194,267	番号6と接地		
6	長野県〇〇市〇〇字〇〇51番	宅地	21,910,708			
7	長野県〇〇市〇〇字〇〇17番	宅地	1,708,765			
		小計	85,008,259円			

B．預貯金

番号	金融機関名	種類	口座番号	残高（円）	備考	取得希望 X氏	取得希望 Y氏
8	〇〇銀行〇〇支店	普通	〇〇〇〇〇	701,345	A弁護士が保管	△	不明
9	〇〇銀行〇〇支店	定期	〇〇〇〇〇	9,706,540	同上		
10	〇〇銀行〇〇支店	貯蓄	〇〇〇〇〇	18,127,239	同上		
11	〇〇銀行〇〇支店	普通	〇〇〇〇〇	16,468,564	同上		
			小計	45,003,688			

C．株式・有価証券

番号	銘柄	数量	名義人	評価（円）	備考	取得希望 X氏	取得希望 Y氏
12	個人向け利付国債	—	被相続人	1,000,000		△	不明
			小計	1,000,000			

D．現金・その他の遺産

番号	種類・保険会社	数量・内容	金額（円）	備考	取得希望 X氏	取得希望 Y氏
13	現金		400,370	A弁護士が保管	△	不明
14	美術品（絵画・巻物等）	20点	1,000,000	Yが保管	△	不明
		小計	1,400,370			
		合計	132,412,317円			

　複数ある遺産を公平に配分するために、遺産の評価は必要となろう。
　〈*Case* ④〉では、遺産として、比較的金額を算定しやすい預貯金や有価証券のほかに、不動産や美術品があり、その評価が問題になっている。
　換価分割をするのであれば直ちに評価額を確定する必要はないが、不動産や美術品が、共有状態のまますぐに売れる見込みは低いし、X氏の話によると、Y氏とは非常に不仲ということであるから、共有者が協力して売却する換価分割は不可能であろう。また、問題を後世に残したくないということであるから、共有したままで放置することになる共有分割もとれない。
　やはり不動産や美術品についてその経済的価値を評価することは不可欠だと思い、甲弁護士は、まず、不動産の評価方法を今一度整理することにした。

〈表 2-4-2〉　不動産の評価基準

名称	意義	実務上の留意点
公示価格	国土交通省の土地鑑定委員会が特定の標準地（主として都市計画区域内）について毎年1月1日を基準日として公示する価格（特殊な事情がない取引において通常成立すると認められる価格）	毎年3月下旬頃に公表され、インターネットでもみることが可能であるが（国土交通省の土地総合情報システム）、標準地として指定された土地のみしか公示されていない。
都道府県地価調査標準価格	都道府県知事が、特定の標準地（主として都市計画区域外）について毎年7月1日を基準日として公表する価格（特殊な事情がない取引において通常成立すると認められる価格）	毎年9月下旬頃に公表され、インターネットでもみることが可能であるが（国土交通省の土地総合情報システム）、基準値として指定された土地のみしか公表されていない。
固定資産税評価額	地方税法349条による土地家屋課税台帳等に登録された基準年度の価格または比準価格で、公示価格の70％をめどに設定されている。	不動産ごとにその価格を求めることができるという利点があるが、3年に一度しか評価替えをしないこと、大量の土地を限られた時間で評価していること等から、個別事案では適正な時価とは乖離していることもある。
相続税評価額（路線価）	国税庁が、毎年1月1日を基準日として定める、市街地的形態を形成する地域の路線に面する標準的な土地評価額のことで、相続税等の算出の基準となるもの（路線価は、公示地価の80％をめどに設定されている）。	路線価は毎年評価替えをしているので、地価変動を（固定資産税よりも）詳細に反映しており、また、相続税・贈与税などを賦課する際の基準であるため、公平感がある。

鑑定	不動産鑑定の専門家である不動産鑑定士を鑑定人に選任して、評価を行うことになる（家手64条1項、民訴212条以下）。	鑑定は、原則として遺産の範囲が確定し、調停による解決が見込まれる場合に実施される。どのような価格になるかは未知数である。また、鑑定費用がかかる。

※なお、建物（中古建物）の評価については、中古建物は土地または土地利用権と一体となって取引されるところ、一体の取引価格から建物価格だけを区分することは困難であり、市場で中古建物だけが取引の対象とされることは一般的にはないので、中古建物の市場価格を認識することは困難である。したがって、実務的には、固定資産税評価額を参考にして当事者間で合意することが多い。

(2) 不動産の評価

一般的には、不動産（土地）の評価基準（評価方法）としては、5種類ある（〈表2-4-2〉参照）。この評価基準（評価方法）を基にして、最終的には当事者の合意によって決めることになる。

(3) 〈Case ④〉での対応——甲弁護士のつぶやき

さて、〈Case ④〉の不動産についてであるが、まず、東京の不動産のほうはどうするか。建物については固定資産税で評価するということで、少なくとも調停委員の理解は得られるであろう。土地については、特に特異な土地ということでもなさそうだし、路線価での評価額か、あるいはその付近のところで合意できそうである。まずはX氏の意向を確認してみよう。

長野の土地はどうするか。Y氏は固定資産税評価額を基準とすることを主張しているようだが、X氏の話や、X氏から預かった現地の写真をみると、固定資産税評価額では明らかに高額すぎるようである。特に、相続財産一覧表〈表2-4-1〉番号6の土地は、固定資産税評価額は2000万円以上であるが、森の中にあり、駅からも遠く、高速道路から近いなどと、素人目にみても、2000万円で売れるとは思えない（そもそも買い手をみつけるのも大変そうである）。おそらくY氏は、自分で長野の不動産を取得するつもりがないので、長野の不動産の評価額を高額に主張し、自分への遺産分配額を多くす

る目的があるのであろう。

　固定資産税評価額ではなく、公示価格や地価調査標準価格を参考にすることも考えられるが、これでは、標準地・基準地の価格しかわからないので、あまり参考にならない。類似の土地や、一般化することで参考になるケースもあるが、〈*Case* ④〉のようないわゆる田舎の土地では、なかなか参考にすることも難しい。あとは、調停の鑑定手続を利用することも考えられるが、これはあくまで当事者間に合意が成立しない場合の最後の手段であるし、鑑定費用もかかってしまう。

　いずれにしても（何を基準にするにしても）、結局は、どのように調停委員と相手方を説得するかが問題だ。単純に言葉で説明するよりは、固定資産税評価額を基準にすると不当であることがわかる資料を作成して説明したほうがよいであろう。資料をこちらで準備するにあたって、不動産鑑定士に依頼することも考えられるが、費用もかかるし、時期尚早であるように思う。

　弁護士によって、いろいろな考え方がありうるところだとは思うが、甲弁護士は、自分でできる限り工夫して資料を作成することに決めた。

2　具体的な準備

(1)　不動産の評価を裏付ける資料

　説得的な資料を作成するためには、実際に自分自身の目で現地を見ることが不可欠である。甲弁護士は、早速長野に行って、現地の様子をみて、写真を撮ってきた。

　現地に行ってみると、Y氏から聞いていた以上に問題のある土地が多いということがわかった。甲弁護士は、撮影してきた写真を使いつつ、いかに各不動産に価値がないかということがわかる資料を作成した（《資料2-4-1》参照）。

　不動産によっては、そのまま売却できるもののみならず、劣化した石垣の上に乗っており、売却前に石垣の補修をしなければならない土地や、地元の石碑がそのまま放置されており、売却前に撤去をしなければならない土地な

(資料 2-4-1) 現地不動産の状況（《Case ④》）

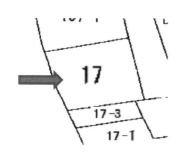

（なお、➡ が撮影方向を示したもの。以下も同様）

長野県〇〇市〇〇字17番の土地（固定資産税評価額170万8765円）であるが、上記写真のとおり、川の土手横に立地し、高低差がある土地となっている。また、写真撮影した場所は狭い未整備の道で（車両通行不可）、その道以外でこの土地に立ち入ることは困難であり、囲繞地に準じる状態になっており、実質的には無価値（0円）である。

ど、売却の前提として、多額の費用が必要となる土地も存在した。そういった土地については、事前に、地元業者から石垣補修費用・残置物撤去費用等の見積書を取得し、評価額から見積額をマイナスしておいた。

調停は、訴訟とは異なり、主張書面の中に写真や絵などを原則として挿入しない、といったルールはない。いかに調停委員や相手方を説得する資料・書面を作成できるかは、弁護士の腕の見せどころである。

(2) その他具体的な準備

甲弁護士は、次回第2回調停期日から、X氏に代わって出席するため、家庭裁判所に手続代理委任状を提出し、あわせて、作成した相続財産一覧表（〈表2-4-1〉）を提出した。提出した資料は、相手方が閲覧する可能性があるので、相続財産一覧表のうち、X氏とY氏の取得希望の欄は削除しておいた。

美術品については、相続税申告をした税理士に、100万円と評価した理由

を聞いてみた。税理士によると、「X 氏や Y 氏に聞いたところ、それほど高価な価格で Z 氏が購入したわけではないと思う、とのことでしたし、高価な美術品であれば税務署のほうで把握していますが、そういった事情もありませんでした。ただ、数が20点と多かったため、まとめて100万円と評価した次第です」とのことだった。次回期日では、美術品20点の分割方法について、とりあえず Y 氏の意向を聞いてみることにする。

V 第2回調停期日

　朝晩には冬を感じる10月下旬、今日は第2回調停期日である。甲弁護士が相手方待合室で待っていると、調停委員が来て調停室によばれた。

甲弁護士：はじめまして、弁護士の甲です。X 氏の代理人として、本期日から出席させていただきます。

調停委員：調停委員の丙山と乙野です。よろしくお願いします。期日の前に、相続財産一覧表を提出いただいたのですね。

甲弁護士：はい。少し説明させていただきますね。

　甲弁護士は、相続財産一覧表を示しながら、財産内容を1つずつ説明し、X 氏の希望（特段取得を希望する財産はないが、評価額として公平になるように分割したい）を伝えた。

調停委員：概要はよくわかりました。ただ、不動産の評価をどうするかは問題ですね。前回期日で X 氏にはお伝えしていましたが、何か検討していただけましたか。

甲弁護士：東京の不動産のうち、建物については固定資産税評価額でかまいませんし、土地については、明確な基準である路線価ではいかがか、と思っています。

調停委員：そうですね、それで一度Y氏に聞いてみましょう。長野の不動産についてはどうですか。Y氏は、固定資産税評価額で評価すべきと主張していましたが。
甲弁護士：はい、長野の土地を実際にみてまいりましたが、明らかに、固定資産税評価額では高すぎます。調停委員とY氏にイメージをもっていただける資料をつくってまいりました。

甲弁護士は、作成した資料を示しながら、長野の土地が、ほとんど無価値であり、売却前に費用をかける必要がある土地もあることを説明した。

甲弁護士：以上のとおりであり、この長野の不動産の実質的な価値を合計すると約1000万円弱となりますので、この調停では1000万円と評価したいと思っています。
調停委員：この資料をみると、実際の価値は、固定資産税評価額とはかけ離れているようですね。ただ、1000万円ということでY氏が納得してくれるかどうか……。
甲弁護士：そうですね。Y氏が納得してくれるかどうかというのは難しい問題です。ただ、勘違いしないでいただきたいのは、X氏は、現在東京に住んでおり、将来的にも長野に戻るつもりはありませんから、この長野の不動産を全く欲していないということです。つまり、X氏がこの不動産を取得することを前提にするとしても、持っているだけでは意味がなく、むしろ固定資産税がかかり続けてしまいますので、早期に売却しなければなりません。財産の評価には反映していませんが、土地を取得後に売却する手間もあります。なかなか売却できずに、その間固定資産税を支払い続けなければならないという負担もあります。さらに言えば、希望価格で売却できずに、さらに損失を被る危険もあります。そういったリスクがある

ことを踏まえつつ、それでもなおX氏が取得するのであれば、という前提での価格なのです。

調停委員：なるほど。

甲弁護士：もし、Y氏が「この価格は、固定資産税評価額に比べて安すぎる。実際の売却価格はもっと上である。この価格でXが長野の不動産を取得することになるのは不公平だ」ということをおっしゃったら、つまり、Y氏が「X氏が得することになるので、納得できない」という旨をおっしゃるのであれば、長野の不動産をすべてY氏のほうで取得してもらうということで一向にかまいません。調停委員から、X氏は、長野の不動産をY氏のほうで取得していただいてもかまわないと言っています、と伝えていただいて結構です。繰り返しになりますが、X氏は、全くこの長野の不動産を欲しいわけではないのです。そういった観点からY氏を説得していただきたい。

調停委員：わかりました。長野の不動産についてはそのように伝えましょう。それから、遺産の評価が問題になるものとして、美術品がありましたね。

甲弁護士：そうですね。われわれは、美術品の現物をみることができませんが、相続税申告をした税理士の話によると、高価なものはないと思われるとのことでした。もし、X氏が取得するのであれば、という前提ですが、X氏は美術品に興味はありませんし、なかなか売却が難しいものですので、相続税申告をした際の評価額と同じく、100万円で取得することであればかまいません。まずは、実際に美術品を占有しているY氏に、美術品の分割方法についての考えをお聞きしたいと思っています。

> 調停委員：承知しました。では、交代していただけますか。

　長野の不動産評価問題のキーワードは「X氏が長野の不動産を欲しがっていない」ということである。長野の不動産の取得を希望しないY氏が、こちら側が提示した価格で不満をもつなら、その理由は、調停委員に伝えたとおり、「X氏が得することになる」というところにある。そんなことを考えながら相手方待合室で待っていると、再度調停委員によばれたので、Y氏と入れ替わりで調停室に入った。

> 調停委員：まず東京の不動産についてですが、Y氏は、建物は固定資産税評価額、土地は路線価でもかまわないと言っています。
> 甲弁護士：そうですか、それはよかった。長野の不動産についてはどうですか。
> 調停委員：長野の不動産については、いろいろとおっしゃっていて、共有状態にして、一緒に売却すればいいではないか、とか、なぜ売却する前提での費用を引いているのだ、それが許されるなら東京の不動産も同じように評価するべきだ、明確な基準である固定資産税評価額で評価すべきだ等とおっしゃっています。
> 甲弁護士：しかし、共有状態のまま売却するのは不可能ですよ。いつ売れるかもわかりませんし、X氏とY氏が協力して売却活動ができるとは思えません。評価額に異論があるなら、何かY氏からも根拠のある資料を提示していただければと思います。そういうこともしていただけないなら、Y氏のほうで取得していただきたい。1000万円でX氏が取得するのは安すぎる、かといって自分で長野の不動産を取得して管理・売却するなどの手間・リスクは負いたくない、というのは虫がよすぎます。

> 調停委員：わかりました。もう一度Y氏に伝えましょう。それから、美術品についてですが、X氏の考えをY氏に伝えたところ、「20点もの美術品を100万円で取得するなんてとんでもない。価値がある美術品も多数含まれている」ということを言っていました。
>
> 甲弁護士：そうですか。Y氏としては、どのような考えなのでしょう。
>
> 調停委員：その点はよくわからず、100万円でY氏が取得するのはどうなのですか、と聞いたのですが、Y氏は、何とも言えないという反応でした。
>
> 甲弁護士：では、公平な評価額となるように、美術品をY氏のほうで鑑定していただくよう伝えていただけませんか。美術品はすべてY氏の下にあり、われわれではどうしようもできませんので。
>
> 調停委員：承知しました。では、交代してください。

　美術品については、調停委員に対しては、X氏の考えをY氏に伝える前に、まずはY氏の考えを聞いてほしいという趣旨で説明したつもりだったが、あまり明確に伝わっていなかったようだ。X氏の考えを伝える前であれば、あまりこじれることなく、Y氏の真意が聞けたかもしれない。

　とにかくY氏の主張としては、総額100万円でX氏が美術品20点を取得するのは我慢ならないが、かといって、自分が100万円で取得したいということではないらしい。実際には、大した価値のある美術品は含まれておらず、X氏に取得させる前提で、単に値段を吊り上げようとしているだけかもしれない。相手方待合室でそんなことを考えていると、調停委員によばれたので、Y氏と入れ替わりで調停室に入室した。

> 調停委員：長野の不動産について、もう一度説得したところ、持ち帰って考えてみるとのことでした。

甲弁護士：わかりました。
調停委員：それから美術品についてですが、Y氏のほうで鑑定をするつもりはないとのことでした。
甲弁護士：そんなことを言われても、では、こちらはどうすればいいのか、という話になりますね。
調停委員：一度X氏のほうで預かって鑑定するというのはどうですか。
甲弁護士：う～ん……。ご存知のとおり、美術品の鑑定はかなり高額なので、あまり気が進まないですね
調停委員：そうですか。<u>美術品について、Y氏が公平な分割だと納得できるように、分割方法の点も含めて、一度再検討していただけますか（下記Ⅵ参照）</u>。
甲弁護士：わかりました。検討してみましょう。

　美術品の点については、もう少し調停委員から、不合理なことを言っているY氏を説得してほしかったが、仕方がない。

　調停期日の終了間際に、念のため、Y氏と直接連絡をとりたいときはどのようにすればよいかを確認しておいた。代理人がついていれば、その代理人が窓口となり、期日間の連絡先・連絡方法も明確であるため特に問題はないが、Y氏は、代理人をつける意向はないとのことであった。そこでトラブルを防止するため、どのような方法で連絡していいのか（電話なのか、ファクシミリなのか、郵便なのか、電子メールなのか）、連絡する際に弁護士である旨を明記してよいのか等について、確認しておいたのである。もちろん、そもそも、期日間に相手方と連絡をとるべきではない事案も存在するが、〈*Case* ④〉ではそこまでの事案ではなさそうである。早期解決のために、期日間に連絡をとることもあるかもしれない。

　調停委員によると、Y氏は、連絡はファクシミリで、弁護士であることを明記してよいとのことだった。

　以上の次第で、次回期日を調整のうえ、第2回調停期日は終了した。甲弁

護士は、事務所に帰って、調停委員から宿題とされた美術品の分割方法を検討してみることにした。

VI 第3回調停期日までの検討・準備

1 検討──美術品の評価

(1) 一般論

美術品などの動産について、来歴が不確かであれば真贋の鑑定が必要である。そのうえで、美術商による目利きやオークション等で、価格を鑑定する必要があろう。しかし、いずれも鑑定料や出品料がかかるのが通常であるし、しかも多くの場合、「美術品1点あたり数万円」という算定の仕方であるので、美術品の数が多ければ多いほど、鑑定料等がかさむことになってしまう。

(2) 〈Case ④〉での対応──甲弁護士のつぶやき

〈Case ④〉の20点の美術品をすべて鑑定するのは現実的でない。多額の鑑定料がかかるし、そもそもY氏の手元にある状態では、Y氏の同意がない限り、鑑定したくてもできない。

遺産の分割方法から再検討してみよう。共有分割という方法があるが、美術品を共有で所有するといっても、美術品の性質上、鑑賞できるのは1人に限られてしまうし、売却活動もやりにくくなってしまう。換価分割も考えられるが、これもY氏の協力を得ない限り、売却できないので分割もできない。

あとは美術品が複数あるので、数の上で均等に分けるという方法がある。しかし、1つひとつの評価額がわかれば、取得する美術品の評価額の総額が均等になるように分配するという方法がとれるが、鑑定が済んでいない以上不可能である。

そこで、かなりアクロバティックな方法だが、くじ引きという方法はどうだろうか。これなら、どの美術品を取得するかは完全に運なので、結果的に公平になるかどうかはともかく、手段としては間違いなく公平である。これ

まで経験のない方法であるが、とりあえずX氏に提案してみよう。

2 その他具体的な準備

甲弁護士は、X氏と打合せをして、第2回調停期日の概要を報告するとともに、美術品の分割方法について相談した。X氏は、面白いですねといって、くじ引きを提案することについて快諾してくれた。

また、〈*Case* ④〉では、被相続人であるZ氏の生前、後見人としてA弁護士がついていた。被後見人が死亡した後、後見人は、相続人の代表者に対して、管理していた被後見人の遺産関係書類等はすべて引き渡すはずである。しかし、相続人間で対立があり、相続人間で相続人の代表者を決められない事情があるときなどは、後見人が、紛争に巻き込まれることをおそれて、遺産分割が確定するまで、相続人に対し被後見人の財産関係書類を渡していないことがある。X氏によると、今回はまさにそういったケースであり、預貯金通帳等のZ氏の遺産関係書類等は、現在もA弁護士が保管しているとのことであった。

〈*Case* ④〉は相続税申告書があり、遺産の範囲がほぼ争いなく確定しているので、必ずしも遺産関係書類を事前に取得する必要はない。しかし、後見人が保管している遺産関係書類の中には、相続税申告書にも記載されていない財産が混入していることもある（たとえば、郵便物の中に未受領の株式配当金請求書が紛れていることがある）。また、遺産分割の価格の基準時は、実務上遺産分割時であるとされているため（札幌高決昭和39・11・21家月17巻2号38頁）、調停合意直前の価格を調べる必要があるところ、預貯金通帳や証券が手元にあれば、簡単に記帳等することで調べることができるが、そういったものが手元にないと価格の照会に時間がかかってしまう。そこで、できれば元後見人のA弁護士から遺産関係書類の引渡しを受けておきたいところだ。

甲弁護士は、A弁護士に連絡して、遺産関係書類の引渡しを要請した。しかし、A弁護士によると、「相続人の1人に遺産関係書類を渡すと、後々

紛争に巻き込まれるおそれがある。なので、調停の中で、X氏を相続人の代表者とする旨の書面をY氏から取得してください」とのことであった。

甲弁護士は、次回調停期日でY氏の署名押印をもらうため、簡単に、「相続人代表者としてX氏を指定します」という旨の、相続人代表者指定書を作成した。

VII 第3回調停期日

紅葉も美しい11月下旬、今日は第3回調停期日である。先にY氏が調停委員と面談するとのことで、甲弁護士は、相手方待合室にて待機していた。しばらくして、調停委員によばれたので、Y氏と入れ替わりで、調停室に入室した。

調停委員：こんにちは。まず、長野の不動産の評価ですが、Y氏は渋々ながらも、1000万円ということで了解してくれましたよ。

甲弁護士：それはよかったです。まだ第3回調停期日ですが、不動産の評価額についてあとで中間合意しましょう。代理人がついていればともかく、本人であると、心変わりであとから撤回されるおそれもありますし、あとになって、「了解なんてしていない」などと言われて争点が復活するのも困りますから。

調停委員：そうですね、わかりました。期日調書の中に入れる形にして、あとでつくりましょう。それから美術品の評価・分割方法については検討していただけましたか。

甲弁護士：はい、X氏のほうで美術品を預かって鑑定するという方法も考えましたが、費用面からしてあまり現実的ではありません。そこで、そもそもの分割方法を考え直しまして、「くじ引き」というのはどうかと思っています。つまり、Y氏に美術品をすべて調停期日の場に持って来ていただいて、番号

をふって、その場でくじ引きをするという方法です。美術品20点といっても、掛け軸がほとんどなのでそこまでかさばらない、とX氏からは聞いています。
調停委員：それは、あまり聞かない分割方法ですね。
甲弁護士：そうですかね。ただ、よく考えてみると、結果的にどうなるかはともかく、手段としてはある意味公平だと思っています。一度Y氏に打診してみてください。
調停委員：わかりました。
甲弁護士：それから、現在、預貯金通帳等の遺産関係書類を保管しているのは、Z氏の元後見人のA弁護士という方なのですが、調停も徐々に進行していますし、遺産分割合意直前になって新たな遺産が発見されても困るので、そろそろ引渡しを受けたいと思っています。A弁護士に連絡したところ、形の上でX氏を相続人代表にするという旨の書面を作成してくれれば、X氏に引き渡しますとのことでしたので、今日は「相続人代表者としてX氏を指定します」という旨の、簡単な書面を作成してまいりました。これをY氏に渡して、署名押印をしてもらうよう、要請していただけませんか。この文面だけだと、Y氏に拒否感が生じるかもしれませんので、A弁護士から遺産関係書類の引渡しを受けておく意味については、調停委員からよく説明してください。
調停委員：わかりました。では、Y氏と交代してください。

　美術品の分割方法について、一応調停委員は、くじ引きという変わった方法でもかまわないと思っているようだ。あとはY氏次第だが、どう出るだろうか。Y氏は、高価な美術品が含まれているはず、と言っていたが、もし本当に高価な美術品が含まれているのであれば、それがどちらにいくかはわからないくじ引きという方法は拒むであろう。そんなことを考えながら、

甲弁護士が相手方待合室で待っていると、調停委員によばれたので、Y氏と入れ替わりで調停室に入室した。

調停委員：美術品については、Y氏は、くじ引きなんて面倒だ、そんなことをするくらいであれば、100万円でX氏のほうで取得してもらってかまわないと言っていました。100万円でX氏が取得するなんて安すぎると言っていたのに、少し変な感じがしますね。

甲弁護士：そうですか。もしかしたら、本当は高価な美術品なんてなくて、単にこちらに美術品を取得させるという前提で、評価額を吊り上げようとしていたのかもしれませんね。

調停委員：なるほど。それから相続人代表者を選定する旨の書面ですが、渋々ながらという感じではありましたが、署名押印をしていただきました。

甲弁護士：では、これで次回期日までの間に、A弁護士から預貯金通帳等の引渡しを受けて、記帳して預貯金の額を確定させれば、次回あたりに合意できそうですかね。

調停委員：と思っていたのですが、先ほど急にY氏が、Zの遺言書があるという話をしてきましてですね……。

甲弁護士：遺言書ですか。それは初耳ですね。どんな内容なのですか。

調停委員：内容は、「この自宅はYに譲り渡す」という内容だそうです。

甲弁護士：自宅というのは東京の不動産のことですか。すでにお伝えしていたように、東京の土地・建物自体はX氏が取得を希望しているものではありませんので、別にかまわないですが。

調停委員：ただ、Y氏は、東京の不動産について代償金なしで取得する、残りの財産については半分ずつ分割する、という内容を含んだ遺言だと言っているのです。

甲弁護士：つまり遺言書には、そのような相続分指定の意味も含まれて

いるという趣旨の主張でしょうか。実際に、どんな内容が、どんな形で書かれているか確認したいので、Y氏に原本をみせていただくよう、要請していただけませんか。

調停委員：調停委員には原本をみせてくれましたが、Y氏は、Xにはみせたくない、と言っていて、貸してくれませんでした。「遺言書の内容に同意してくれるのであれば、みせてやってもいい」と言っています。

甲弁護士：いやいや、コピーすら確認していないのに、内容に同意できるわけがないですよね。

調停委員：われわれも説得したのですが……。通常であれば、せめてコピーをとってお渡しするのですが、今後の円滑な進行のため、帰りがけに、甲弁護士のほうで謄写の手続をしていただけませんか。それで、次回期日までに、その遺言書の効力と内容を検討してきてください。（下記Ⅷ参照）

甲弁護士：わかりました。対応を検討します。

調停委員：お願いします。最後に、不動産の評価額の点について中間合意をしましょう。書記官とY氏をよんできます。

その後、Y氏が調停委員とともに調停室に入ってきた。仏頂面をしていて、こちらと目を合わせようともしない。甲弁護士は、Y氏に軽く会釈をして、書記官が口述する中間合意の内容を確認した。【書式2-4-1】が、期日後に謄写した期日調書である。

【書式2-4-1】　第3回期日調書（《*Case* ④》）

家事審判官認印　㊞

第3回期日調書

事件の表示　　平成26年（家イ）第〇〇〇〇号　遺産分割申立事件

期　　　　日	平成26年11月〇〇日午後〇時〇〇分
場　　　　所	東京家庭裁判所
家 事 審 判 官	丁田　太郎
家事調停委員	丙山　次郎、乙野　花子
裁判所書記官	戊川　三郎
出頭した当事者等	申立人　　　　Y
	相手方代理人　甲
次回期日	平成26年12月〇〇日午後〇時〇〇分

当事者双方

　当事者双方は、下記のとおり、それぞれ確認する。

記

　1　目録記載1の土地については路線価で、2の建物は固定資産税評価額で評価すること。
　2　目録記載3〜7の土地についての評価は計1,000万円であること。

　　　　　　　　　　　　　　　　　　　　裁判所書記官　戊川　三郎

注：別紙物件目録は省略

　帰り際に、Y氏が提出したという遺言書の謄写手続をした。
　東京家庭裁判所においては、当事者が提出する証拠書類等（資料説明書および「主張」を記載した書面を含む）のうち、養育費、婚姻費用、財産分与、遺産分割等のいわゆる経済事件および合意に相当する審判事件は、事件の性質上、他方当事者にも同じ証拠書類等を交付する取扱いをしている。〈Case ④〉においても、本来であればコピーをもらえるはずであるが、調停委員が今後の進行のために、Y氏との関係を考慮して、あえて、こちら側に謄写の手続をさせることでコピーを渡すという扱いにしたのだろう。
　なお、当事者または利害関係を疎明した第三者は、家庭裁判所の許可を得て、家事調停事件の記録の閲覧・謄写を請求することができ（家手254条1項）、家庭裁判所は「相当と認めるとき」に許可することができるとされて

いる（同条3項）。

　後日、謄写許可が下りたとの連絡があったので、家庭裁判所に受け取りに行った。遺言書の内容をみてみると、Ｚ氏が、Ｙ氏が同居してくれていることに対する感謝を述べたうえで、最後に、「Ｙが、この家に今後も住むことができるよう、この自宅（住所：東京都〇〇区〇〇町〇〇番〇〇号）は、二男Ｙに譲り渡す」と記載されている。この遺言書の効力と内容を検討しなければならない。

VIII　第4回調停期日までの検討・準備

1　検討――遺言書の効力・解釈

(1)　遺言書の効力

　まず、遺言の方式に違反していないかを確認する。公証人が作成する公正証書遺言では通常問題とはならないが、被相続人自身で作成する自筆証書遺言の場合は、問題になり得る。自筆証書遺言の方式は、①全文・日付・氏名のすべてが記載されていること、②①が被相続人の自筆で記載されていること、③押印があることの要件を満たしている必要がある（民968条）。

　次に、遺言当時に遺言能力の有無を確認する必要がある。民法上、遺言能力は15歳で備わるとしているので（民961条）、その程度の意思能力を備える限り、成年行為能力者といえども取り消し得ないとされている。具体的には、通常人としての正常な判断力・理解力・表現力を備え、遺言内容について十分な理解力を有していた場合には、遺言能力としての意思能力に何ら欠けるところはない。

(2)　遺言の解釈

　遺言の解釈に際しては、遺言書に使用された文字に拘泥せず、遺言作成当時の事情、遺言者のおかれていた状況、遺言作成に至った経緯なども考慮して、遺言者の真意を合理的に探究し、できるだけ適法有効なものとして解釈すべきであるとされている（最判昭和58・3・18判時1075号115頁、最判平成5・

1・19民集47巻1号1頁参照)。ただし、遺言書の文言以外の諸事情を考慮することが許されるからといって、遺言書の文言から全くかけ離れた解釈は許されない(最判平成13・3・13判タ1059号64頁参照)。

(3) 〈*Case* ④〉での対応——甲弁護士のつぶやき

Y氏が提出した遺言書について、遺言の方式に違反がないかどうか検討したが、全文・日付・氏名のすべてが自筆で記載されており、押印もある。X氏に確認したところ、確かに父の字であるとのことであったので、方式は問題ないということになるであろう。

では、遺言書の日付は、平成22年10月4日になっているが、当時Z氏に遺言能力はあったのだろうか。X氏に確認したところ、Z氏の成年後見申立ては平成22年10月9日になされているそうである。X氏によると、成年後見申立てまでの経緯については、Z氏が認知症になっているにもかかわらず、同居しているYがほとんど世話をしていないことから、みかねたX氏が、Z氏に老人ホームで安心した生活を送ってもらうために申し立てたとのことで、遺言書が作成された平成22年10月4日時点では後見開始決定はされていなかったものの、明らかに認知症が進行しており、このような整理された文言で遺言が書けるはずがない、Y氏に無理やりかあるいは誘導されて書いたものではないか、とのことだった。

そもそも今になってY氏が遺言書を提出してきたのは、何かやましい事情があるからであろうし、X氏の話を前提にすると、遺言は無効ともいえそうである。ただ、この遺言の有効無効について争うと、調停も長引くであろうし、調停で解決できないということになれば、遺言無効訴訟によって解決することになってしまう。

仮に、遺言が有効であることを前提にしたとしても、この遺言書から読み取れるのは、せいぜい、東京の土地・建物をY氏に相続させるということだけであろう。Y氏は、東京の不動産を取得し、さらに東京の不動産を除いた部分について法定相続分に従って分割する趣旨も含んでいるということを主張しているようだが、遺言書を読んでも、そのような趣旨は読み取れな

い。むしろ、「Y氏が、今後もこの家に住むことができるよう」となっており、あくまで、Y氏に東京の土地・建物を取得させることにのみ主眼があるようである。

　甲弁護士は、X氏とも相談のうえ、調停での対応としては、①遺言は無効であると考えている、②万一有効であるとしても、Y氏が主張する「東京の不動産を相続分から除外したうえで、残りを2分の1の割合で相続する」という趣旨には絶対に読めない、③もし、Y氏が、主張を絶対に曲げないのであれば、遺言の無効を主張する、という対応にすることにした。

2　その他具体的な準備

　前回期日でY氏に署名押印してもらった相続人代表者指定書をA弁護士に送付し、A弁護士から、遺産関係書類の引渡しを受けた。中身を確認したが、特に新たな遺産というべきものは見当たらず、安心した。預貯金通帳等も手に入ったので、現在の額を記帳したところ、利子などが加わり、預貯金・現金・有価証券の総額は約4800万円になっていた。

　このまま調停が進行すれば、東京の不動産（土地・建物）については計約5500万円でY氏が取得し、他方、X氏は、長野の不動産を計1000万円・美術品20点を計100万円で取得することになる。そして、預貯金の総額が約4800万円なので、X氏は、長野の不動産・美術品・預貯金等をすべて相続したうえで、代償金として計200万円をY氏に支払うことになるだろう。

　代償金がY氏に支払われるという上記試算は、もしかしたら次回期日でY氏を説得する材料にできるかもしれない。念のため分割条項案という形で書面にまとめておいた。

IX
第4回調停期日

　年末の追い込みで皆忙しそうにしている12月下旬、今日は第4回調停期日である。甲弁護士が相手方待合室で待っていると、前回と異なり、先に調停

委員によばれた。

> 調停委員：遺言書の内容について検討いただけましたでしょうか。
> 甲弁護士：はい、内容を確認しましたが、まずそもそもこの遺言は無効だと考えています。

甲弁護士は、調停委員に対し、X氏から聞いた事情（遺言書作成当時、Z氏の認知症が悪化していたこと等）を伝えた。

> 調停委員：なるほど、ただ、それをY氏にそのまま伝えていいですか。おそらく議論が紛糾し、場合によっては、遺産分割調停ではなく、遺言無効訴訟などで争っていただく必要があるかもしれません。
> 甲弁護士：ですので、それをそのままY氏のほうに伝えるのはやめてください。遺言が有効か無効かというのは問題にせず、この調停の場では有効であることを前提にしてもいいですから、遺言の解釈上、Y氏が主張する「東京の不動産を相続分から除外したうえで、残りを2分の1の割合で分割する」という趣旨には読むことはできない、という方向でY氏を説得していただけませんか。
> 調停委員：そうですね。遺言が有効であるにせよ、無効であるにせよ、Y氏の主張の趣旨に読むことはできないと思います。
> 甲弁護士：なお、Y氏が納得してくれるということを前提に、大まかな分割案を作成してきました。X氏が長野の不動産と美術品と預貯金等を取得し、Y氏が東京の不動産を取得し、X氏がY氏に代償金として約200万円を支払うという内容です。これをY氏に渡しても結構です。こういった具体的な分割案を示せば、Y氏も冷静になって判断してくれるかもしれ

ません。
調停委員：わかりました。では一度交代してください。

　甲弁護士は、何とか遺言の解釈について、Y氏が納得してくれればいいが、と考えていたら、あまり時間が経たないうちに、待合室に調停委員が入ってきた。調停委員によると、どうやら、Y氏が直接甲弁護士と話したいと言っているらしい。
　甲弁護士は、調停委員とともに、調停室に入室した。

Y　氏：調停委員に聞きましたが、なぜ遺言書を認めてくれないのですか。これは父の想いが詰まっているもので、これを認めてくれないというのは、父の想いを無視するものですよ。Xはいったい何を考えているのですか。
甲弁護士：別に遺言書を認めないと言っているわけではありません。むしろ、この遺言書を前提にするということでかまわないと思っていますので、遺言書に沿って、東京の不動産はあなたが取得するということで異論ありません。
Y　氏：それは当たり前のことです。東京の不動産を除いた他の遺産についてはどうなるのですか。
甲弁護士：それについては、先ほど調停委員から説明があったと思いますが、すべてX氏が取得したうえで、代償金として約200万円をあなたにお支払いすることになると思います。
Y　氏：それはおかしい。父の遺志は、東京の不動産を除いた部分についても、さらに私とXとで半分にするということである。
甲弁護士：ただ、そのようなことは遺言書に書いてありませんので……。
Y　氏：長野の不動産の評価額のことや、美術品の分割方法について、これだけ私が譲歩しているのに、どうして父の遺志を認めてくれないのですか。

甲弁護士：譲歩しているのはこちらも同じことで、本来取得したくない長野の不動産をこちらで取得することにしていますし、東京の不動産についても、本当は2分の1の持ち分を主張することができますが、あなたが自宅にしていることを考慮して、特に主張していません。どちらが譲歩しているかについてはとらえ方の問題で、大事なのは、将来のことをどうしようかということだと思います。もし、どうしても、東京の不動産に加えて残りの財産の2分の1の取得を希望するということであれば、審判ということにしますか。審判になれば、長野の不動産については取得を希望しませんし、当然、遺言の無効を主張して、東京の不動産の分割も希望するかもしれません。

Ｙ　氏：しかし……。

調停委員：よろしいですかね。双方にさまざまなお考えがあることはわかりますし、それぞれ評価の仕方が違うのはわかります。とはいえ、いずれにしても、あまり長引かせるのは双方にとって良いことではないと思いますので、Ｙ氏は、今日の話について一度持ち帰ってよく検討してください。

　Ｙ氏は、その後も、いろいろ不合理なことを言っていたが、冷静に対応した。当然のことだが、当事者本人と直接対面した際に、不合理なことを言われたとしても、笑ったり吹き出したりしてはいけない。こちらは、淡々と理論的に反論するだけである。

　最終的には、Ｙ氏のほうで、もう一度遺言の解釈について考えてもらい、今日こちらから交付した分割案に沿った合意ができるかどうかを、次回期日までに検討してもらうことになった。

X 第5回調停期日

　新年となり、何となく正月気分を引きずっている平成27年の1月中旬、今日は、第5回調停期日である。調停がまとまる可能性もあったし、場合によってはX氏に直接Y氏を説得してもらう場面もあるかと思ったので、甲弁護士は、念のためX氏にも同行してもらった。また、預貯金通帳の記帳をして、最終的な預貯金額を確認しておいた。

　甲弁護士がX氏とともに、相手方調停室で待っていると、調停委員によばれ、調停室に入室した。調停委員によると、Y氏は、東京の不動産を取得し代償金約200万円をX氏から受け取るということで納得してくれたとのことである。

　その場で、X氏がY氏に支払う代償金額を計算し、支払日、振込先等を確認して、調停合意をすることができた。

　いろいろあったが、最終的にはX氏の意向どおり、ほぼ公平な形で遺産分割をすることができたので、大変満足のいく結果であると思う。

　本稿は、複数の事例を組み合わせるなどして構成したものであり、実際の事例とは異なる。

第5章 遺産分割審判──特別受益が問題となった事例

I 事案の概要

〈Case ⑤〉

弁護士Aに、乙野太郎氏から相続事件の相談があった。

被相続人が死亡してすでに2年が経過しており、遺産分割の調停が申し立てられて、先日、調停から審判に移行したとのことであった。

[関係図]

被相続人（父）─┬─乙野太郎（依頼者：A弁護士）
　　　　　　　├─甲野花子（妹：B弁護士）
亡母（父より先に死亡）└─亡弟丙田次男（C弁護士）

II 実務上のポイント

〈Case ⑤〉における実務上のポイントは、以下の4点である。

① 相続人の範囲
② 遺産の内容
③ 遺産の管理状態
④ 遺産分割

Ⅲ 争点の確認

弁護士 A が、乙野氏から聞き取った事案の概要は以下のとおりである。

乙 野 氏：うちの父が亡くなってもう 2 年が経ちました。昨年、妹が遺産分割調停を起こしてきて、先日審判に移行しました。

A 弁護士：相続人は、何人ですか（Ⅱ①）。

乙 野 氏：3 人です。私、妹、弟の子になります。私と妹と弟の 3 人兄弟だったのですが、弟は、父より先に亡くなりましたから、代襲相続人というのですか、弟の子が相続人になっています。

A 弁護士：弟さんのお子さんは 1 人ですね。

乙 野 氏：はい、1 人です。

A 弁護士：遺産としてどのような財産がありますか（Ⅱ②）。

乙 野 氏：預貯金と、マンションと、確か証券投資信託もあったと思います。

A 弁護士：誰が管理しているのですか（Ⅱ③）。

乙 野 氏：私です。私が父と同居していましたから、マンションには私が住んでいますし、資料も私が持っています。

A 弁護士：なぜ調停から審判に移行したのですか。

乙 野 氏：わかりません。ただ、マンションの価値が争いになってから、審判に移行しました。

A 弁護士：争点はマンションの価値についてだけですか（Ⅱ④）。

乙 野 氏：いや違います。私としては言いたいことはいろいろあるのです。まず、弟は亡くなる前に、多額の借金があった時期があります。それを、父からもらったお金で返済しています。はっきりとした金額はわかりませんが2000～3000万円くらいと父から聞いています。私ははっきりした事情は聞かされなか

> ったのですが、妹はよく知っているはずです（特別受益の主張）。
>
> それに、マンションには私が住んでいますが、管理費・修繕積立金、光熱費、固定資産税は、父親の預貯金から自動引落しになって引き落とされています。死亡の時から預貯金が減っていますが、減った分は、管理費用として、相続の対象から除いてほしいのです（費消された預貯金に関する主張）。あと、そもそも、私が父の面倒をみて、入院中も毎日付き添っていたのだから、少しは優遇されていいと思うのです。寄与分というものがあると聞きましたけれど、これは寄与分にあたりませんか（付添い、療養看護の主張）。

Ⅳ 遺産分割審判

1 遺産分割審判事件の分類

遺産分割事件は、二類審判事件である（家手39条別表第二）。

二類審判事件の特色は、合意や契約による当事者の自由処分が認められていること、相手方があり紛争性が顕著であること、調停で解決ができることなどがあげられる。たとえば、婚姻費用分担、子の監護に関する処分、財産分与、遺産分割等である。

これに対して、一類審判事件（家手39条別表第一）は、当事者の自由処分を認めず、紛争性が低いのが特色である。たとえば、成年後見開始・保佐開始・補助開始の審判、特別養子縁組成立、相続放棄の申述受理、遺言書検認、遺言執行者選任等があげられる。

2 審判手続への当然移行と記録の引継ぎ

二類審判事件において、調停が成立せずに事件が終了した場合、当然に、

家事調停の申立ての時に当該事項についての家事審判の申立てがあったものとみなされる（家手272条4項）。家事審判を担当する裁判所は、調停を扱っていた裁判所である。

調停記録については、当然に引き継がれるという定めはないが、実際には、すべての資料の再提出を求められることはない。家庭裁判所が、調停記録について事実の調査を行うという扱いをして、審判手続の記録として編綴されるためである。

もっとも、〈Case ⑤〉では、乙野氏が調停段階で提出した書類のうち、説明を加える必要があるものについて、裁判官からの求めによって、説明を書面で提出するとともに、あらためて当該資料を出し直している。

3　遺産分割審判の運用

遺産分割審判について職権探知主義の適用を受けるものの（家手56条1項前段）、家庭裁判所の職権調査には限界があり、当事者主義的な運用がされる（同項後段・2項）。

判例も、「遺産分割審判は、家庭裁判所が職権で手続を進めるべき性質のものではあるが、その職権行使は、裁判所にとっては発見が困難であり、他方当事者にとっては裁判所に提出することに支障のない主張や資料の探索についてまで要求されるものではなく、そのような場合には当該当事者が自ら資料を提出しないことによって不利益を受けることがあっても、止むを得ないものというべきである」（東京高決平成5・7・28家月46巻12号37頁）とされる。

V　審判手続移行後の流れ——〈Case ⑤〉の場合

1　審判移行時

(1)　鑑定申立てとスケジュール感

〈Case ⑤〉では、調停段階で申立人から、審判を前提とした遺産の価格の

鑑定を求める旨の申立てが行われた。

「審判を前提とした」のは、鑑定費用の負担について他の相続人が法定相続分に応じた予納を拒否したために、申立人において審判で他の相続人に費用負担をさせることを望んだためと思われる。

〈Case ⑤〉においては、鑑定申立てから2カ月半ほどして鑑定が実施され、その2週間後に鑑定評価書が裁判所に提出された。

〈表2-5-1〉 遺産鑑定申立てのスケジュール（〈Case ⑤〉）

4月1日	相手方による鑑定申立て 裁判所申立てに対する決定、鑑定人の選任に関する手続、鑑定費用の申立人納付
2カ月後	裁判所から鑑定人への鑑定依頼
2週間後	鑑定人による鑑定実施
2週間後	鑑定評価書の裁判所への提出

(2) 不動産鑑定の要否と鑑定費用

不動産の評価について当事者間に争いがある場合は、不動産鑑定士による「鑑定」をしなければならない。

判例（大阪高決平成9・12・1家月50巻6号69頁）は、当事者の合意がない限り専門家による鑑定を採用するのが相当であるとして、当事者全員の合意を得ないまま不動産鑑定士の資格を有する調停委員の簡易な評価意見のみを基礎として遺産の評価を行った原審判を、裁量権を逸脱した違法があるとして取り消して差し戻した。

鑑定人は、「公共事業に係る不動産鑑定報酬基準」の基本鑑定報酬額により、鑑定評価報酬を見積もっている。

〈Case ⑤〉の遺産の鑑定価格は1000万円、鑑定人に支払った鑑定費用は36万7500円であった。

【書式 2-5-1】 鑑定申立書（〈Case ⑤〉）

平成 X 年（家イ）第 XXX 号
　申立人　　甲野花子
　相手方　　乙野太郎　外1名

鑑定申立書

平成○年○月○日

○○家庭裁判所　御中

申立人代理人弁護士　　B

第1　申立の趣旨
　　別紙物件目録記載の建物につき、遺産分割審判を前提として、その価格の鑑定を求める。

第2　鑑定事項
　1　上記不動産（敷地権含む）の相続時における価格
　2　上記不動産（敷地権含む）の鑑定時における価格

第3　鑑定人
　　御庁において、しかるべき鑑定人を選任されたい。

添付書類

登記事項証明書　1通

注：別紙物件目録は省略

2　鑑定結果

〈Case ⑤〉における鑑定では、不動産の相続時の価格として1000万円であったが、鑑定時では950万円とされた。

3 特別受益の主張、疎明資料の提出等事実調査の過程

(1) 特別受益の持戻しと相続分の算定

共同相続人の中に被相続人から遺贈を受け、または婚姻・養子縁組・生計の資本として生前に贈与を受けるなど特別の受益を受けた者がいる場合には、相続に際して、この贈与を相続分の前渡しとみて、計算上贈与を相続財産に持ち戻して（加算して）相続分を算定する（民903条）。

特別受益の持戻しは、相続財産に特別受益を加えた「みなし相続財産」を基礎に、各共同相続人の一応の相続分を算定する。特別受益者は、そこから特別受益分を控除した残額が具体的相続分となる。

(2) 生前贈与が特別受益にあたるか否か

(A) 婚姻または養子縁組のための贈与

結納金など、相続人全員に同程度のものがあった場合には、特別受益にはならないと考えられる。

(B) 学資

子どもの個人差その他の事情により、たとえば通学先が公立・私立等に分かれ、その費用に差が生じることがあるとしても通常は親の子に対する扶養の一内容として支出されるもので、遺産の先渡しとしての趣旨を含まないものと認識するのが一般的であり、仮に特別受益と評価しうるとしても、特段の事情のない限り、被相続人の持戻し免除の意思を推定できる（大阪高決平成19・12・6家月60巻9号89頁）。

(C) その他の生計の資本としての贈与

「生計の資本としての贈与」（民903条）とは、たとえば、居住用の不動産を取得するための贈与や、借地権の贈与などである。

生計の資本であるか否かは、贈与金額や贈与の趣旨から判断することになる。相続分の前渡しとして認められる程度に高額の金銭の贈与は、原則として特別受益になる（高松家丸亀支審平成3・11・19家月44巻8号40頁等参照）。

(3) 〈Case ⑤〉での主張および疎明資料の提出

〈Case ⑤〉では、亡弟は生前、被相続人から多額の財産の贈与を受けたと

いう事案でありA弁護士は、書面で特別受益の主張を行った。もっとも主張の書面を記載した時点では特別受益の内容は甚だ曖昧であり、亡弟が、生前父から2000〜3000万円を贈与してもらったという程度の主張であった。

依頼者である乙野氏に疎明資料となるものを探してもらったがみつからず、A弁護士と乙野氏は、被相続人から亡弟に送金しているのではないかと考え、裁判所に対して、贈与の時期をある程度特定して、被相続人の取引銀行に預金口座の記録を送付嘱託するよう申し立てた。

【書式 2-5-2】 文書送付嘱託申立書（〈*Case* ⑤〉）

平成X年（家）第XXX号
申立人　　甲野花子
相手方　　乙野太郎　外1名

　　　　　　　　　文書送付嘱託申立書

　　　　　　　　　　　　　　　　　　　　　　　平成〇年〇月〇日

　〇〇家庭裁判所　御中

　　　　　　　　　　　　　　　　相手方代理人弁護士　　　A

当初事件につき、下記文書の送付嘱託の申立をする。

　　　　　　　　　　　　　　　記

1　証明すべき事実
　　被相続人〇〇が、亡弟丙田次男に対し、昭和〇年頃から平成〇年頃の間に金員を贈与した事実

2　文書の所持者
　　〒123－4567
　　東京都中央区〇〇1－1－1
　　△△銀行□□支店

> 3　文書の表示
> 　昭和○年1月1日から平成○年12月31日までの以下の口座の各取引の履歴
> ・△△銀行□□支店　普通預金　1234567　名義人　○○
> ・△△銀行□□支店　定期預金　2345678　名義人　○○
>
> 　　　　　　　　　　　　　　　　　　　　　　　　　　　　以上

　申立て後2週間ほどして銀行から取引履歴が送付された。

　しかし、記録の中に送金記録は見当たらなかった。また、記録は過去約20年分しか現存しないとの回答であり、平成元年頃の記録の開示はなされなかった。

　記録は得られなかったが、A弁護士は「申立人も亡弟への特別受益については知っているはずである」との主張を行ったため、裁判所は、申立人（妹：甲野花子）に対して、知っている事情があるのかどうか、あるのであればその内容を明らかにするよう求めた。

> 裁 判 官：申立人は特別受益に関して何か事情をご存知ですか。
> B弁護士：知っているそうですが、詳細を本人に確認してみないと正確にはわかりません。昭和○年頃だとすると、もう30年近く前の話ですので。
> 裁 判 官：では、申立人の知っていることを、書面で出してください。

　後日、B弁護士は、申立人の報告書として、「昭和の頃、亡弟の負債に関して、被相続人から頼まれて申立人の預貯金から200万円を引き出して被相続人に渡しそれを貸したこと、その頃、被相続人、自分、乙野氏がA県B市に住んでいたこと、そのうち100万円を返してもらったこと、被相続人からは亡弟の債務を肩代わりし、△△銀行から借金をしたと聞いたことがあること」等が明らかにされた。

　A弁護士は、B弁護士からの報告書を乙野氏に送付し、関連する書類が

ないかどうか、あらためて確認を求めた。

すると、申立人の陳述書の内容に合致する、△△銀行のA県B市支店における700万円の金銭消費貸借証書、この700万円と申立人の貸した200万円を亡弟に送金したことを表すメモ、10万円程度の送金記録複数枚（合計50万円分）を一式ホチキスで止められたものが出てきた。

A弁護士は、これを基に、被相続人が亡弟に対して送金した①700万円および、②送金記録総額50万円の合計750万円を特別受益と構成し、あらためて事実関係を主張した。

(4) 特別受益として認められる範囲

相続人が被相続人の指示で払戻し、被相続人に渡したなどと説明している場合に特別受益を認定するのは困難であるが、払戻しと近接した時期にその相続人の口座に入金されているなどの事情があれば特別受益と認められる場合もあろう。原則として「生計の資本」（民903条）であるかどうかは、上記のとおり贈与金額、贈与の趣旨等から判断される。

〈*Case* ⑤〉では、700万円についてのみ特別受益と認められ、50万円の送金については、いずれも扶助義務の履行の範囲として特別受益にはあたらないと判断された。それは、送金の時期などからして、生活費の援助であることがうかがわれ、1回の金額も多額ではなかったため、扶助義務の範囲内とされたためである。

このように1回の金銭が多額でなければ、総額はある程度まとまった金額となったとしても特別受益とは評価されがたい。

4 入院中の付添いおよび療養看護に関する主張

乙野氏は、入院中の被相続人に付添い、入院前にも看護に努めたことを主張していた。この主張は、寄与分の主張か、遺産分割の基準になる事実としての主張であろうか。

(1) 寄与分

寄与分とは、共同相続人中に被相続人の財産の維持または増加に特別の寄

与貢献をした相続人がいる場合の制度である。

〈*Case* ⑤〉では、乙野氏の行為によって被相続人の財産が維持され、あるいは増加したとの事実がなかったことから、寄与分は主張できなかった。

(2) 遺産分割の基準

遺産分割の基準は、「遺産に属する物又は権利の種類及び性質、各相続人の年齢、職業、心身の状態及び生活の状況その他一切の事情を考慮して」これを行うべきものとしている（民906条）。

〈*Case* ⑤〉の乙野氏の主張である療養看護および付添いは、遺産分割の基準に関する主張との扱いであった。もっとも最終的にこの点が審判で定められた遺産分割の金額に反映されたものではない。

(3) 裁判官とのやりとり

〈*Case* ⑤〉における療養看護および付添い等の主張に関する裁判官とのやりとりは以下のとおりである。

裁　判　官：A弁護士、準備書面で乙野氏が被相続人の面倒をみたということが書かれていますが、これは寄与分の主張ですか。

A弁護士：いいえ。これは遺産分割における事情の1つとして記載しました。

裁　判　官：わかりました。療養看護の場合、寄与分を認めるには、それによって被相続人の財産が増加し、あるいは、維持された事情が必要になりますので、それは難しいでしょうね。

5　マンションの管理費・修繕積立金、光熱費および固定資産税は相続財産に関する管理費用として認められるか

相続財産に関する費用はその財産の中からこれを支弁するとされている（民885条1項）。

判例において、土地建物の固定資産税、水道料金、管理費、電気料金など

は管理費用として認められたものがある（大阪高決昭和41・7・1家月19巻2号71頁）。

6　審判移行後の付調停手続

〈*Case* ⑤〉では、裁判官が審判手続移行後に調停手続に付した（家手274条1項）が、特別受益を受けた亡弟の代襲相続人が調停の成立に反対したため、調停は不成立により終了した。

7　遺産分割の対象性──預金債権

〈*Case* ⑤〉において、裁判所からは、遺産分割の対象に預金債権を審判対象として含むことに同意するかどうか、各当事者に対して確認を求められた。乙野氏、甲野氏の各代理人からは同意する旨伝えられたが、亡弟の代襲相続人である丙田氏の代理人であるＣ弁護士からは、同意しないとの意向が表された。

(1)　預金債権の遺産分割の対象性

(A)　最高裁判例──分割債権説

判例は一貫して、可分債権は相続開始とともに当然分割され、各相続人に法定相続分に応じて帰属するとしている（最判昭和29・4・8民集8巻4号819頁）。この立場によれば、可分債権は常に遺産分割の対象とはならないと解することになる。

(B)　非分割債権説

可分債権であっても遺産分割がなされるまでは各相続人に分割帰属するものではないとする説であるが、裁判例の立場とは異なる。

(C)　折衷説

可分債権説を前提としたうえで遺産分割の対象となることを認める立場がある。

① 　常に遺産分割の対象とする説
② 　場合によっては遺産分割の対象とする説

ⓐ　当該事案における具体的妥当性を考慮して遺産分割対象とする説
　　ⓑ　相続人間の合意を要件に遺産分割対象とする説
　下級審判例では、②ⓐないし同ⓑのいずれかの理由により、場合によっては預金債権などの分割債権も遺産分割の対象としている（ⓐにつき、高知家須崎支審昭和40・3・31家月17巻9号78頁、神戸家尼崎支審昭和47・12・28家月25巻8号65頁など、ⓑにつき、東京家審昭和47・11・15家月25巻9号107頁、鳥取家米子支審昭和55・8・15家月33巻9号70頁など）。

　(2)　〈*Case* ⑤〉での対応
　〈*Case* ⑤〉では、裁判官は、②ⓑ説に従って、預金債権を遺産分割審判の対象に含めることについての、各相続人の同意を得ようとしたが、特別受益が認められる可能性を危惧したためか、亡弟の代襲相続人である丙田氏代理人のC弁護士は遺産分割について同意しなかった。
　したがって、共有ないし準共有となっているマンションと証券投資信託のみが審判対象とされた。

8　遺産分割審判における分割方法

　審判による遺産分割においては、裁判所は民法906条の遺産分割基準に従って分割を実行することとし、分割の具体的態様としては、現物分割によるほか、必要があれば遺産の全部または一部の換価その他の処分をして価額分割し、事情によっては共同相続人の1人または数人に他の共同相続人に対して債務を負担させ現物分割に代えることも可能である。いずれの処分にするかは、家庭裁判所の裁量に委ねられる。

9　審　　判

　(1)　審判書の内容
　〈*Case* ⑤〉における審判書の内容は、【書式 2-5-3】のとおりである。

【書式2-5-3】 審判書・主文（〈Case ⑤〉）

```
                    主    文
1  被相続人の遺産を次のとおり分割する。
 (1) 別紙遺産目録記載1の不動産は、相手方乙野太郎の取得とする。
 (2) 別紙遺産目録記載2(1)および(2)の証券投資信託は、申立人の取得とする。
2  相手方乙野太郎は、申立人に対し、前項(1)の遺産取得の代償として425万
   円を支払え。
3  本件手続費用中、鑑定人〇〇に支給した36万7500円は、これを3分し、そ
   の1ずつを当事者全員の各負担とし、その余の手続費用は各自の負担とする。
```

(2) 相続分の計算方法

特別受益者の取り分がゼロと判断した計算方法、乙野氏の相手方に対する支払額の計算方法は次のとおりである。

〈表2-5-2〉 遺産評価額（〈Case ⑤〉）

	相　続　時	遺産分割時
マンション	① 1000万円	④ 950万円
証券投資信託	② 100万円	⑤ 100万円
特別受益額	③ 700万円	同じ

ⓐ　みなし相続財産の価格：相続時の価格を基準とする
  ・1000万（①）＋100万（②）＋700万（③）＝1800万円
  ・各人の本来的相続分　各自600万円
  ・特別受益者の取り分　600万－700万円＝△100万
  　　　　　　　　　ゆえにゼロ
ⓑ　申立人と相手方の具体的相続分：遺産分割時の価格を基準とする
  ・(950万（④）－100万（⑤））÷2＝425万

(3) 預金債権が遺産分割対象となった場合

　仮に、C弁護士から預金債権を遺産分割の対象とすることの同意が得られたならば、預金債権も遺産分割対象として審判がなされる。その場合には、預金債権から管理費と固定資産税、光熱費相当額等管理費用を差し引くべきであるとの主張が必要となろう。

VI　審判後の手続

　預金債権については、分割債権説を前提として、C弁護士による銀行に対する払戻請求訴訟が提起される可能性がある。各相続人はこの訴訟に補助参加して解決を図っていくこととなる。

〈参考文献〉
- 片岡武＝管野眞一編著『家庭裁判所における遺産分割・遺留分の実務〔新版〕』
- 野田愛子ほか編『家事関係裁判例と実務245題（判例タイムズ1100号）』
- 裁判所職員総合研修所監修『親族法相続法講義案〔七訂版〕』
- 梶村太一『実務講座　家事事件法〔新版〕』

> 　本稿は、複数の事例を組み合わせるなどして構成したものであり、実際の事例とは異なる。

第6章

遺言執行——身寄りのない高齢者が知人の女性に財産を遺贈した事例

I 事案の概要

⟨*Case* ⑥⟩

ある日、弁護士Aの所属事務所に1件の電話が入った。

同級生の生命保険会社社員からの相談であり、身寄りのない男性Xが、老後を親身に世話してくれた知人（血縁関係はない）に感謝して、死後はその知人にすべての財産を譲りたいので、誰か弁護士を紹介してほしいと言っているとの話であった。

II 実務上のポイント

⟨*Case* ⑥⟩における実務上のポイントは、以下の5点である。

① 遺言書の作成、保管
② 遺言書の検認手続
③ 財産管理
④ 遺言の執行
⑤ 借地権付建物買取り交渉

Ⅲ 相談〜受任

1 相談の概要

相談者X氏は、67歳、男性、現在無職、神奈川県に在住しており、借地上に自己所有の建物を有している。2年前に母親を亡くして以来、身寄りがなく、血縁関係のない知人に自分の財産を全部譲りたいと考えているとのことである。財産としては預金、借地権、借地上の建物がある。

2 X氏との面談

相談者X氏は、現在胃がんを患い入院中であり、A弁護士の事務所まで赴くことは難しいので、A弁護士がX氏の入院する病院まで出向いて話を聞くことになった。

> X　氏：先生、私は結婚の機会を逃して、今までずっと独身なのですが、一昨年母を亡くして以来、天涯孤独、身寄りが誰もいなくなってしまったのです。もし、今私が死んだら、私の財産は国のものになるのですよね。
>
> A弁護士：そうですね。相続人になる方が誰もいなければ、財産は国庫に帰属することになります。お父さんや、おじいさん、おばあさんも亡くなっていらっしゃって、ご兄弟もいらっしゃらないということなのですね。
>
> X　氏：はい。父や祖父母はとうの昔に亡くなっています。私はもともと一人っ子ですし、もちろん子どももおりません。大した財産ではないかもしれませんが、母が亡くなった時の保険金や、これまで私が蓄えてきたものもいくらかあります。どうせ国のものになってしまうのでしたら、私の気持として、生きているうちに、お世話になった方に残したいと思うのです。

> 遺言書をつくればいいと聞いたのですが、実際にはどうやってつくったらよいのかわからないものですから、弁護士の先生にご相談したかったのです。

　X氏は、約1年前から胃がんを患い、その頃から病院の入退院や、通院時にX氏に付き添ってくれたり、一人暮らしのX氏のために食事をつくって自宅まで届けてくれたりするなど、無償で献身的にX氏の身のまわりの世話をしてくれるようになった知人女性甲に大変感謝しており、自分の全財産を譲りたいという話であった。

　X氏と知人女性甲との間には血縁関係はないそうである。また、X氏には身寄りがないため、知人女性甲には、財産を譲る代わりに、自分の死後の葬儀や法要、先祖の永代供養を行ってほしいと希望している。

　X氏の主な財産としては、預金合計約5000万円、現在居住している借地上の借地権、および借地上の建物があり、これをすべて知人女性甲に譲りたいと考えているとのことである。

> A弁護士：遺言書ですが、この場合、公正証書遺言といって、公証役場に行って、公証人に遺言書を作成してもらい、公証役場で保管してもらう方法による場合と、自筆証書遺言といって、Xさんが全部自筆で遺言書を書いて、日付、署名、捺印をし、封をして保管しておく方法による場合が考えられます。自筆証書遺言の場合は、私が保管をすればよいと思います。自筆証書遺言を執行する場合、公正証書遺言と違って、検認手続が必要になります。
>
> X　氏：どちらをつくったらいいのでしょうか。
>
> A弁護士：そうですね。まず、公正証書遺言の場合、原本を公証役場で預かってもらうことになるので、その後遺言書が改ざんされたり、隠されたり、紛失したりするといったおそれはなくな

りますので、安全な方法と言えるでしょう。ただ、案文の作成についての弁護士費用とは別に、公正証書をつくる手数料がかかります。また、私と、たとえば私の事務所の職員など、2人の証人と、Xさんとで、一緒に公証役場に行って、公証人の面前で公正証書遺言を作成してもらう必要があります。現在、Xさんが入院していらっしゃって、外出が簡単ではないことからすると、公正証書遺言の方法で遺言書を作成するのは、少し手間や時間がかかってしまうかもしれませんね。一方、自筆証書遺言の場合は、私が遺言書の案文をつくりますから、Xさんがそれを直筆で遺言書として書いて、日付を記入し、署名押印を行えばいいので、Xさんの状況を考えると、方式さえ間違いないように厳重に注意すれば、自筆証書遺言のほうがより簡単に作成できると言えますね。Xさんには身寄りがいないということですから、そうだとすると、亡くなられた後に、複数の相続人との間で、遺言書の改ざん、隠ぺいなど、遺言書の有効性をめぐるトラブルが生じるおそれも考えにくいといえます。また、自筆証書遺言の執行に必要となる検認手続の際にも、Xさんに身寄りがなく、関係者が甲さんしかいないのであれば、検認手続での呼出しも甲さんだけにすればよいことになります。また、自筆証書遺言は、公証役場で保管されるわけではありませんが、この場合は、私が責任をもって保管しますので、紛失の心配はありません。このように考えると、Xさんのケースでは、自筆証書遺言を作成するという方法によるのが最も現実的なように思います。

X　氏：そうですか。では、先生、それでよろしくお願いします。それと、遺言執行者というのも一緒に先生にお願いできるのでしょうか。決めておいたほうがいいと聞いたのです。

> A弁護士：そうですね、遺言執行者を指定しておけば、指定された人がXさんの遺言の内容に従って、実際に甲さんにXさんの財産を移転する業務を行います。その場合は、遺言書の中で、私を遺言執行者に指定していただくことになります。そして、遺言書の案文を作成する業務とは別に、私があとで遺言執行者として、遺言の内容を実現するための業務を行うことになりますから、ご安心ください。

3　受　任

こうして、A弁護士は、X氏の知人女性に対する葬儀・法要・永代供養の負担付包括遺贈を内容とする遺言書案文の作成および、X氏の遺言執行業務を受任することになった。

Ⅳ　相続人の調査

X氏には身寄りがおらず、亡くなっても相続する者がいないとのことであるが、遺言書案文の作成および遺言執行者業務にあたり、戸籍謄本等によりその点を調査、確認しておく必要がある。

ここで相続人の調査をせずに手続を進めたとしても、後の手続において戸籍謄本等の提出が義務づけられている場面があり、そこで相続人の存在が新たに判明し、遺言者の意思が実現できなくなる、という事態は避けなくてはならない。

たとえば、自分は兄弟のいない一人っ子だと聞かされて育ったが、実際には父親に秘密の離婚歴があって1度目の結婚の際に子どもをもうけていたとか、または、結婚前に交際していた女性との間に子どもをもうけて認知していた、というようなケースも、決して珍しくはないのである。

A弁護士は、X氏についての戸籍（除籍、改製原戸籍）謄本、またX氏の

両親の出生から死亡までが記載されている戸籍（除籍、改製原戸籍）謄本を取り寄せ調査し、実際にX氏には身寄りがなく死亡した場合に相続人がいないことを確認した。

V 自筆証書遺言書の作成、保管

その後、A弁護士が自筆証書遺言の案文を作成してX氏に提示したところ、X氏は、A弁護士の作成した案文に従い、自筆証書遺言書を作成した（【書式2-6-1】参照）。

A弁護士は、X氏の作成した自筆証書遺言書を封緘し、事務所の金庫に保管した。

なお、X氏の死後、A弁護士が円滑に遺言執行業務に着手するためには、X氏が死亡したとの事実をA弁護士が速やかに知る必要がある。

そのため、A弁護士は、X氏との間で、X氏が死亡した際におけるA弁護士への連絡方法についてあらかじめ決めることとした。X氏の場合は、現在入院中であり、かかりつけの医師が病死を確認する可能性が高い。そこで、X氏の死亡時にはかかりつけの医師からその事実をA弁護士に連絡してもらうこととなった。

【書式2-6-1】 遺言書（〈*Case* ⑥〉）

遺 言 書

遺言者Xは次の通り遺言をする。

第1条 遺言者は、甲（住所：〇〇県〇〇市〇〇町〇丁目△番×号、生年月日：昭和〇〇年△月×日）が遺言者の老後を親身に世話してくれたことに感謝し、下記の負担を履行することを条件に、遺言者の有する一切の財産を甲に包括して遺贈する。

記

　受遺者甲は、遺言者の葬儀、法要、及びX家の永代供養を以下(1)及び(2)の方法によって執り行うこと
(1)　葬儀及び法要は遺言者の信仰する○○宗○○派の定める儀礼・方式により実施すること
(2)　永代供養は○○宗教法人○○寺（主たる事務所：○○県○○市○×町○丁目○番○号）住職にて実施してもらうこと

第2条　遺言者は、本遺言の執行者として次の者を指定する。
　　東京都○○区○○町○丁目○番○号
　　弁護士　A
　　昭和○○年○月○日生

第3条　遺言執行者に対する報酬は、遺言執行対象財産の○％とする。

平成○○年○月△日
　○○県○○市○△町○丁目○番○号　　遺言者　X　㊞

　自筆証書遺言が法律上有効となるためには、
①　遺言者がすべてを自署すること
②　遺言書を作成した日を記載すること
③　遺言者が署名押印すること
が必要である。
　その他に注意する点としては、
①　受遺者である甲を明確に特定できるよう、住所、氏名、生年月日も明記する。
②　包括遺贈である旨を明らかにするため、「包括して」、「遺贈する」との記載をしておくと、特定遺贈との区別が明確になる。
③　遺言執行者に対する報酬は、遺言者が遺言により報酬を定めた場合を

除いて家庭裁判所により定められるから、遺言者と協議して定めた報酬を受領するためには、その金額または費用の算定方法を遺言書に記載する必要がある。

などがあげられる。

VI 遺贈者の死去

その後X氏は、A弁護士に依頼して自筆証書遺言の作成を行ってから、3カ月もしないうちに亡くなってしまった。

X氏の容体が悪くなり、病院に入院したが、間もなく病院で亡くなったとのことで、かかりつけの医師からA弁護士に連絡が入り、A弁護士はX氏死亡の事実を知ったのであった。

VII 遺言書の検認

遺言の保管者は相続の開始を知った後、遅滞なくこれを家庭裁判所に提出してその検認を請求しなければならない（民1004条1項）。

そこでA弁護士は、X氏の死亡を知って検認の申立てを行った。

【書式2-6-2】 遺言書検認の申立書（《Case ⑥》）

受付印	家事審判申立書　事件名（遺言書検認　　　）
収入印紙　　　　円 予納郵便切手　　円 予納収入印紙　　円	（この欄に申立手数料として1件について800円分の収入印紙を貼ってください。） 　　　　　　　　　（貼った印紙に押印しないでください。） （注意）登記手数料としての収入印紙を納付する場合は、登記手数料としての収入印紙は貼らずにそのまま提出してください。

準口頭		関連事件番号　平成　　年（家　　）第　　　号

東京　家庭裁判所 　　　　　　　御中 平成○○年○○月○○日	申　立　人 （又は法定代 理人など） の記名押印	弁護士　　A　㊞

添付書類	（審理のために必要な場合は、追加書類の提出をお願いすることがあります。） ・遺言者の除籍謄本　　　　　1通 ・遺言者の母の除籍謄本　　　1通 ・受遺者の戸籍謄本　　　　　1通

申立人	本　籍 （国　籍）	（戸籍の添付が必要とされていない申立ての場合は、記入する必要はありません。） 東京　㊙都　道　　○○区○○町○丁目○番 　　　　　府　県
	住　所	〒○○○-○○○○　　　　電話03-○○○○-○○○○ 東京都○○区○○町○丁目○番○号　○○法律事務所
	連絡先	〒　　－　　　　　　　　電話　　（　　） 　　　　　　　　　　　　　　　　　（　　　　方）
	フリガナ 氏　名	A	大正 ㊙昭和　○○年○月○日生 平成 　（　　　○○　歳）
	職　業	弁　護　士

※遺言者	本　籍 （国　籍）	（戸籍の添付が必要とされていない申立ての場合は、記入する必要はありません。） ○○　　都　道　　○○○○○丁目○番 　　　　　府　㊙県
	最後の 住　所	〒○○○-○○○○ ○○　　○○○○
	連絡先	〒　　－　　　　　　　　電話　　（　　） 　　　　　　　　　　　　　　　　　（　　　　方）

フリガナ 氏　名	X	大正 ㊐和 平成 ○○年○月○日生 (　　　　歳)
職　業		

(注) 太枠の中だけ記入してください。
※の部分は、申立人、法定代理人、成年被後見人となるべき者、不在者、共同相続人、被相続人等の区別を記入してください。

申　　立　　て　　の　　趣　　旨
遺言者の自筆による遺言書1通の検認を求める。

申　　立　　て　　の　　理　　由
1　申立人は、遺言者が平成○年○月○日付で作成した自筆証書遺言にて遺言執行者に指定された者であり、遺言者の自筆証書遺言を保管している。
2　遺言者が平成○年○月○日に死亡したため、遺言者の自筆証書遺言の検認を求める。
3　遺言者には相続人がおらず、受遺者甲（住所：○○○○）に全ての財産を包括遺贈している。

　遺言書検認の申立てには、遺言者の相続関係を明らかにするための戸籍関

係の資料の提出が必要になる。通常、申立ての際には、まず遺言者の出生時から死亡時までのすべての戸籍（除籍、改製原戸籍）謄本、相続人全員の戸籍謄本、および相続人以外で遺贈を受けた受遺者の戸籍謄本を提出する必要がある。また、事案によってはこのほかにも資料の提出が必要である。

　Ｘ氏の場合は、婚姻歴のない独身者で子どももおらず、両親共にすでに死亡していて他に兄弟もなく、身寄りがいないとのことであった。

　まず、遺言者であるＸ氏の死亡時の本籍地において除籍謄本を取得したところ、除籍謄本にはＸ氏の出生と死亡、Ｘ氏の父の出生と死亡、およびＸ氏の母の死亡の記載を確認することができた。

　そこで、Ｘ氏の母の婚姻前の本籍地での除籍謄本を入手したところ、Ｘ氏の母の出生と、父との婚姻を原因に除籍となったとの記載を確認することができた。

　これらの戸籍上、Ｘ氏が、婚姻や認知をしていたなどの記載や、Ｘ氏の父母にほかに子があるなどの記載は見受けられなかったため、実際にＸ氏には身寄りがなく相続人が存在しないということが確認できたことになる。

　そこで、Ｘ氏の遺言書の検認申立書（【書式2-6-2】）には、Ｘ氏の除籍謄本のほか、Ｘ氏の母の婚姻前の本籍地での除籍謄本を添付することになる。

　また、受遺者甲の身分関係を明らかにするため、甲の戸籍謄本も添付する。

　遺言書検認事件の管轄は、相続開始地の家庭裁判所である（家手209条）。

　なお、民法1004条1項は、文言上は、遺言書の保管者が遅滞なく家庭裁判所に遺言書を提出しなければならないとされているが、実務では、検認期日に申立人が遺言書を持参するのが通常となっている。

　Ｘ氏の遺言書検認期日は、約1カ月後に指定された。

　検認手続では、相続人またはその代理人を立ち会わせることは必須ではないとされているものの、実務上は相続人や受遺者には期日が通知され、立会いの機会が与えられている（家手規115条1項）。

　しかしＸ氏より包括遺贈を受けた甲は、検認期日には都合がつかなかったとのことであり、検認手続には立ち会わなかった。

検認に立ち会わなかった申立人、相続人、受遺者その他の利害関係人に対しては、検認終了後に家庭裁判所から検認が終わった旨の通知がなされる（家手規115条2項）。

【書式 2-6-3】　家庭裁判所からの検認終了の連絡（例）

> 当庁平成○年（家）第○号遺言書検認事件（申立人弁護士A、遺言者Xは、平成○年○月○日当裁判所において、本件遺言書の検認を了したので、家事事件手続規則115条2項により通知します。

　A弁護士は、Xの遺言によって遺言執行者に指定されているが、遺言執行者は、指定されれば当然に執行するわけではなく、就職を承諾することによってその任につき（民1007条）、就職を承諾・拒絶するについても自由に判断することができる。遺言執行者が就職を承諾する義務はない。
　たとえば遺言の有効性に疑義があるような場合には、遺言執行者の就職を拒絶することも考えられる。
　〈Case ⑥〉における遺言執行については、もともとA弁護士がX氏より依頼を受けて遺言作成からアドバイスしていたところであり、就職を拒絶する理由はないため、A弁護士は、当然就職を承諾し、遺言執行者の就職について、包括受遺者甲に対して書面にて通知を行った（【書式2-6-4】参照）。

【書式 2-6-4】　遺言執行者就職の通知（〈Case ⑥〉）

> 　　甲　　様
>
> 　　　　　　　　　　　　　　　　　　　　平成○年○月○日
> 　　　　　　　　　　　　〒○○○―○○○○
> 　　　　　　　　　　　　東京都○○区○○町○丁目○番地○号
> 　　　　　　　　　　　　○○法律事務所
> 　　　　　　　　　　　　弁護士　　A
> 　　　　　　　　　　　　TEL：03―○○○○―○○○○
> 　　　　　　　　　　　　FAX：03―○○○○―○○××

遺言執行者就職のご通知

拝啓

　このたびは故Ｘ殿のご逝去の報に接し、誠にご愁傷のこととお察し申し上げ、心よりお悔やみを申し上げます。

　さて、故Ｘ殿（本籍：○○、死亡年月日：平成○年○月○日）は、平成○○年○月×日付自筆証書遺言（検認年月日：平成○年○月○日）により当職を遺言執行者に指定され、今般当職が遺言執行者に就職いたしました。

　自筆証書遺言書及び検認証明書の写しを同封いたしますので、遺言の内容をご確認くださいますようお願いいたします。

　遺言執行者に就職したことにより、当職は、遺言に定められた範囲内で、相続財産の管理と遺言執行に必要な一切の行為を行う権限を有することとなります。

　以後、当職が相続財産の目録を調製し、また遺言の内容にしたがって遺言の執行を行ってまいります。

　遺言の内容、執行の方法等遺言に関するご質問は当職が承りますので、ご不明な点等ございましたら、お問合せいただければと存じます。

　故人の遺志を実現すべく、誠実に遺言執行の職務に当たらせていただく所存ですので、受遺者甲様におかれましては、ご協力のほどどうぞ宜しくお願い申し上げます。

敬具

添付書類

1　自筆証書遺言（写し）
2　検認証明書（写し）

　この遺言書は、平成○年○月○日当裁判所平成○○年（家）第○○号遺言書検認申立事件として検認されたことを証明する。

　平成○○年○月○日

VIII 財産の管理

　X氏の主な財産は、銀行預金、居住していた借地上の建物および借地権であり、ほかはX氏が居住していた自宅内の動産や現金等である。

　A弁護士は、X氏の生前から所在を確認していた各金融機関の通帳、届出印鑑を預かり保管し、各金融機関口座における残高の確認を行った。

　また、建物の権利証や賃貸借契約書についても同様に預かり保管し、土地や建物の登記事項証明書を取得した。

　X氏は一人暮らしであったため、居住していた建物は、X氏の死後空き家状態となっている。知人女性の甲は、現在のところその建物に居住するつもりはないようであり、当面は建物を占有する者がいないことになる。

　まずA弁護士は、知人女性の甲とともに建物の現況を確認することにした。

　建物内にはX氏の所有物が処分されない状態で残っており、貯金箱に入った大量の硬貨やX氏の財布に入っていた現金については、A弁護士が回収して預かることとした。残りの動産については、数年前にX氏が購入して使用しないままになっていたパソコンが発見されたくらいで、特段金銭的な価値のあるものは見受けられなかったため、現金以外の動産は後日甲が遺品整理に着手するまではそのまま保存することとして、水道、ガス、電気等のライフラインの供給を停止したうえで、建物に施錠し鍵をA弁護士が預かり保管することとなった。

IX 財産目録の作成

A弁護士は、【書式2-6-5】のとおり財産目録を作成して甲に交付した。

【書式2-6-5】 財産目録（〈*Case* ⑥〉）

財産目録

平成〇年〇月〇日現在
作成者　遺言執行者　弁護士　　A　　㊞

第1　不動産
　1　土地（借地権）
　　　所　　在　〇〇市〇〇区△△
　　　地　　番　〇番
　　　地　　目　宅地
　　　地　　積　〇〇m²
　2　建物
　　（主たる建物の表示）
　　　所　　在　〇〇市〇〇区△△〇番地
　　　家屋番号　〇番の×
　　　種　　類　居宅
　　　構　　造　木造亜鉛メッキ鋼版葺平屋建
　　　床 面 積　〇〇m²
　　（付属建物の表示）
　　　符　　号　1
　　　種　　類　物置
　　　構　　造　木造亜鉛メッキ鋼版葺平屋建
　　　床 面 積　〇〇m²
第2　動産
　1　預貯金

(1)　金融機関　○×銀行△△町支店普通預金
　　　　　　　　　　（番号○○○）
　　　　金　額　金11,818,552円
　　(2)　金融機関　◇◇信用金庫○○支店普通預金
　　　　　　　　　　（番号○○○）
　　　　金　額　金34,483,410円
　　(3)　金融機関　ゆうちょ銀行通常貯金
　　　　　　　　　　（番号○○○－○○○）
　　　　金　額　金 3,276,254円
  2　現金　合計金 561,192円
　　(1)　金 500,000円
　　　　（遺言者居室内のゆうちょ銀行封筒に在中）
　　(2)　金 42,117円
　　　　（遺言者居室内の貯金箱在中の硬貨合計）
　　(3)　金 19,075円
　　　　（遺言者所有の財布在中のもの）
  3　その他の動産
　　(1)　パソコン1台　○○社製製造番号○○
　　　　（保管場所：自宅）
　　(2)　家財道具一式
　　　　（保管場所：自宅）
　　　　　　　　　　　　　　　　　　　　　　　　　　　以上

X　遺言の執行

1　預貯金および現金

　X氏名義の預貯金についての執行としては、預金を解約して払戻しを受けて甲に引き渡すか、または預金名義をX氏から甲に変更を行うことになる。

　いずれの方法で執行するかは、受遺者の意向や各金融機関から円滑迅速な

対応が得られるのはどちらかなどの点を考慮して選択する。

　X氏名義の各口座は、すべて普通預金口座であったため、定期預金口座とは異なり、途中解約による金利面の不利益などを考慮する必要性は小さい。

　また、甲自身も、名義変更した複数の口座を管理するよりも、払い戻した金額について自身の口座に入金を受けて管理することを希望している。

　各銀行の取扱いについて照会したところ、いずれの銀行も所定の必要書類を具備していれば、遺言執行者が払戻しを受けて一括で受領する場合と、名義変更を行う場合とで、特に差異はなく、いずれの方法でも対応は可能とのことであった。

　そこで、A弁護士は、「亡X遺言執行者弁護士A」名義での預り金口座を開設し、X氏名義の各口座について解約して残高の払戻しを受けたうえで、X氏の自宅内に残されていた現金とともに、預り金口座に入金して管理することとした。

　金融機関の口座の名義人が死亡した場合に、遺言執行者が一括して払戻しまたは名義変更を受けるために、以下①から⑦の書類が必要とされるのが一般である。もっとも、各金融機関によって取扱いが異なることもあり得るので、事前に確認をしておくべきである。金融機関によっては、ホームページにて必要書類等の案内をしているところもある。

① 遺言書原本の呈示および写しの提出
② 自筆証書遺言の場合、遺言書検認調書
③ 遺言執行者の指定または選任を証する書面
④ 遺言者の戸籍謄本または除籍謄本、住民票除票
⑤ 遺言執行者の印鑑登録証明書
⑥ 預金通帳および届出印
⑦ 当該金融機関所定の書式による相続手続依頼書

　①については、原本を呈示して、その場で写しをとってもらい、原本の返還を受けることになる。

　また、X氏の遺言書は、自筆証書遺言であるため、検認調書が必要とな

る（②）。

　遺言執行者の指定または選任を証する書面については、X氏の場合、遺言でA弁護士を執行者とする指定を行っているため、遺言書自体があれば足りる（③）。

　A弁護士は、各必要書類を揃え、口座について払戻しを受け、X氏の自宅内にあった現金とともに、口座や項目ごとに分けて、合計5013万9408円を預り金口座に入金した。

　A弁護士は、預金の払戻しおよび現金の確保を完了した。

2　他の動産

　他の動産としては、X氏の自宅内にあったパソコンや、家財道具一式などがある。

　これについては、A弁護士立会いの下、A弁護士が保管していた鍵でX氏の自宅を開錠し、甲が遺品整理業者を利用して、X氏の自宅内を整理し、パソコンを始め必要な動産については搬出し、不要な動産について適宜処分を行った。

　これにより他の動産については執行が完了した。

3　不動産

(1) 建物所有権および借地権の遺贈

　X氏は、甲に対し一切の財産を包括的に遺贈しているため、借地上の建物のみならず借地権も当然に遺贈の対象となっている。

　借地権が遺贈された場合は、遺言執行者は土地の所有者である土地賃貸人から借地権譲渡承諾を得る必要があり（民612条1項）、譲渡承諾が得られない場合には、裁判所に対し借地権譲渡の承諾に代わる許可の申立てを行うことになる（借地借家法19条1項類推適用）。

　この場合、建物の引渡しおよび移転登記に先立って上記承諾またはこれに代わる許可を得ておくべきである。

しかし、X氏から甲への遺贈は包括遺贈であり、受遺者は被相続人と同一の権利義務を有するものとされている（民990条）ことからすれば、賃貸人の承諾やこれに代わる許可は不要であるはずである。

とすれば、A弁護士としては、建物についての所有権移転登記を完了すれば、遺言執行者の執行業務は終了することになる。

(2) **関係者らの意向**

〈*Case* ⑥〉における賃貸人乙は、X氏の自宅周辺一帯の土地を所有している地主であり、X氏の生前は、一定の期日に近隣に住む借地人の住民同士で、地主に支払う地代を集め、全員分をまとめて手渡しで支払うという方法をとっていた。

そこで、A弁護士が、包括遺贈により甲に借地権が当然に承継された旨を通知し、今後、当面の間、甲が支払うべき地代の支払方法について賃貸人乙に確認するため連絡したところ、乙としては、近隣住民との借地関係は代々継続している信頼関係に基づいているものであり、X氏の生前に、借地権を他人に譲りたいという相談もなかったため、自分にとって見知らぬ第三者との関係で賃貸借契約を継続することは想定しておらず、あまり好ましくないことであり、地代も当面受け取る意思がない、などと話した。

他方、A弁護士が受遺者である甲の意向を尋ねたところ、甲としても、もともと自分が居住している自宅があるので、あえて転居してこれまで特に交流していなかったX氏の近隣住民らの中で生活をする意思はないとのことであった。甲としては、自分は建物に居住せずに、第三者に賃貸するか、売却したいと考えているとのことである。

(3) **借地権付建物買取り交渉についての受任**

このように、受遺者甲としても賃貸人乙としても、今後甲乙間で借地契約当事者としての関係を継続していくことは希望していないようである。

もっとも、X氏から甲への遺贈が包括遺贈であることからすれば、そもそも賃貸人乙による譲渡承諾は不要であり、これがなくても甲は借地権を乙に対抗できるはずである。

とすれば、遺言執行者の業務として建物の引渡しおよび所有権移転登記手続を進めることに障害はないから、これが完了すれば執行終了となり、その後借地権および建物を乙に買い取ってもらえるよう交渉することは、これらを取得した受遺者甲が自らの判断で行うことであって、本来の遺言執行者の業務の範囲外である。

　そこで、A弁護士は、甲や乙の意向からすれば、借地権付建物を乙に買い取ってもらうことが当事者の意向を調整しつつ遺言者X氏の遺言の内容を実現する方法として最適と考えられるものの、自己の遺言執行者の職務の範囲としては、建物所有権の移転登記を行うところまでであって、買取り交渉までは職務範囲外であることについて、甲に説明した。

　すると、甲は、借地権付建物の買取り交渉については、ほかに依頼できそうな弁護士の心当たりもないため、別途A弁護士に依頼したい、と相談してきた。

　〈Case ⑥〉においては、遺言者X氏について相続人はおらず、財産を承継するのは包括受遺者である甲のみであるから、遺言執行者であるA弁護士が受遺者甲の承継した借地権付建物についての買取り交渉の代理人に就任しても、他の相続人との利益相反や遺言執行者の職務の公正を害するといった問題が生じるおそれはない。

　そこで、A弁護士は、別途借地権付建物の買取り交渉について、本来の遺言執行者の職務とは別に甲から受任することとした。

　賃貸人乙による借地権および建物買取りが実現するのであれば、建物の所有権移転登記手続については、売買契約成立時に、X氏から甲への移転登記手続と甲から乙への移転登記手続とを共に行えばよいであろう。

　そこで、A弁護士は、借地権価格の査定を不動産業者に依頼し、賃貸人乙に対し【書式2-6-6】のとおり通知して、借地権買取り交渉を開始した。

【書式2-6-6】 借地権付建物買取のご提案（〈Case ⑥〉）

乙　様

平成〇年〇月〇日

〒〇〇〇－〇〇〇〇
東京都〇〇区〇〇町〇丁目〇番地〇号
〇〇法律事務所
　TEL：03－〇〇〇〇－〇〇〇〇
　FAX：03－〇〇〇〇－〇〇××
　弁護士　　　A

借地権付建物買取のご提案

拝啓　時下益々ご清祥のこととお慶び申し上げます。
　さて、当職は、亡X氏（本籍：〇〇、死亡年月日：平成〇年〇月〇日）の、平成〇〇年〇月×日付自筆証書遺言（検認年月日：平成〇年〇月〇日）により遺言執行者として指定を受け、かつ上記遺言書における受遺者である甲氏（住所：〇〇県〇〇市〇〇町〇丁目△番×号）より依頼を受けた代理人として、以下の通りご提案します。
　遺言者亡X氏は、上記遺言により、下記借地権を含む全ての財産を受遺者甲氏に包括遺贈しました。
　そこで、下記借地権対象地の所有者である貴殿に対し、甲氏からの下記借地権付建物の買取をご提案する次第です。
　価格につきましては、添付の査定報告書に基づき、金990万円にて貴殿にお買い取りをいただきたく、その旨申し入れます。
　ご検討のうえ、平成〇年〇月末日までに御回答をいただけますよう、宜しくお願い申し上げます。

敬具

記

契約日　昭和〇年〇月〇日
賃貸人　乙

```
賃借人  遺言者Ｘ
期　間  昭和〇年から20年間
目　的  建物所有
        所　　在  〇〇市〇〇区△△〇番地
        家屋番号  〇番の×
        種　　類  居宅
        構　　造  木造亜鉛メッキ鋼版葺平屋建
        床 面 積  〇〇㎡
対象地  〇〇市〇〇区△△〇番（宅地）の内〇〇㎡
```

以上

添付資料

・不動産価格査定報告書

(4) 借地権付建物売買契約の締結

〈*Case* ⑥〉における借地権付建物の買取り交渉については、その後賃貸人乙のほうから提出してきた査定書に基づき、買取り査定価格は570万円程度である旨の回答を経て、数回のやりとりの後、賃貸人乙が、Ｘ氏の死後売買契約成立時までの地代の請求および甲に対する建物解体費用の請求を放棄し、公租公課については引渡しの時点を基準として引渡し以前は売主が、以後は買主が負担するという条件で、750万円で借地権付建物売買契約が成立した。

そして、遺言者Ｘ氏の遺言執行者Ａ弁護士から甲への遺言による借地権付建物の所有権移転登記手続、および甲から乙への売買による所有権移転登記手続を完了し、乙より、「亡Ｘ遺言執行者Ａ」名義の預り金口座宛てに売買代金750万円が振り込まれた。

XI 執行の完了

以上のとおり、A弁護士は預貯金および現金の確保、および建物所有権移転登記手続を含む借地権付建物売買契約締結と売却代金の確保を完了した。

そこで、A弁護士は、受遺者甲に対し、遺言執行者の弁護士報酬請求書並びに借地権付建物買取り交渉の弁護士報酬請求書、および立替実費（死亡診断書発行手数料、謄本取得費用、検認手続申立印紙代、登録免許税等）の明細書を添付し、遺産および借地権付建物売却代金を確保したこと等、事務処理の概要について報告書を作成した（【書式2-6-7】参照）。

甲がこれを了承したため、A弁護士は、確保した金額から弁護士報酬、立替実費、および振込手数料を控除し、甲に送金を行った。

これにより、A弁護士はすべての遺言執行業務を完了した。

【書式2-6-7】 執行完了顛末報告書（《Case ⑥》）

執行完了顛末報告書

亡X
相続人甲殿

〒○○○-○○○○
東京都○○区○○町○丁目○番地○号
○○法律事務所
TEL：03-○○○○-○○○○
FAX：03-○○○○-○○××
遺言執行者 弁護士A

本　　籍　　○○県○○市○○町○丁目○番地○号
最後の住所　○○県○○市○○町○丁目○番地○号
遺言者　　　亡X

上記遺言者の平成〇年〇月〇日付自筆証書遺言の遺言執行者としての、遺言の執行状況について、別紙の通り、執行の顛末を報告いたします。

以上

(別紙)

1　遺言者Xの平成〇〇年〇月△日付自筆証書遺言は添付の遺言書写しの通りである。
2　遺言書に基づき遺言執行者が調整した財産目録は添付の通りである。
3　添付の財産目録記載の財産の移転状況については以下の通りである。
 (1)　預貯金について
　　ア　平成〇年〇月〇日、〇×銀行△△町支店に赴き、普通預金を払い戻し、金11,818,552円を、〇〇銀行の「亡X遺言執行者弁護士A」名義の預かり金口座に送金して確保した。
　　イ　平成〇年〇月〇日、ゆうちょ銀行本店〇〇出張所に赴き、通常貯金を払い戻し、金3,276,254円を、〇〇銀行の「亡X遺言執行者弁護士A」名義の預かり金口座に送金して確保した。
　　……
 (2)　現金について
　　平成〇年〇月〇日、遺言者の居室内及び遺言者の携帯していた財布に在中していた現金合計金561,192円を、〇〇銀行の「亡X遺言執行者弁護士A」名義の預かり金口座に預け入れて確保した。
 (3)　借地権付建物について
　　平成〇年〇月〇日、対象地所有者乙及び甲との間で別紙売買契約書の通り借地権付建物の売買契約が成立したため、同日乙より売却代金7,500,000円について「亡X遺言執行者弁護士A」名義の預かり金口座への送金を受けてこれを確保した。
　　同日、司法書士〇〇に依頼し、借地権付建物について遺贈による甲への所有権移転登記手続及び売買による乙への所有権移転登記手続を完了した。
　　……

添付資料

・遺言書写し
・財産目録
・〇〇銀行「亡 X 遺言執行者弁護士 A」名義の預かり金口座の預金通帳履歴

　本稿は、複数の事例を組み合わせるなどして構成したものであり、実際の事例とは異なる。

第7章 遺留分減殺請求

I 事案の概要

〈Case ⑦〉

X弁護士の下に、顧問会社の社長から、うちの従業員が相続問題で困っているらしいので相談に乗ってくれないかという連絡があった。

相談者からは、相続財産である土地の上に相続人所有の建物があり、その土地の評価が問題となり、また相続人の中に被相続人の財産の使い込みを行っている者がいる可能性がある、とのことである。

II 実務上のポイント

〈Case ⑦〉における実務上のポイントは、以下の2点である。
① 相続人所有の建物がある場合の相続財産である土地の評価
② 相続人の一部が相続財産である預金を費消したと思われる場合の対応

Ⅲ 初回打合せ

1 相談内容

X弁護士は、早速事務所で本人と会って事情を聞くことにした。依頼者の甲野一郎氏は55歳の男性であり、妻の甲野花子氏と2人で来所した。

> 甲野一郎：今日はよろしくお願いします。実は、私の母が昨年の11月に他界したのですが、最近になって、遺産のすべてを弟に相続させるという内容の遺言書をつくっていたことがわかりました。確かに、亡くなる前は弟夫婦が母の面倒をみていましたが、それまではずっとうちが面倒をみていたのに、あんまりです。
>
> 甲野花子：私たちは別に遺産が欲しくて面倒をみていたわけではないんですよ。ただ、二郎さんはずっとお義母さんのことなんてほったらかしにしていたのに、お義母さんの具合が悪くなったら急に取り入って、それであんな遺言を書かせるなんて。
>
> 甲野一郎：先生、私は母の遺産を全く相続できないのですか。
>
> X弁護士：まあまあ、落ち着いてください。まずは基本的な事実関係を確認しましょう。その遺言書をお持ちでしたらみせていただけますか。
>
> 甲野一郎：はい。

X弁護士は、甲野一郎（以下、「一郎」という）が持参した遺言書の写しを確認した。遺言書は、平成23年1月10日作成の遺言公正証書（以下、「本件遺言書」という）であり、遺言者の甲野和子が、自分の死後、全財産を二男の甲野二郎（以下、「二郎」という）に相続させる旨が記載されていた。

> X弁護士：お母様の配偶者、つまりお父様はご存命ですか。
> 甲野一郎：父はだいぶ前に病気で亡くなっています。
> X弁護士：お母様の子どもは何人ですか。
> 甲野一郎：存命なのは私と弟の2人だけです。私と弟の間に妹がいたのですが、子どもの頃に病気で亡くなってしまいました。

　X弁護士が聞き取った範囲で親族関係図を作成すると、以下のとおりとなる。和子の相続人は、一郎と二郎の2名だけのようである。

[関係図]

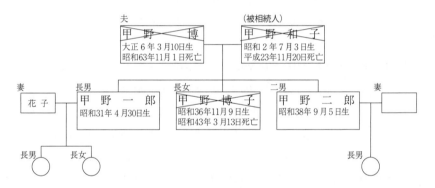

> X弁護士：先ほど、最近になって遺言書をつくっていたことがわかったとおっしゃっていましたが、この遺言書がみつかるまでの経緯を簡単に教えていただけますか。
> 甲野一郎：母は、父が亡くなってしばらくしてから、わが家の近くに中古マンションを購入して一人暮らしをしていました。母は高齢でしたし、あまり体の具合もよくなかったので、私や妻がしょっちゅう母の家に行って、買い物をしてあげたり食事の支度を手伝ったりしていました。ところが、母が亡くなる1

年半くらい前、急に、弟夫婦が母を引き取って同居することになりました。弟と私は昔から折り合いが悪く、ほとんど連絡を取り合うことはなかったものですから、母が弟夫婦と同居を始めてからは母ともたまにしか会わなくなってしまいました。遺言書は、母が弟のところに行ってから書かれたものですが、母はそんな遺言書を書いたなんて言っていませんでしたので、どういう経緯で書かれたものかは私にはわかりません。母が亡くなってから遺産分割がされないままになっていたので、先日、話合いをしようと久しぶりに弟に連絡をとったところ、弟が、母の遺産は自分が全部相続したと言って、その遺言書をみせてきたのです。

X弁護士：お母様はどういう経緯で弟さん夫婦と同居することになったのですか。

甲野一郎：母は慢性の心不全を患っていたのですが、3年くらい前に、体調が悪化して1カ月ほど入院したことがあったのです。それまで、弟はほとんど母のところに顔を出すこともなかったのですが、入院以来急に母の許を頻繁に訪ねるようになって、食事や旅行に連れて行ったりするようになりました。母はすっかり弟に気を許し、一緒に暮らそうという弟の誘いに乗り気になってしまいました。それで、平成22年の4月初め頃、母は自宅マンションを売って弟夫婦の家に引越しました。

甲野花子：二郎さん夫婦は、お義母さんの体のことを考えずにあちらこちらに連れまわしていましたし、本当にきちんと面倒をみられるのか心配だったので、私たちは同居に反対したんです。でも、お義母さんは同居すると言って聞かなくて。引越しをした頃には、私たち夫婦のことを煩わしがるようになってしまっていました。

X弁護士：お母様は遺言書が作成された頃、認知症などで、判断能力が

低くなっていたということはありましたか。
甲野一郎：いいえ、母は亡くなる直前まで頭のほうはしっかりしていました。体の具合がよくなかったので多少気弱になっていたところはあると思いますが。

　一郎らの話を前提とすると、二郎が和子に働きかけて遺言書を作成させた可能性はあるものの、和子の遺言能力には問題がなさそうであり、本件遺言書自体の無効を主張することは難しそうである。そうすると、〈Case ⑦〉は、遺留分減殺請求を検討することになろう。
　なお、本件遺言書のように、全財産を特定の相続人1名に相続させる旨の遺言は、基本的には、当該相続人の相続分を全部としたうえで、相続財産全部を当該相続人に移転させる旨の遺産分割方法を指定したものと解される（最判平成21・3・24民集63巻3号427頁等参照）。民法の明文上は、遺留分減殺請求の対象となるのは遺贈と贈与のみであるが（民1031条）、一般に、相続分の指定についても減殺の対象となり、遺留分侵害の限度で効力を失うと解されている（最決平成24・1・26判時2148号61頁等参照）。

2　相続財産の確認

　X弁護士は、遺留分減殺請求を行うことを念頭に、どの程度の相続財産があるかを確認することにした。

X弁護士：ところで、遺言書には全財産を弟さんに相続させるとありますが、亡くなった際のお母様の財産にはどのようなものがあるかわかりますか。
甲野一郎：弟と母の共有名義となっていた土地があります。あとは、預貯金だけだと思います。
X弁護士：その土地はどんな使われ方をしていましたか。
甲野一郎：弟の自宅が建っています。母が亡くなる前に弟と同居してい

> た家です。
> X弁護士：建物のほうは弟さんの単独名義なのですか。
> 甲野一郎：はい。

　X弁護士が一郎から聞き取ったところによれば、上記土地（以下、「本件土地」という）上に二郎の単独所有の建物が建築されるまでの経緯は次のとおりである。

　もともと、本件土地は、昭和30年頃に一郎の父の博が購入したものであり、博が自宅建物を建てて和子と住んでいた。昭和63年に博が死亡した後、遺産分割協議により、本件土地と土地上の建物の双方を、和子と二郎とがそれぞれ持分2分の1ずつ相続した。土地上の建物は、和子が平成10年頃に一郎の自宅近くのマンションに引越した後は一時空き家となっていたが、和子と二郎が相談し、平成12年に、老朽化が進んでいた建物を取り壊し、二郎が単独で自宅を新築して夫婦で住むようになった。

　一郎によると、本件土地は高級住宅街の一画にあり、かなりの価値があるだろうとのことである。

> X弁護士：次に、預貯金についてですが、お母様の預貯金はどのくらいあったかわかりますか。
> 甲野一郎：はい。銀行から開示を受けた取引明細がありますので、持ってきました。母の預金が、弟との同居後にすごく減っていて、私たちは、弟夫婦が勝手に使ったのではないかと思っています。

　一郎が持参した取引明細をみると、相続開始時（平成23年11月20日）の預金残高は約2500万円であった。和子が二郎と同居を開始した平成22年4月における預金残高は約4500万円であり、同居後の約1年7カ月の間に、約2000万円減少していることになる。なお、和子の死亡後、二郎により、上記預金

は全額引き出されているようである。

> X弁護士：確かに、だいぶ減っていますね。弟さんが勝手に使ったと思う理由は何ですか。
> 甲野一郎：母は、預金通帳やキャッシュカードを弟に預けており、財産のことは弟に全部任せてあると言っていました。弟との同居前は、母の生活費は年金で十分賄えていましたし、同居を始めた後に何度か母と会った時も、母が大きな買い物をしたような話を聞いたことがありませんので、母が自分のために2000万円も使ったとは思えません。
> X弁護士：預金が減っている理由について、弟さんは何と言っているのですか。
> 甲野一郎：一度、電話で聞いてみたのですが、全部母に頼まれて母のために使ったと繰り返すだけで、全く具体的な使い途を言おうとしませんでした。私が問い詰めたら、弟は「今更何を言っているんだ。変な言いがかりをつけるな」と怒鳴り、電話を切ってしまいました。その後、何回か電話をしても弟が電話に出ないので、一度、自宅を訪ねてみましたが、玄関先に出てきた弟は、私たちのことを大声で罵倒するだけで、まるで話合いになりませんでした。

3　受　任

基本的な事実関係の聴取を終えたX弁護士は、一郎らに対し、本日聴取した事実関係を前提とする限り、本件遺言書自体を無効ということは難しいと考えられること、和子の負債や一郎への生前贈与等の有無にもよるが、遺留分減殺請求を行うことで、相続財産の4分の1程度を取り戻せる可能性があることを説明した。

一郎によれば、一郎の知る限り和子が借金をしたことはなく、和子から生前贈与も受けたことがないとのことであり、二郎に対する遺留分減殺請求等の手続の一切をX弁護士に委任したいとのことであったので、X弁護士は受任することにした。

> 甲野一郎：先生、弟と裁判をすることになるのでしょうか。
> X弁護士：弟さんと話合いで解決することができれば一番よいのですが、これまでの経緯からするとなかなか難しそうですので、裁判所を利用して解決することになりそうですね。ただ、遺留分に関する事件は、いきなり訴訟を提起するのではなく、家庭裁判所の調停を経ることになっていますので、まずは、調停申立を行うことになると思います。調停では、中立的な第三者である調停委員を介して話合いを行いますので、弟さんも、調停の場であれば、話合いに応じるかもしれませんね。
> 甲野一郎：わかりました。よろしくお願いします。

IV　初回打合せ後の調査

　初回打合せ後、X弁護士は和子の相続人調査を行った。前記関係図のとおり、和子の相続人は一郎と二郎の2名だけで間違いないようであった。
　また、X弁護士が本件土地の登記事項証明書を取得して内容を確認したところ、和子の有していた本件土地の持分2分の1は、平成23年11月20日相続を原因として、二郎に移転されていた。

V　内容証明郵便の発送

　遺留分減殺請求権行使の意思表示は、相続の開始および減殺すべき贈与ま

たは遺贈があったことを知った時から1年以内に行う必要がある（民1042条。第1編第2章Ⅱ4参照）。初回打合せ（平成24年8月）の時点で相続開始時から約9カ月が経過していたが、一郎が本件遺言書の存在を知ったのは最近とのことであるので、一応、当面は時効の点は問題がなさそうである。

　もっとも、一郎が本件遺言書の存在を知った時期について後に争われる可能性も十分に考えられるので、遅くとも相続開始時から1年が経過する前に、遺留分減殺請求権行使の意思表示をしておいたほうが安全であろう。なお、親族間の紛争の場合、いきなり弁護士から文書を送付すると、相手方の態度が硬化し、話合いによる解決が困難となる場合もあるが、〈*Case* ⑦〉では、そもそも任意の話合いによる解決は期待できないであろう。

　X弁護士は、相続人調査完了後すぐに、一郎の了承を得て、二郎に対し、一郎の代理人として、遺留分減殺請求の通知書を内容証明郵便で発送した（【書式2-7-1】参照）。なお、二郎からの回答は期待できないと思われるが、一応、相続財産目録の開示を求める旨をあわせて記載することとした。

【書式2-7-1】　遺留分減殺通知書（〈*Case* ⑦〉）

遺留分減殺請求通知書

　冠省　当職は、甲野一郎（以下「通知人」といいます。）から依頼を受けた代理人として、貴殿に対し、以下のとおりご連絡いたします。

　貴殿もご承知のとおり、平成23年11月20日、通知人及び貴殿の母である甲野和子（以下「被相続人」といいます。）が亡くなり、相続が開始しました。

　被相続人の相続人は通知人及び貴殿の2名ですが、被相続人は、平成23年1月10日付遺言公正証書により、全財産を貴殿に相続させる旨の遺言（以下「本件遺言」といいます。）をしていました。通知人は、平成24年8月1日に、本件遺言の存在を知りました。

　通知人の遺留分は被相続人の全財産の4分の1にあたりますが、本件遺言は、通知人の遺留分を侵害しています。

　よって、通知人は、本書をもって、貴殿に対し、遺留分減殺の請求をいたし

ます。
　ついては、通知人に返還されるべき財産の範囲を確定する必要がありますので、お手数ですが、被相続人の財産目録を適宜の様式で作成の上、本書面受領後2週間以内に、当職宛てにお送り下さい。
　なお、本件に関しては当職が代理人として貴殿との交渉の任に当たりますので、以後、本件に関する御連絡は当職までお願いいたします。

草々

平成24年9月10日
　　　　通知人　　　甲　野　一　郎
　　　　通知人代理人
　　　　東京都中央区○○○○
　　　　○○法律事務所
　　　　　　弁護士　○　○　○　○

　　　　被通知人　東京都渋谷区○○○○
　　　　　　　　甲　野　二　郎　殿

VI　問題点の検討

　X弁護士は、調停申立ての準備を進めるとともに、〈*Case* ⑦〉で問題となる点を整理・検討することにした。

1　調停の種類

　前記のとおり、全財産を特定の相続人1名に相続させる旨の遺言は、基本的には、当該相続人の相続分を全部としたうえで、相続財産全部を当該相続人に移転させる旨の遺産分割方法を指定したものと解されている。このような遺言がなされた場合、遺留分減殺請求の意思表示が行われた後の調停は、どのような種類の調停によるべきだろうか。
　この点、遺言により、遺留分を超える相続分の指定がなされたのみにとど

まる場合は、遺留分減殺請求により、遺言は減殺請求者の遺留分を侵害する限度で効力を失い、その結果、遺留分権利者および被減殺相続人の全相続財産上に有する権利承継の割合が修正され、その修正された割合による遺産共有状態を生じることになるから、共有関係の解消は遺産分割手続によるべきと解されている（司法研修所編『遺産分割事件の処理をめぐる諸問題』55頁）。

これに対し、全財産を包括的に相続させる旨の遺言がなされた場合は、遺言者において、遺産分割手続を経由することなく、直ちに物権的に当該相続人に権利取得の効果を生じさせることを意図していると解されるから、遺留分減殺請求が行われたからといって、当該相続人の地位を遺産に対する価値的・割合的なものへと変質させることは妥当でない。そこで、このような場合は、当該相続人が相続した財産が、遺留分を侵害する限度で減殺請求人に移転し、個別の財産について物権的な共有状態が生じると解されている。

したがって、共有関係の解消は、民法上の共有物分割請求によることとなり、調停の種類としては、遺産分割調停ではなく、いわゆる一般調停事件（遺留分減殺による物件返還請求調停）となる（司法研修所・前掲63頁、64頁および70頁。第1編第4章XIも参照）。遺産分割調停と異なり、調停が不調に終わった場合は審判に移行しないため（家手272条4項）、別途民事訴訟で解決することとなる。

なお、遺留分減殺請求において、減殺対象となる財産の選択や特定はできないとされているので（東京地判昭和61・9・26家月39巻4号61頁。第1編第5章V参照）、すべての相続財産につき、一部減殺の効果が生じることになる。

2　本件土地の評価額

一郎の具体的遺留分侵害額を算定するためには、本件土地の評価額を算定する必要がある。本件土地上には、二郎の単独所有に係る自宅建物が建っているため、本件土地価格の評価にあたって当該建物の存在をどのように考慮するかが問題となる。

X弁護士が調べたところ、遺産分割についての審判例であるが、被相続

人の所有する土地上に、相続人の1人が、被相続人の許諾を得て建物を建て当該土地を無償で使用していたという事案において、遺産分割の結果、当該土地を地上建物の所有者である相続人に所有させる場合には、当該土地は自己使用を前提として評価するのが相当である等として、更地価額で評価した例がいくつかあった（大阪高決昭和49・9・17家月27巻8号65頁、福岡高決昭和58・2・21家月36巻7号73頁、東京家審昭和61・3・14判例集未登載等）。

〈Case ⑦〉のように、遺言により土地を地上建物の所有者が単独で相続することとなった場合でも、当該相続人が他人の使用権の負担のない土地を取得することとなる点において違いはないから、同様の考え方は妥当すると考えられる。調停にあたっては、本件土地を更地価額で評価すべきと主張してもよさそうである。

なお、この点に関しては、実務上、使用借権が設定されている土地として使用借権減価をしたうえ、当該使用借権評価額相当の利益を、建物を所有する相続人の特別受益として持ち戻すことで、結局更地として評価するという二段評価をする考え方が主流とされているようである（片岡武＝管野眞一編『家庭裁判所における遺産分割・遺留分の実務〔新版〕』234頁）。

もっとも、〈Case ⑦〉では、土地が被相続人（和子）と相続人（二郎）の共有となっており、そもそも、二郎は自己の共有持分に基づいて本件土地の全部を使用収益することが可能なのであるから、使用借権が設定されているといえるかは疑問が残る。また、こちらから使用借権減価の点を取り上げるメリットはないであろう。

検討の結果、X弁護士は、シンプルに、更地としての評価を前提に本件土地の評価額を主張することとし、知り合いの不動産鑑定士に依頼し、本件土地を更地として評価した場合の評価額について鑑定意見書を書いてもらうことにした。

3 預金の減少

前記のとおり、和子名義の預金口座（以下、「本件預金口座」という）の残

高は、二郎との同居開始後の約1年7カ月の間に、約2000万円減少している。遺留分算定基礎財産の算定にあたって、この点をどう評価するかが問題となる。

　X弁護士は、一郎が持参した本件預金口座の取引明細をあらためて確認した。本件預金口座は、和子の年金の受給口座になっており、2カ月に1度、約30万円が振り込まれている。他方、出金の履歴をみると、毎月50万円程度が引き出されており、上記年金額からすると、1カ月あたりでは平均35万円程度の赤字となっている。同居開始前数年間の和子の預金残高は3000万円程度で推移しており、大きな増減はないことから、一郎の言うとおり、同居開始前は年金で生活費を賄えていたようである。

　そのほか、まとまった出金としては、同居開始翌月の平成22年5月10日に500万円、同年8月3日に500万円、平成23年4月3日に300万円が現金で引き出されていた。

　本件預金口座の残高は、同居開始直後に、和子が売却したマンションの代金1500万円が振り込まれ、預金残高が約4500万円となった時点が最も高額であり、その後は、上記のとおり、相続開始時まで減り続けている。

　高齢の和子1人の生活費としては、月額50万円もの支出は多すぎるように思われるし、300万円から500万円ものまとまった金額が引き出されているにもかかわらず、使途についての具体的な説明を拒む二郎の態度も不自然である。二郎が本件預金口座の通帳やキャッシュカードを管理していたとのことであれば、一郎が述べるように、二郎が和子の預金を使い込んだ可能性もあると思われる。

　もっとも、現時点では、預金の管理状況や使途についての二郎の主張が明らかになっていない。このため、X弁護士は、調停申立ての段階では、二郎による使い込みの主張や返還の請求をせず、調停の中で、預金の使途についての説明を求めていく方針をとることとした。

VII 調停申立て

　遺留分減殺通知書が二郎に到達してから1カ月が経過したが、二郎からは何ら連絡がなかった。

　X弁護士は、東京家庭裁判所に、遺留分減殺による物件返還請求調停の申立てを行った。また、不動産鑑定士から、本件土地の更地評価額を2億2000万円とする鑑定意見書が届いたので、本件預金口座の取引明細と合わせ、資料として申立て時に提出することとした。

　調停申立書記載の申立ての趣旨および申立ての実情は、【書式2-7-2】のとおりである。

【書式2-7-2】　調停申立書（抜粋）──「申立の趣旨」「申立の実情」（《Case ⑦》）

申立の趣旨

1　相手方は、申立人に対し、相手方が被相続人甲野和子から相続した別紙物件目録記載の土地の共有持分につき、その時価の4分の1に相当する物件を返還する
2　相手方は、申立人に対し、相手方が被相続人甲野和子から相続した別紙預金目録記載の預金の4分の1に相当する金員を返還する
との調停を求める。

申立の実情

1　被相続人甲野和子（以下「被相続人」という。）は、平成23年11月20日に死亡し、相続が開始した。相続人は子である申立人と相手方の2名のみであり、その法定相続分は各2分の1である。
2　被相続人は、平成22年4月10日ころから死亡まで、相手方の自宅で相手方と同居していた。
3　被相続人は、平成23年1月10日、被相続人の全財産を相手方に相続させる

旨の公正証書遺言（以下「本件遺言」という。）をした。
4　現時点で判明している限り、被相続人の相続財産としては、別紙物件目録記載の土地の共有持分（以下「本件土地持分」という。）及び別紙預金目録記載の預金（以下「本件預金」という。）がある。本件土地の評価額は2億2000万円（資料1／鑑定意見書）であり、本件土地持分の評価額はその2分の1の1億1000万円である。また、相続開始時の本件預金の残高は、2505万1200円である。したがって、現時点で判明しているだけでも、相続財産の評価額は1億3505万1200円になる。
5　本件遺言による相続は、申立人の遺留分を侵害するものである。申立人の遺留分割合は4分の1であり、申立人の遺留分侵害額は前記4の相続財産の評価額の4分の1である3376万2800円を下ることはない。
6　相手方は、本件遺言に基づき、本件土地持分につき、平成23年11月20日相続を原因として相手方への持分全部移転登記手続を行った。
7　申立人は相手方に対し、平成24年9月12日到着の内容証明郵便により、本件遺言につき遺留分減殺請求の意思表示を行うとともに、遺留分額の算定のために相続財産目録の提出を求めた。しかし、相手方からはこれに対する回答が一切ないことから、申立の趣旨記載の通りの調停を求める。
8　なお、前記4記載の財産は、申立人が現時点において把握しているものに過ぎず、申立人には、相続財産の範囲をこれに限定する意図はない。相続財産の全容を明らかにするため、申立人は相手方に対し、相続人の相続にかかる相続税の確定申告書の控えの提出を求める。
9　また、相手方は被相続人との同居を開始して以降、本件預金の預金通帳、印鑑及びキャッシュカードを管理していたところ、本件預金の残高は、被相続人が相手方に居住するようになった直後の平成22年4月20日の時点では4521万3210円であったが、前記のとおり、相続開始時には2505万1200円であり、わずか1年7か月あまりの間に、2016万2010円も減っている。申立人は相手方に対し、本件預金の使途についての説明とその根拠となる資料の提出を求める。

以上

　なお、家事事件手続法の施行後は、家事調停申立書には、「申立の趣旨及び理由」と、「事件の実情」を記載しなければならないとされ（同法256条2

項2号、家手規37条1項)、原則として調停申立書の写しが相手方へ送付されることとなった（家手256条1項。なお、東京家庭裁判所においては、申立書以外に、定型の「事情説明書」の提出が求められている）。このため、当事者の感情的な対立が激しい場合など、申立人側の主張を直接相手方に伝えることが好ましくないと思われるような場合には、「申立の理由」および「事件の実情」の記載は極力簡潔なものにとどめるということが実務上しばしば行われる。これに対し、〈Case ⑦〉のような経済的な紛争に関する事案では、ある程度具体的に記載したほうが、円滑な手続の進行に資するであろう。

VIII 第1回調停期日

　申立てから1カ月半後に第1回調停期日が開かれた。申立人は、X弁護士と一郎が出頭し、相手方は二郎が出頭した。第1回調停期日の時点では、二郎は弁護士に手続委任をしていないようである。

　期日では、まず申立人側が調停委員と面談を行った。X弁護士は、調停委員に、申立てに至る経緯、本件預金の管理状況、二郎が本件預金の使途についての説明を拒んでいること等を説明し、使途について客観的な資料に基づく合理的な説明がなければ、減少した預金相当額についての損害賠償請求権または不当利得返還請求権が相続財産に含まれると考えるべきであると述べた。

　続いて、二郎が申立人側と交替して調停委員と面談を行い、その後、二郎と交替で、再び申立人側が調停委員と面談を行った。

調停委員：二郎さんは少々興奮しているようで、おっしゃっている内容が判然としないところもあるのですが、お話を総合すると、二郎さんの主張としては、一郎さんが多額の生前贈与を受けており、また、二郎さんはお母さんに多額のお金を貸していたので、遺留分侵害はないということのようです。調停委員

> からは、次回期日までに、生前贈与や貸付けについて、具体的な時期や金額を整理していただくことと、裏付けとなる資料があれば提出いただくことをお願いしました。また、預金については、二郎さんが管理していたが、引き出したお金は全額、お母さんの了承を得て、お母さんのために使ったとおっしゃっています。こちらについても、次回までに、具体的な使い途を整理し、裏付け資料を提出するようお願いしました。
>
> X弁護士：わかりました。

期日終了後にX弁護士が一郎に確認したところ、一郎は、生前贈与を受けたことは一度もなく、和子が二郎に借金をしていたなどと聞いたこともないとのことであった。X弁護士は、一郎に対し、次回期日には具体的な主張が出てくるであろうから、その内容をみた後に、個別に反論をすることになると説明した。

IX 不調による調停終了

1カ月後、第2回の調停期日が開かれた。申立人側は、X弁護士のみが出頭した。本期日より二郎の手続代理人にY弁護士が就任したとのことで、相手方側は、Y弁護士のみが期日に出頭した。

まず、相手方側が先に調停委員と面談を行うことになり、Y弁護士が調停室に入室したが、10分足らずで面談が終了したようであり、調停委員が、交替で入室するようX弁護士をよびにきた。

相手方側から具体的な反論や説明が行われたならば、もう少し時間がかかるはずである。不思議に思いながらX弁護士が入室すると、調停委員は、X弁護士に対し、「申立人に遺留分の侵害がないことは、前回期日で述べたとおりであり、相手方は、遺留分減殺について話合いをする意思はない」等

と記載された相手方代理人作成の準備書面の写しを交付した。

> 調停委員：相手方としては、本件を調停で解決する意思はないので、不調により終了させたいとのことです。前回の期日では資料を提出して反論を行うような意向でしたので、調停委員としても驚いています。
> X弁護士：方針が変わった理由について、相手方代理人は何か述べていましたか。
> 調停委員：特に何もおっしゃっていませんでした。相手方の意向は固いようですので、残念ですが、本件は不調により終了させるしかないかと思っていますが、よろしいでしょうか。
> X弁護士：わかりました。

X 打合せ

X弁護士は、一郎と打合せを行い、調停が不調に終わったことを報告した。

> 甲野一郎：弟が急に態度を変えた理由は何でしょうか。
> X弁護士：先方に代理人がついたので、代理人の方針かもしれませんね。主張する事実について厳格に立証が求められる訴訟のほうが、有利に進められるという判断かもしれません。もっとも、弟さんが絶対に話合いには応じないと言い出した可能性もありますし、よくわかりません。いずれにせよ、今後は、速やかに訴訟提起を行うことになります。
> 甲野一郎：わかりました。よろしくお願いします。

XI 訴状の作成

　X弁護士は、訴状の作成を進めることにした。訴訟の場合、遺留分減殺請求権行使の結果遺留分権者に帰属した権利に基づく請求を行うことになる。したがって、本件土地については、遺留分減殺請求の結果一郎に帰属することとなる8分の1の共有持分について、移転登記手続を求めることになり、相続開始後に二郎が引き出した預金については、不当利得に基づき、相続開始時の本件預金の残高の4分の1の返還を請求することになる。なお、民法1041条により、減殺を受ける受贈者等は、価額弁償を行うことで現物返還を免れることができるが、同条は、財産の分割によって生じる経済的・社会的価値の喪失を避け、現物としての一体性を維持するという、受遺者等の利益のための規定であり、減殺請求者側から価額弁償を請求することはできないと解されている（第1編第5章V3参照）。

　和子の生前に引き出された預金については、どのような請求を行うべきであろうか。調停申立段階では、二郎から使途についての説明を受けてから具体的な請求を行う方針としたが、二郎が預金を管理していたことはほぼ間違いがないようであり、現時点に至っても、使途についての具体的な説明を何ら行っていないことからすれば、預金を無断費消したとして、費消金額の4分の1を請求に加えてよいように思われる。

　なお、〈Case ⑦〉のように、相続人による被相続人の預金の使い込みが疑われて紛争となる事案は、実務上非常に多い。このような場合、費消した金額相当額の不法行為に基づく損害賠償請求権または不当利得返還請求権が遺留分算定基礎財産に含まれるとする構成や、預金を管理する相続人の特別受益にあたるとする構成が考えられるが、どのような構成によるかは、預金を管理していた相続人の主張内容や、時効期間を考慮のうえ決定することになる。

　〈Case ⑦〉では、二郎は、預金はすべて和子の依頼により同人のために使

ったと主張しているようであり、和子からもらったとは述べていないことから、不法行為構成または不当利得構成が選択肢となろう。いずれの構成も考えられるところであるが、〈Case ⑦〉では、最初の引出しからまだ3年が経過していないことから、さしあたり、X弁護士は、不法行為構成をとることとした。

次に、二郎のどのような行為を不法行為として特定するかが問題となる。二郎が、引き出した金員を、自己のために使った行為を不法行為とすることも考えられるが、使途が明らかでない以上、具体的な費消行為を特定することは困難であろう。この点、取引明細からは、二郎が預金を引き出した日付と金額は明らかになっているので、X弁護士は、個々の引出し行為を不法行為に該当すると構成することとした。前述のとおり、本件預金口座には和子の年金が定期的に入金されており、同居期間中に引き出された現金の総額は、2300万円程度になる。この中には、和子のために引き出されたものも含まれていると思われるが、二郎自身のための引出しと区別することは困難であるので、訴訟提起の段階では、すべての引出しを不法行為に該当すると主張することもやむを得ないだろう。また、遅延損害金の起算日は、各引出し日とすることも可能だが、請求が区々となるのも煩雑であるので、相続開始日を起算日として遅延損害金を請求することとした。

検討の結果、X弁護士は、訴状の請求の趣旨を、【書式2-7-3】のとおりとすることにした。

【書式2-7-3】 訴状（抜粋）——請求の趣旨（〈Case ⑦〉）

1　被告は原告に対し、別紙物件目録記載の土地について、平成24年9月12日遺留分減殺を原因として、8分の1の共有持分移転登記手続をせよ。
2　被告は原告に対し、金626万2800円及びこれに対する本訴状送達の日の翌日から支払い済に至るまで、年5分の割合による金員を支払え。
3　被告は原告に対し、金579万0502円及びこれに対する平成23年11月20日から支払い済に至るまで、年5分の割合による金員を支払え。

4　訴訟費用は被告の負担とする。
との判決並びに第2項につき仮執行宣言を求める。

　請求の趣旨2項が相続開始時の預金についての不当利得返還請求、同3項が預金の無断費消についての損害賠償請求である。

XII　訴訟提起前の打合せ

　X弁護士は、完成した訴状案を一郎に送付し、訴訟提起前の最終確認の打合せを行うこととした。

甲野一郎：訴状案を拝見いたしましたが、事実関係について特に気になるところはありませんでした。1点確認させていただきたいのですが、母の土地については、お金ではなく8分の1の登記を求めることになるわけですか。

X弁護士：はい。遺留分減殺請求をすると、それぞれの財産について、遺留分侵害があった限度で、遺留分権者に戻ってくることになりますので、一郎さんは、本件土地の共有持分8分の1を有していることになります。弟さんに対しては、実体どおりに登記名義を移転せよと請求することができますが、いきなり、共有持分の価格相当のお金を請求することはできません。8分の1の共有持分だけ持っていても仕方がないので、判決でこちらの請求が認容されたなら、別途、共有物分割の訴訟を提起し、土地の分割を求めたり、土地全体を弟さんに取得させたりする代わりに代償金の支払を求めることになります。

甲野一郎：また訴訟をしなければならないのですか。

X弁護士：弟さんが徹底的に争うということであれば、そうせざるを得

　　　　　ないですね。もっとも、この訴訟の中で、土地全体を弟さんのものとし、こちらは金銭の支払いを受けるという和解をすることは可能ですし、おそらく、どこかでそのような話が出ると思います。

甲野一郎：わかりました。

X弁護士：それと、預金の減少の点については、訴状では、お母様と弟さんの同居期間中に引き出された全額について不法行為が成立することを前提に、請求金額を算定しています。ただ、引き出された中にはお母様の生活費などにあてられたものが含まれていると思いますし、当方が、弟さんの使い込みを立証する必要がありますので、全額について請求が認められる可能性は低いと考えておいてください。

甲野一郎：わかりました。

XIII 訴訟提起

　訴状の内容について一郎の了承が得られたので、X弁護士は、東京地方裁判所に訴訟を提起した。

　相続財産および遺留分侵害額については、被相続人と二郎の同居期間中の出金につき、引出し日と金額の一覧表を別紙として添付したうえで、【書式2-7-4】のように訴状に記載することとした。

【書式2-7-4】　訴状（抜粋）——請求原因（〈*Case* ⑦〉）

第1　請求原因
　1〜3　（略）
　4　相続財産の範囲
　　現時点で判明しているだけでも、被相続人には、相続開始時点で、別紙相

続財産目録記載のとおりの財産があった。その内訳及び評価額は、以下のとおりである。

(1) 本件土地の持分2分の1

1億1000万円

本件土地については、被相続人の持分が2分の1であるため、鑑定評価額2億2000万円を2分の1に減じた。

(2) 預金

2505万1200円

相続開始時点における、○○銀行○○支店の被相続人名義の預金口座（普通預金　口座番号○○○○○○○（以下「本件口座」という。）の残高である。

(3) 被告に対する不法行為に基づく損害賠償請求権

2316万2008円

被告は、本件口座から、別紙一覧表「出金日」欄記載の日に、同表「出金額」記載の金額を引き出したが、この引出し行為は、被相続人の承諾なく、被相続人以外の者（被告自身を含むが、それに限らない）のために費消し、又は領得する／させる目的で行われたものであって、被相続人に対する不法行為を構成する。

その総額は、別紙一覧表「合計」欄記載のとおり、2316万2008円であり、同額についての被告に対する不法行為に基づく損害賠償請求権が、相続財産となる。

(4) 上記合計

1億5821万3208円

5　遺留分の侵害

本件遺言による相続は、原告の遺留分を侵害するものである。原告の遺留分割合は4分の1であり、本件遺言による遺留分侵害額は、上記1億5821万3208円の4分の1である3955万3302円を下らない。

XIV 訴訟提起後の経過

1　第1回口頭弁論期日

　期日の1週間前、被告代理人Y弁護士から、請求棄却を求める形式的な答弁書が提出された。

　期日には、X弁護士とY弁護士の双方が出頭した。裁判所は、被告側に対し、次回までに訴状に対する具体的な認否・反論を行うことと、相続税の確定申告書を提出することを指示した。

2　被告の反論内容

　第2回口頭弁論期日前に、被告から訴状に対する認否・反論の準備書面が提出された。

　被告の主張は、要旨、以下のとおりである。

① 本件土地の更地価格は、2億円が相当である。また、本件土地上には建物が存在するから、使用借権相当の減価を行うべきであり、土地評価額は1億5000万円とすべきである。よって、被相続人の本件土地の共有持分は、7500万円と評価すべきである。

② 被相続人は、原告に対し、特別受益に該当する2500万円相当の生前贈与をしており、遺留分算定基礎財産額の算定にあたって考慮されるべきである。

③ 被告は、被相続人に対し、長年にわたって生活費として多額の金員を貸し付けており、相続開始時の残高は2500万円であったため、相続人の負債として算定にあたって考慮されるべきである。

④ 本件預金は被告が管理していたが、預金の引出しはすべて被相続人の同意を得て、被相続人のために行ったものであり、不法行為は成立しない。

　使途について具体的に説明すると、月額約50万円の引出しは、被相続

人の生活費である。平成22年5月10日の500万円の引出しは、被相続人が同居を開始するにあたり行われたリフォーム代や家具の購入代にあてた。平成22年8月3日の500万円、平成23年4月3日の300万円の引出しは、被告からの借入れの弁済にあてた。

被告からは、準備書面とあわせて、本件土地の更地価格を2億円相当とし、使用借権相当の減価を行った土地評価額を1億5000万円相当とする鑑定意見書が書証提出された。

また、被相続人と被告の同居開始直後のリフォーム代や家具の購入代のものと思われる領収書が書証提出されたが、それ以外に、預金の使途についての書証は提出されなかった。生前贈与と被告から被相続人への貸付けについては、これを裏付ける書証は提出されなかった。

なお、被告の主張する生前贈与の内訳には、原告の子らへ交付したとする小遣い、入学祝い、卒業祝い等が多数含まれていた。

3 原告の再反論

被告の主張のうち、特別受益である生前贈与と被相続人への貸付けの点については、主張内容に具体性も乏しく、何らこれを裏付ける証拠も提出されていない。何とか遺留分侵害額をゼロにしようと、無理のある主張を行っているような印象を受けた。

また、預金の使途についても、裏付けとなる書証が提出されているのはごく一部にすぎず、毎月50万円もの生活費が必要であったような事情は何ら主張されていない。

X弁護士は、要旨、以下のような内容の再反論の準備書面を提出することとした。

① 本件土地については自己使用を前提として評価するのが相当であるから、更地評価によるべきである。

　なお、仮に、本件土地を使用貸借権の負担付きの底地として評価するのであれば、被相続人から被告に対し、当該使用貸借権の生前贈与があ

ったことになるから、その価値相当額は、被告の特別受益に該当する。そして、使用貸借権の価値相当額は、「本件土地の更地としての評価額」から、「本件土地の底地としての評価額」を控除した額と同額である。結局、遺留分算定の基礎となる財産の価額は、本件土地を更地として評価した場合と、底地として評価し、かつ特別受益を持ち戻した場合とで異ならない。

② 原告が被相続人から生前贈与を受けたことは一切ない。そもそも、被告が生前贈与として主張するものの中には、被相続人が原告の子らに対して渡したとする小遣い、入学祝い、卒業祝いが含まれているが、原告の子らに対する金銭交付をもって原告に対する贈与ということはできないし、原告の生計のための資本にも該当しないから、特別受益にはならない。

③ 被告は、被相続人に対し、多額の金員の貸付けを行ったと主張するが、被相続人に対する金員の交付および返還約束のいずれの要件についても具体的な主張がない。また、かかる多額の金員の貸付けを行ったと主張するにもかかわらず、被告からは、借用書、金銭消費貸借書その他の貸付けを裏付ける証拠は何ら提出されておらず、被告の主張に理由がないことは明らかである。したがって、被告が引き出した預金のうち800万円を上記貸付金の返済に充当したとの主張にも、何ら理由はない。

④ 被相続人は、被告と同居を開始する前は、1カ月あたり15万円の年金収入で生活費を賄えていたのであり、同居後に毎月50万円もの生活費が必要となるはずがない。

4 その後の審理経過

第2回口頭弁論期日において、裁判所は〈Case ⑦〉を弁論準備手続に付し、以後、数期日にわたって双方の主張反論が繰り返された。

なお、〈Case ⑦〉では、裁判所の要望により、遺留分算定シートというエクセルファイルを活用して主張の整理が行われた。これは、基礎となるデー

タを入力するだけで最高裁判所の判例や有力な下級審裁判例・学説に沿って遺留分を自動算定することができる計算シートであり（判タ1345号34頁参照。遺留分算定シートは、東京三弁護士会では、各弁護士会の会員専用ホームページでダウンロード可能である）、複雑な計算が必要となる事件の場合には便利である。

XV 和解勧試

　その後、双方の主張および書証がおおむね出揃ったことから、裁判官から原告被告双方に対し、尋問を行う前の段階で一度和解協議ができないかとの打診があった。原告被告の双方が、和解協議を行うことを了承したため、第6回弁論準備手続期日において、個別に、裁判官との面談が行われた。

　まず、Y弁護士のみが裁判官と面談を行った後、交替でX弁護士が面談を行った。

> 裁 判 官：原告からは、被告の預金の使い込みの主張が、被告からは、特別受益および被相続人への貸付けの主張がなされていますが、裁判所としては、現段階では、証拠上、双方の主張を認めることはできないとの考えをもっています。そこで、現時点では、不動産および預金という客観的な財産額のみを前提とする和解ができないか検討していただきたいと思っています。このような和解について、原告の意向はどうでしょうか。
> X弁護士：不動産の評価額については、どのように考えていますか。
> 裁 判 官：土地全体で2億1000万円で検討していただきたいと思っています。
> X弁護士：当方としては、被告が多額の預金を引き出し、一部を除いてはその使途について明確な説明がない以上、被告が預金を私的に費消したことは明らかだと考えています。また、被告か

　　　　　ら被相続人に対する貸付けの事実が認められないのであれば、少なくとも、その弁済にあてたという800万円については、明らかに私的な費消というべきと考えます。もっとも、せっかく裁判所からご提案いただいたことですし、検討を行うこと自体は可能です。
裁　判　官：わかりました。裁判所としては、兄弟間の紛争ですし、あまり長引かせずに和解するのが望ましいと考えています。ぜひ、前向きに検討していただきたいと思います。

　協議の結果、次回期日までに、原告被告双方が、裁判所の提案を前提に、和解の可否および金額を検討してくることとなった。

XVI 期日間の打合せ

　X弁護士は、一郎と打合せを行い、期日の結果を報告するとともに、意向確認をした。

甲野一郎：預金の使い込みが認められないのはおかしいと思うのですが、どうなんでしょうか。
X弁護士：期日で裁判所にも言いましたが、使い込みが全く認められないというのはおかしいと思います。もっとも、現時点で和解を行うとなると、被告としては、使い込みを前提とする和解には応じないでしょうから、裁判所としては、ああいった提案をするしかなかったのかなという感想です。
甲野一郎：なるほど。確かに、弟は絶対に使い込みを認めたりはしないでしょうね。
X弁護士：裁判所の提案を前提とすると、土地の共有持分8分の1の評価額が2625万円、相続開始時の預金残高の4分の1が626万

>   2800円ですから、和解金額は3251万2800円ということになり
>   ますが、いかがでしょうか。
> 甲野一郎：正直なところ、わりと良い金額なのではないかと思います。
>   先生はどう思いますか。
> X弁護士：私も、和解条件としては悪くないと思います。土地の価格に
>   ついては、双方の鑑定金額の間をとった形ですが、こちらの
>   主張どおり更地価格が前提とされていますし、預金の使い込
>   みの点については、仮に尋問までいって判決になったとして
>   も、どの程度認められるかは微妙なところがあります。それ
>   に、訴訟提起前にお話したとおり、和解ができず、被告が徹
>   底的に争ってきた場合には、土地について、別途、共有物分
>   割訴訟をしなければなりませんし、時間とコストがかかりま
>   す。この段階である程度の金額の和解金が得られるのであれ
>   ば、和解を行うメリットは大きいと思います。
> 甲野一郎：そうですね。私もそう思います。和解を行う方向でよろしく
>   お願いします。

　協議の結果、端数を切り捨て、次回期日では、和解金額として3250万円を提案することになった。

XVII　和解成立

　次回期日において、被告からは、和解金額を2900万円とする提案があった。
　その後、2期日にわたり、金額および支払方法について細かい交渉が行われ、最終的に、和解成立日から1カ月以内に、被告が原告に和解金3100万円を一括で支払う内容で、和解が成立した。
　和解成立の2週間後、X弁護士の預り金口座に和解金が振り込まれた。これでようやく一件落着である。

長く続いた兄弟間の紛争が解決し、一郎は非常にほっとした様子であった。X弁護士としては、再び争いが起こらないことを願うばかりである。

> 本稿は、複数の事例を組み合わせるなどして構成したものであり、実際の事例とは異なる。

第8章 相続人の不存在と相続財産管理人の選任申立て

I 事案の概要

〈*Case* ⑧〉

　亡花子氏は、平成26年3月1日に85歳で亡くなった。亡花子氏には、子どももきょうだいもいない。80歳の時に夫を亡くした後、その翌年からは老人ホームに入居して1人で暮らしてきた。両親もすでに亡くなっており、法定相続人は誰もおらず、遺言書も見当たらない。亡くなる直前に定期的に会っていたのは、亡花子氏の従妹の子である太郎氏だけであった。

　太郎氏は、亡花子氏から生前に、「私が死んだら、夫と同じA寺に永代供養をお願いしたい。預金口座にお金を貯めてあるから、そこから永代供養料を支払ってほしい。そして、年に一度でいいから墓参りに来てほしい」と頼まれていた。太郎氏は、「必ずそのようにするから、心配しないでほしい」と約束していた。

　ところが、亡花子氏が亡くなった後、太郎氏が預金口座からお金を引き出そうとすると、銀行に「ご本人が亡くなった以上、引き出すことはできません。相続人でなければ解約することもできません」と言われてしまった。

　このままではA寺に永代供養を依頼することができず、亡花子氏との約束を果たすことができない。困った太郎氏は甲弁護士に相談するこ

とにした。

[関係図（続柄は亡花子氏からみたもの）]

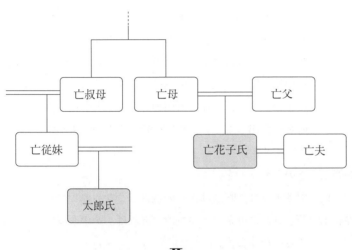

II 実務上のポイント

〈*Case* ⑧〉における実務上のポイントは、以下の3点である。
① 相続財産から祭祀法事に関する費用を支出することの可否
② 特別縁故者として相続財産の分与を受けることの可否
③ 相続財産管理人選任申立て手続

III 第1回打合せ

　太郎氏は、相続に関する知識が乏しく、亡くなった後に亡花子氏名義の財産がどのように取り扱われることになるかを理解しないまま、A寺に永代供養をお願いすることを亡花子氏に約束していた。そこで、甲弁護士は、初回の打合せでまず基本的な法的知識から説明することにした。

甲弁護士：法律によって相続の権利が認められているのは、配偶者、子ども、父母や祖父母などの直系尊属、そして、きょうだいです。花子さんにはそのいずれもおられませんから、花子さんには相続人がいない状態です。

太 郎 氏：相続人がいないと、亡くなった人の財産はどうなるのですか。

甲弁護士：そのような場合には、裁判所が「相続財産管理人」を選んで、その相続財産管理人が財産の管理をすることになります。

太 郎 氏：花子の財産は、約1000万円の貯金と電力会社の株だけです。貯金の引出しもその相続財産管理人という人がすることになるのですか。

甲弁護士：そのとおりです。

太 郎 氏：引き出された貯金は、その後はどうなるのですか。

甲弁護士：花子さんに借金などの負債があれば、その返済にあてられることになります。

太 郎 氏：花子に借金はありません。老人ホームに支払うお金も、入居の時に一時金を支払って、あとは引落しで毎月一定額を支払うことになっていました。亡くなった後に追加で支払うお金はありません。

甲弁護士：負債がないとすると、財産の管理に要した費用や相続財産管理人の報酬が差し引かれて、残りは国に引き継がれることになります。

太 郎 氏：国のお金になってしまうのですか。それではA寺に永代供養をお願いできないじゃないですか。花子は、夫と一緒のお墓に入りたくて、無駄遣いせずにお金を貯金しておいたのですよ。その貯金が国のお金になってしまうなんて……。

甲弁護士：永代供養料として具体的にどれぐらいの金額が必要か、わかりますか。

太 郎 氏：はっきり確認したわけではありませんが、私が以前に住職さんとお話したときの感触では100万円ぐらいではないかと思います。

甲弁護士：相続財産管理人が選ばれた後に、相続財産から永代供養料を支払ってもらう方法も考えられますので、そのことはまた後ほど詳しくご説明したいと思います。

太 郎 氏：わかりました。それから、私が全く財産を相続できないのも少しおかしいような気がします。私は、花子が夫を亡くして1人になった後は、できるだけ寂しい思いをさせないように、少なくとも週に一度は会いに行きました。花子が老人ホームに入居する時には、私が連帯保証人になりました。老人ホームにも週に一度は会いに行きましたし、何かあって電話で呼び出されれば、すぐに会いに行きました。決して、お金が欲しくてそのようなことをしたわけではありません。でも、そのような密なつき合いをしていたのに、全く財産を相続できずに国のものにされてしまうのは、おかしくありませんか。

甲弁護士：相続人ではない方であっても、裁判所が「特別の縁故があった」と認めた場合には、相続財産が与えられることがあります。

太 郎 氏：「縁故」って何ですか。私は花子の従妹の子ですが、それでは「特別の縁故」にあたらないのですか。

甲弁護士：後ほど詳しくご説明しますが、ただ親戚関係にあるというだけでは「特別の縁故があった」とは認められません。花子さんと生前に具体的にどのようなおつき合いをしていたかが重要になります。

太 郎 氏：わかりました。ところで、花子の相続財産管理人というのは、具体的に誰が選ばれることになるのですか。

甲弁護士：現時点ではまだわかりません。相続財産管理人が選ばれるよ

うにするためには、裁判所に「相続財産管理人を選んでください」という申立てをしなければなりません。相続財産からA寺に永代供養料が支払われるようにするためにも、太郎さんに相続財産を与えるように申し立てるためにも、まずは裁判所に相続財産管理人を選んでもらわなければなりません。そこで、今後、相続財産管理人の選任を申し立てることを検討していきましょう。

太 郎 氏：わかりました。よろしくお願いします。

Ⅳ 方針を決定する前提となる検討

1　相続財産管理手続の基本的な流れ

　相続人のあることが明らかでないときは、相続財産は法人とみなされて、家庭裁判所が利害関係人または検察官の請求によって相続財産管理人を選任する（民951条、952条1項）。そして、相続財産管理人は、相続財産の管理および清算を行い、その後も相続人が現われなければ、その全部または一部を特別縁故者に分与するなどしたうえで、最終的には残余の相続財産を国庫に引き継ぐことになる。

　利害関係人が相続財産管理人の選任を申し立てるケースとして、たとえば次のような場合がある。

①　成年被後見人の死亡後に成年後見人が財産を相続財産管理人に引き継ごうとする場合
②　被相続人に対する債権者が相続財産から弁済を受けようとする場合
③　相続財産に担保物権を有する者がその担保物権を実行しようとする場合
④　被相続人に土地を貸していた賃貸人が、借地契約を解除したうえで建物収去土地明渡しを請求しようとする場合

⑤ 被相続人と一定の関係にあった者が特別縁故者として相続財産分与の申立てをしようとする場合

そして、相続財産管理人が選任された場合における以後の手続の概要は、〔図2-8-1〕のとおりである。

〔図2-8-1〕 相続財産管理人選任後の手続

```
裁 判 所：相続財産管理人選任の公告（民952条2項）
          ↓（2カ月以内に相続人の存在が明らかにならなかっ
            たとき）
管 理 人：相続債権者・受遺者に対する請求申出催告（民957条1項）
          ↓（2カ月以上の催告期間が満了してなお相続人の存
            在が明らかでないとき）
裁 判 所：相続人捜索の公告（民958条）
          ↓（6カ月以上の期間内に相続人としての権利を主張
            する者がないとき）
公告期間満了＝相続人不存在の確定（民958条の2）
          ↓（相続人捜索公告の期間が満了してから3カ月以内）
特別縁故者：財産分与の申立て（民958条の3第1項）
          ↓
裁 判 所：分与または却下の審判
          ↓
裁 判 所：相続財産管理人に対する報酬付与の審判（民953条、29条
          2項）
          ↓
管 理 人：残余財産の国庫への引継ぎ（民959条）
```

相続財産管理人が相続財産の管理および清算を進めるにあたっては、民法103条が定める範囲内の行為であれば家庭裁判所の許可を得る必要はないが、相続財産管理人がその範囲外の行為をしようとする場合には、家庭裁判所の許可を得なければならないものとされている（民953条、28条）。

【書式 2-8-1】 家庭裁判所の権限外行為許可審判（例）

平成26年（家）第〇〇号

審　　　判

　住　　　所　　東京都〇〇区〇〇1丁目2番3号
　　　　　　　　申立人（相続財産管理人）　〇　〇　〇　〇
　本　　　籍　　東京都〇〇区〇〇4丁目5番6号
　最後の住所　　東京都〇〇区〇〇7丁目8番9号
　　　　　　　　被相続人　　　　　亡　□　□　□　□

　上記申立人からの相続財産管理人の権限外行為許可申立事件について、当裁判所はその申立てを相当と認め、次のとおり審判する。

主　　　文

1　相続財産管理人である申立人が、被相続人亡□□□□の相続財産である別紙株式目録記載の株式を時価相当額で売却することを許可する。
2　手続費用は相続財産法人の負担とする。

　　　平成26年〇月〇日
　　　　　東京家庭裁判所家事部
　　　　　　　裁　判　官　　　△　△　△　△

2　相続財産から祭祀法事に関する費用を支出することの可否

　太郎氏が甲弁護士に相談に来た目的は、「亡花子氏との約束どおり、亡花子氏の貯金から永代供養料を支払って、A寺に永代供養をお願いしたい」とのことであった。

　そこで、相続財産管理人選任の申立てをするか否かの方針を決める前に、相続財産管理人が選任された場合には太郎氏が考えているとおりに永代供養をお願いすることができるのか、その見通しを確認しておかなければならない。

　相続財産管理人が相続財産から永代供養料などの祭祀法事に関する費用を

支出することは、民法103条が定める範囲内の行為ではないから、家庭裁判所の権限外行為許可審判を要する行為にあたる。そして、相続財産から祭祀法事に関する費用を支出することを許可するか否かについて、裁判所関係者が編集した相続財産管理手続に関する文献では、次のように述べられている。

- 「本来、祭祀や法事については、これを執り行いたいと思う者が、その者の費用で執り行うべきものであって、その費用を当然に相続財産の中から支払うべきとする法的根拠はない」が、「実務においては、被相続人とこれら祭祀法事を執り行い又は執り行おうとしている者との関係、被相続人の生前の意思、相続財産の額、祭祀法事の内容、そのために必要とされる費用の額等を考慮して、これらの費用を相続財産から支出することを認める場合がある」（司法研修所編『財産管理人選任等事件の実務上の諸問題』88頁）。
- 「裁判所としては、支出金額、支出先（祭祀法事の主宰者）及び祭祀法事の内容を特定して許可をしている。金額、支出先などが地域の社会通念に照らして相応なものであれば許可すべきである」（財産管理実務研究会『不在者・相続人不存在財産管理の実務〔新訂版〕』252頁）。

現在の実務も、これらの見解に従って、事案次第で相続財産管理人が相続財産から祭祀法事に関する費用を支出することが許可されているようである。

太郎氏の話によれば、夫と同様にA寺に永代供養を依頼することが亡花子氏の生前の強い希望であったこと、永代供養料の金額は100万円程度と見込まれるところ、相続財産として約1000万円の預金があることなどを考慮すると、100万円という金額が認められるかは、別として家庭裁判所が永代供養料の支出を許可する可能性は十分にありそうである。

3　特別縁故者として相続財産の分与を受けることの可否

また、太郎氏は、「密なつき合いをしていたのに、全く財産を相続できず、国のものにされてしまうのはおかしい」とも言っている。

亡花子氏の従妹の子である太郎氏が相続財産を取得する可能性があるとす

れば、民法958条の3第1項によっていわゆる特別縁故者に対する相続財産の分与が認められる場合である。この点についての見通しはどうだろうか。

民法958条の3第1項は、相続財産の分与を受けることができる者について、

① 被相続人と生計を同じくしていた者
② 被相続人の療養看護に努めた者
③ その他被相続人と特別の縁故があった者

と定めている。

太郎氏は、亡花子氏と同居しておらず、生計を同じくしていたわけではないから、①の類型には該当しない。また、亡花子氏のところに週に一度は通っていたようであるが、日常的に食事や身のまわりの世話をしていたわけではないようであるから、②の類型にも該当しないと思われる。

そうすると、相続財産の分与が認められるとすれば③の「その他被相続人と特別の縁故があった者」に該当する場合ということになる。

「被相続人と特別の縁故があった者」に該当するか否かについて、裁判例を調べてみても、公刊物に掲載されている事例は多くない。しかも、掲載されているものには古い事例が多いため、見通しを立てることは容易ではない。

しばしば指摘されるのは、生前に被相続人とある程度の交際があったとしても、それが親族としての一般的な交際の範囲を超えるものでなければ、「特別の」縁故があったとは認められないということである。たとえば、東京家審昭和60・11・19判夕575号56頁は、「『その他の特別縁故者』とは、生計同一者、療養看護者に準ずる程度に被相続人との間に具体的かつ現実的な交渉があり、相続財産の全部又は一部をその者に分与することが被相続人の意思に合致するであろうとみられる程度に被相続人と密接な関係があった者をいうと解すべきである」としたうえで、被相続人の従兄弟の子による相続財産分与申立てについて、時に電話で健康状態を尋ねたり、入院した際に見舞いに訪れたりしたにすぎない程度の交際では「親族として世間一般に通常見られる程度のものに過ぎない」として、特別縁故者に該当しないと判断し

ている。この裁判例が掲載されている判例タイムズ575号の匿名コメントでは、「本審判はとくに目新しいものとはいえないが、この種事件を専門的に担当している東京家裁財産管理部（家事第一部）の審判例としてここに紹介する」とされており、この裁判例の考え方は実務においてある程度重視されている可能性がある。

　それでは、太郎氏の場合にはどうだろうか。太郎氏は、亡花子氏が夫を亡くした後は、寂しい思いをさせないように少なくとも週に一度は会いに行き、老人ホームに入居する時には連帯保証人になり、亡花子氏から電話で呼び出されればすぐに会いに行ったという。そのような交際は、親族としての一般的な交際の範囲を超えており、子どもであってもそこまでの世話をしないこともありそうである。しかし、何が一般的な交際の範囲かは主観的な判断であるから、やはり見通しを立てるのが難しい。太郎氏からさらに詳細な事情を聞く必要もあるだろう。

　また、仮に相続財産の分与が認められる場合にも、一部だけの分与にとどまる可能性もありそうである。公刊物に掲載されている裁判例の中で比較的新しい鳥取家審平成20・10・20家月61巻6号112頁は、被相続人の又従兄弟の配偶者による相続財産分与申立てについて、被相続人の老人ホーム入居について身元引受人となったことなどの事情に基づいて特別縁故者に該当すると認めつつも、「申立人は、被相続人の相続財産の形成、維持に寄与したものではないこと」などを根拠に、相続財産の一部だけを分与することとしている。

　太郎氏には、現時点ではまだ、特別縁故者としての財産分与に関して確定的な見通しを伝えることは難しそうである。

4　いわゆる「死後縁故」の問題

　ところで、被相続人が亡くなった後に、葬儀を執り行ったり、祭祀法事を主宰したりした場合に、そのような死後の縁故関係を根拠に特別縁故者としての相続財産分与を認めることができるかは、「制度発足以来今日に至るま

でずっと問題とされてきている」テーマであるとされている（谷口知平＝久貴忠彦『新版注釈民法(27)〔補訂版〕』710頁）。

　過去の裁判例には、死後の縁故関係のみを基にして特別縁故関係を肯定したものもある。しかし、民法958条の3第1項の文言は、本来は被相続人との生前における関係を問題とするものと読める。また、裁判所関係者の文献にも、「死後の縁故を生前の縁故に加えて考慮し、特別縁故関係の有無を判断することは差し支えない」としつつも、被相続人との縁故関係が死後縁故だけに限られている場合には、相続財産の分与を認めるべきではないとする指摘がみられる（司法研修所・前掲94～95頁）。

　他方で、前記のように、相続財産管理人が祭祀法事費用を支出することは比較的柔軟に認められるようである。そうすると、太郎氏が「亡花子氏の希望どおりA寺に永代供養料を支払いたい」と考えていることについては、太郎氏が特別縁故者として相続財産の分与を受けることによって解決するのではなく、それよりも前の段階で、永代供養料を支払うことについて相続財産管理人に家庭裁判所の許可を得てもらうことによって解決するべきであろう。

5　相続財産管理人選任申立てに要する費用

　なお、相続財産管理人の選任を申し立てるにあたっては、申立書に貼付する収入印紙および予納郵券のほかに、裁判所に納める予納金を準備しなければならない。予納金の金額は、裁判所によっても運用が異なるようなので、事前に申立てを予定している裁判所に問い合わせておくべきだろう。

V　第2回打合せ

　ここまでの検討結果を踏まえて、甲弁護士はあらためて太郎氏と方針について協議するための打合せを行うことにした。

甲弁護士：前回の打合せでうかがったお話を基に検討しました。花子さんの相続財産を管理する「相続財産管理人」が選任された場合に、貯金から永代供養料を支払ってもらうためには、家庭裁判所に許可してもらわなければなりません。今回のケースでは、家庭裁判所が許可をしてくれる可能性は十分にあると思います。A寺に永代供養をお願いすることが花子さんの遺志に適うことを明らかにすることができれば、許可が得られやすくなると思います。

太郎氏：わかりました。永代供養に関する花子との生前のやりとりについて、記憶を整理しておこうと思います。花子は、亡くなる前の年に病気をして健康に自信をなくしてしまい、それからはお墓のことばかり心配していたんです。

甲弁護士：それから、太郎さんに相続財産の分与が認められるかについては、裁判例をいろいろ調べてみたのですが、先日うかがった話だけではまだ明確な見通しをお伝えすることができません。認められる可能性もありますが、相続財産の全部ではなく一部だけにとどまる可能性もあります。この点についても、生前の花子さんと太郎さんのおつき合いについて、さらに詳しくお話をお聞きしていきたいと思います。

太郎氏：わかりました。ただ、私としては、相続財産を私がいただくことができなくても、とにかく花子の貯金から永代供養料を支払って永代供養してもらいたいので、早く相続財産管理人を選ぶように裁判所にお願いしたいです。

甲弁護士：家庭裁判所に相続財産管理人の選任を申し立てるにあたっては、裁判所に「予納金」というお金を納める必要があります。

太郎氏：具体的にいくらくらい必要なのですか。

甲弁護士：裁判所によって、また事件によっても異なるのですが、100

　　　　　　万円前後で事業の内容に応じて幅があるようです。
太　郎　氏：そんなにかかるのですか。
甲弁護士：相続財産管理人の報酬などの管理費用にあてるために、ある程度のお金を確保しておく必要があるとされているのです。もっとも、預金の解約が進んで管理費用にあてられる相続財産が確保されれば、いずれ予納金は返ってきます。
太　郎　氏：返していただけるのですね、よかった。花子には約1000万円の貯金がありますから、大丈夫なはずです。それならば、私の貯金からお金を準備するようにします。
甲弁護士：承知しました。それでは、早速、申立てに必要な書類の準備を進めましょう。

VI 相続財産管理人選任の申立て

　こうして、亡花子氏の相続財産管理人選任を申し立てる方針を決定して、甲弁護士は家庭裁判所に申立書を提出した。

【書式 2-8-2】　相続財産管理人選任申立書（《*Case* ⑧》）

相続財産管理人選任申立書

平成26年〇月〇日

東京家庭裁判所　家事部　御中

申立人代理人　弁護士　　　　甲

　　当事者の表示　　別紙当事者目録記載のとおり

申立の趣旨

　被相続人亡山田花子の相続財産管理人を選任するとの審判を求める。

申立の実情

1 　被相続人は、平成26年3月1日に死亡し、相続が開始したが、相続人のあることが明らかでない。また、遺言の存否も不明である。
2 　申立人は、被相続人の従妹の子である。申立人は、被相続人が老人ホームに入居する際には身元保証人兼連帯保証人となり、老人ホームに入居する前後を通じて定期的に被相続人方を訪れていた。今後、相続人が現われない場合には、申立人は特別縁故者としての相続財産分与を申し立てることを予定している。
3 　申立人が把握している相続財産は別紙財産目録記載の預金1003万1960円及び□□電力株式会社の株式100株である。なお、申立人は、被相続人から、死後はA寺（所在地・東京都〇〇区……）に永代供養を依頼し、預金から永代供養料を支払ってほしいとの依頼を受けた経過があった。

添付書類

1	戸籍謄本類	10通
2	住民票	1通
3	相続人身分関係図	1通
4	財産目録	1通
5	預金通帳写し	1通
6	株式取引残高報告書写し	1通
7	委任状	1通

以上

　申立書には、「相続人のあることが明らかでないとき」との要件（民952条1項、951条）の存在を記載するとともに、そのことを裏付ける戸籍謄本類および相続人全員の相続放棄申述受理証明書を添付することになる。〈*Case* ⑧〉では、亡花子氏にはそもそも法定相続人が存在しないから、相続放棄申述受理証明書は添付書類に含まれない。
　また、申立人が「利害関係人」（民952条1項）に該当することを基礎づける事情も記載し、必要に応じてそのことを裏付ける資料も添付する。

以上をもって申立書として最低限の記載をしたことになるが、そのほかに相続財産管理人が選任された後に想定される管理業務の概要が明らかになる情報が記載されれば、裁判所が相続財産管理人として誰を選任するかを判断する際の参考になるだろうし、選任された相続財産管理人が速やかに管理業務を進めることも可能になる。そこで、上記したように、永代供養料の支払いが問題になることや、特別縁故者としての財産分与申立てを予定していることを申立書に記載しておくことが有益であろう。

　なお、申立書に「相続財産管理人の候補者」が記載される例もあるが、裁判所によって、申立人から推薦された候補者を相続財産管理人に選任する運用と、候補者の推薦を受け付けずに裁判所が作成している候補者名簿に従ってその事件に適した相続財産管理人を選任する運用がある。申立てにあたっては、あらかじめ裁判所にいずれの運用であるのかを照会し、候補者の選定および記載の要否を確認する必要がある。

VII 相続財産管理人との面談

　申立てから1カ月後、相続財産管理人として乙弁護士が選任された。早速、甲弁護士から乙弁護士に連絡をとり、太郎氏とともに面談の機会をもつことになった。

　面談に際しては、太郎氏が保管していた亡花子氏の預金通帳を持参するほか、亡花子氏がA寺への永代供養の依頼を希望していた経過について、太郎氏の陳述書を準備して臨むことにした。

管　理　人：申立書と添付書類は拝見しました。現時点で判明している相続財産は預金と株式だけなのですね。
甲弁護士：そのとおりです。太郎さんは花子さんと密に連絡を取り合っていましたが、太郎さんが知る限り、預金と株式以外の財産はありません。預金通帳は本日持参しましたので、お手数で

管 理 人：すが受領書にご捺印をお願いします。
管 理 人：承知しました。花子さんは老人ホームに入居されていたそうですが、入居金の返還請求権などはありませんか。
甲弁護士：ありません。老人ホームに支払った入居一時金は入居期間にかかわらず返還されない契約内容になっていました。もし必要があれば、太郎さんが入居契約書を保管されていますから、後日コピーをお送りします。
管 理 人：お手数ですが、コピーのご送付をお願いします。それから、申立書によると、A寺への永代供養をお考えとのことですね。
太 郎 氏：そのとおりです。花子は、夫と同じお墓に入れるかどうかをとても心配していました。どうか、ご配慮をよろしくお願いします。
管 理 人：花子さんの遺骨は現在どうなっているのですか。
太 郎 氏：住職さんにお願いしてA寺で預かっていただいていますが、永代供養のお願いをすることができていないので、取扱いが宙に浮いているような状態です。
管 理 人：太郎さんは、特別縁故者としての相続財産分与の申立ても検討されているのですね。特別縁故者にあたるかを判断する際に被相続人が亡くなった後の事情をどう取り扱うかについてはいろいろな議論があると思います。永代供養料の支払いに関しては、特別縁故関係の問題とは切り離して、裁判所に権限外行為許可を申し立てることによって解決するようにしましょう。
甲弁護士：そのような進め方でお願いしたいと思います。
管 理 人：裁判所には、「相続財産から太郎さんに永代供養料相当額を支払うこと」の許可を申し立てる方法と、「相続財産からA寺に永代供養料を支払うこと」の許可を申し立てる方法があ

ると思いますが、この点についてはどうお考えですか。

甲弁護士：A寺に永代供養料を支払うという使途が明確に決まっていますから、先生にはお手数をおかけしますが、「相続財産管理人が相続財産からA寺に永代供養料を支払う」という方法で許可を申し立てていただければと思うのですが。

管理人：わかりました。確かに、最終的な支出先が確定しているほうが許可を得られやすいでしょうから、相続財産からA寺に直接お支払いする方法で検討を進めていきましょう。永代供養料の金額や段取りについて、私から住職さんに直接連絡して確認したいと思いますので、後ほど連絡先を教えてください。

甲弁護士：承知しました。

管理人：裁判所の許可を得るにあたっては、A寺に永代供養をお願いすることが花子さんの生前の意思に合致するかどうかが重要ですが、その点についてはいかがですか。

甲弁護士：その点については太郎さんの陳述書を準備しておりますので、お目通しください。

管理人：準備がいいですね。権限外行為許可を申し立てるのは、預金の解約をして永代供養料の支払原資を確保した後になりますが、まずは陳述書を拝見して検討を進めさせていただきます。それから、花子さんは電力会社の株式を保有していたようですが、太郎さんは、特別縁故者としての相続財産分与の申立てをされる際に株式の取得を希望する予定はありますか。

太郎氏：ありません。

管理人：わかりました。それでは、株式については裁判所の権限外行為許可を得て時価での売却を進めるようにします。特別縁故関係が認められるかどうかに関しては、また分与の申立てがされた後に必要に応じて事情をうかがいますね。

甲弁護士：承知しました。よろしくお願いいたします。

　面談後しばらくして、相続財産管理人の乙弁護士から甲弁護士に、相続財産から100万円の永代供養料を支払うことの許可を得ることができ、A寺への支払いが完了したとの連絡があった。
　多少時間はかかってしまったものの、こうして太郎氏は無事に亡花子氏との約束を果たすことができた。
　申立人の立場で相続財産管理人が裁判所の権限外行為許可を得ることを求めたいときには、その行為の必要性や相当性を相続財産管理人に理解してもらうだけではなく、裁判所の許可を得るための資料もあらかじめ提出しておくと、手続がスムーズに進むであろう。

【書式 2-8-3】　相続財産管理人の権限外行為許可申立書（〈Case ⑧〉）

権限外行為許可申立書

平成26年○月○日

東京家庭裁判所　家事部　御中

申立人　　乙

　当事者の表示　　別紙当事者目録記載のとおり

申立の趣旨

　相続財産管理人である申立人が、被相続人亡山田花子の相続財産の中から、宗教法人A寺（東京都○○区……）に対して、被相続人の永代供養料として、金100万円を支払うことを許可する審判を求める。

申立の実情

1　被相続人の遺骨は、現在、宗教法人A寺に預けられているが、永代供養料の支払いが未了であるため、取扱いが保留とされている状況にある。

2　被相続人の従妹の子である川田太郎氏によれば、被相続人は、生前、自らの死後にA寺に永代供養を依頼することを強く希望し、そのために貯蓄をしていたとのことである（添付資料1・川田氏の陳述書）。これによれば、A寺に永代供養料を支払うことが被相続人の生前の意思に適うことは明らかである。
3　そして、当職がA寺の住職と面談して協議したところ、金100万円をもって永代供養を受けていただけるとのことであった（添付資料2：面談結果報告書）。この金額は社会通念上相当と認められる範囲内であると考えられる。また、相続財産として既に預金1003万1960円の解約払戻しが完了しており、相続財産からの支出は十分に可能な状況にある。
4　よって、本申立てに及んだ。

添付資料

1　川田太郎氏の陳述書
2　A寺の住職との面談結果報告書

以上

VIII 特別縁故者に対する相続財産分与の申立て

　その後も、亡花子氏の相続人が現われることなく「相続人捜索の公告」に定められた期間が満了して、相続財産管理手続上も亡花子氏の相続人は存在しないことが確定した（民958条の2）。

　特別縁故者に対する相続財産分与の申立ては、その時点から3カ月以内に行う必要がある（民958条の3第2項）。普段あまり接することがない手続であろうが、特別縁故関係を主張しようとする方から相談を受けた場合には、まずこの期間制限をしっかりと頭に入れておく必要がある。

　相続財産管理人の選任を申し立てる前に検討したとおり、太郎氏の生前の花子氏とのつき合いは通常の親戚としての交際の範囲を超えていたように思われる。そこで、そのことを裏付ける具体的な事情を太郎氏の陳述書にまと

めたうえで、申立てを行うことにした。

　なお、相続財産の一部のみの分与が見込まれる場合に、特に取得を希望する財産（たとえば不動産）があれば、申立書にその旨を記載するべきである。そのような場合には、相続財産管理人にもその旨の希望を早い段階から伝達し、当該財産を換価しないよう申し入れておく必要がある。〈*Case* ⑧〉では、亡花子氏の財産は預金と株式のみであるところ、太郎氏は株式の取得を希望していなかったので、相続財産管理人との初回面談の時点で株式が換価されることに異存のない旨を伝えてあった。

【書式 2-8-4】　特別縁故者に対する相続財産分与申立書（〈*Case* ⑧〉）

特別縁故者に対する相続財産分与申立書

平成27年〇月〇日

東京家庭裁判所　家事部　御中

申立人代理人　弁護士　　　甲

　当事者の表示　　別紙当事者目録記載のとおり

申立の趣旨

申立人に対し、被相続人の相続財産を分与するとの審判を求める。

申立の実情

1　被相続人は、平成26年3月1日に死亡し、相続人のあることが明らかでないため、同年〇月〇日に相続財産管理人として乙弁護士が選任された。そして、相続財産管理人の申立てに基づいて相続人捜索の公告がなされ、平成27年〇月〇日に公告期間が満了したが、権利の申出はなかった。
2　申立人は、被相続人の従妹の子であるが、被相続人の生前、被相続人とは以下に述べる関係にあった（添付資料1：申立人の陳述書）。
　(1)　申立人は、被相続人の夫の存命中は、年に数回、顔を合わせる付合いをしていた。被相続人夫妻には子供がいなかったので、両名が高齢になって

からは、各種の資産管理や行政機関等での手続について、申立人が相談にのり、手続を代行することがしばしばあった。
(2)　平成21年2月1日に被相続人の夫が亡くなった際には、葬儀や祭祀法事について申立人が被相続人を支えて執り行った。その後は、申立人は、被相続人が1人暮らしで寂しいであろうと案じて、少なくとも週に一度は食事を持参して被相続人宅を訪れ、夕食をともにした。
(3)　平成22年の春ころになると、被相続人が1人暮らしをすることに不安を訴えるようになった。そこで、申立人は、従来の住居から遠くない場所に老人ホームを探して、被相続人が入居する段取りを整えた。老人ホームへの入居に際しては、従来の住居を売却し、売却代金から入居一時金を支払う段取りを申立人が行った。さらに、引っ越し業者の手配や老人ホームに搬入することができない動産類の処分も申立人が行い、老人ホームとの入居契約締結に際しては申立人が身元引受人及び連帯保証人になった（添付資料2：老人ホーム入居契約書の写し）。
(4)　老人ホームに入居した後も、申立人は週に一度は被相続人を訪ね、話し相手になっていた。また、被相続人は、何か不安や相談事があると申立人に電話をかけてきたが、そのようなときには申立人がすぐに駆け付けた。
(5)　平成25年11月、被相続人は、肺炎を患って1週間にわたって入院した。これを機に被相続人は自らの健康に自信をもつことができなくなったようで、自分が亡くなった後のことを申立人に相談するようになった。被相続人は、申立人に、「私が死んだら、夫と同じA寺に永代供養をお願いしてほしい。そして、年に一度でいいから墓参りにきてほしい」と頼み、申立人はそのとおりにすることを約束してあげていた。
3　今般、裁判所の権限外行為許可審判に基づいてA寺に永代供養を依頼することができたが、申立人は、今後も残された唯一の親族として被相続人夫妻の墓を守り続け、被相続人との約束を果たしていく所存である。
4　民法958条の3第1項にいう「その他被相続人と特別の縁故があった者」の意義については、「被相続人との間に具体的かつ現実的な交渉があり、相続財産の全部又は一部をその者に分与することが被相続人の意思に合致するであろうとみられる程度に被相続人と密接な関係があった者をいうと解すべきである」との裁判例がある（東京家庭裁判所昭和60年11月19日審判・判例

タイムズ575号56頁)。

しかるに、上記2のとおり、被相続人と申立人の関係は「具体的かつ現実的」なものであり、申立人が被相続人の精神的支えであり続けたことは明らかである。そして、申立人は、被相続人の希望どおりA寺への永代供養を実現するよう尽力し、今後も被相続人夫妻の墓を守り続ける予定であるから、そのような申立人に相続財産を分与することが被相続人の意思に合致することも明らかというべきである。

5 したがって、申立人は「被相続人と特別の縁故があった者」に該当するから、相続財産を分与されたく本申立てに及んだ。

添付資料

 1 申立人の陳述書
 2 老人ホーム入居契約書の写し

付属書類

 1 添付資料　各1通
 2 申立人の戸籍謄本　1通
 3 申立人の住民票写し　1通

以上

　裁判所は、審判に先立って相続財産管理人の意見を聴取するものとされている（家手205条）。そこで、申立て後に必要があれば相続財産管理人と面談して補足説明をすることも考えられる。もっとも、〈*Case* ⑧〉の場合には、それまでの永代供養料の支払いに向けた協議などを通じて乙弁護士に詳細な事情を把握してもらっていたから、あらためての面談の機会はもたれなかった。

　また、相続財産管理人が提出した意見書については、閲覧または謄写をし（家手47条1項）、その内容を踏まえて補充すべき事項があれば追加の書面や資料を裁判所に提出するべきである。

　申立ての4カ月後、審判があった。

【書式 2-8-5】 特別縁故者に対する相続財産分与審判書（〈Case ⑧〉）

平成27年（家）第〇〇号　特別縁故者に対する相続財産分与申立事件

審　　　　　判

住　　所　　東京都〇〇区〇〇9丁目8番7号
　　　　　　申立人　　　　　　　川　田　太　郎
　　　　　　同手続代理人弁護士　　甲
本　　籍　　東京都〇〇区〇〇6丁目5番4号
最後の住所　東京都〇〇区〇〇3丁目2番1号
　　　　　　被相続人　　　　　亡　山　田　花　子
　　　　　　　　　　　　　平成26年3月1日死亡

主　　　　　文

1　被相続人の別紙相続財産目録記載の相続財産から、申立人に対し金500万円を分与する。
2　手続費用は申立人の負担とする。

理　　　　　由

第1　申立て
　申立人は、被相続人と特別の縁故があったから、被相続人の相続財産の分与を求める。
第2　当裁判所の判断
　1　本件各記録及び当庁平成26年（家）第〇〇号相続財産管理人選任申立事件等の関連記録によれば、以下の事実が認められる。
（略）
　2　以上の諸事情に照らせば、申立人は、被相続人との間で、具体的かつ現実的な精神的・物質的交流があり、相続財産を分与することが被相続人の遺志に合致するであろうといった程度の特別の関係があったといえる。
　3　しかし、申立人は、被相続人と同居したり、生計を同一にしたり、療養看護等に努めたりしたとまではいえず、特別な縁故関係が認められるとしても、それが濃密であるとまでは評価できない。

4　そこで、以上の点を考慮して、申立人に対しては、被相続人の相続財産から主文掲記のとおり分与するのが相当であると判断した。
　よって、主文のとおり審判する。
　　　　平成27年○月○日
　　　　　東京家庭裁判所家事部
　　　　　　裁判官　　△　△　△　△

　相続財産のうち500万円だけを分与する審判であった。現存する相続財産は、預金の解約払戻金1003万1960円および株式売却代金10万円を合算した金額から、A寺に支払った永代供養料100万円およびその他の管理費用を控除した約900万円であった。そこから相続財産管理人の報酬として数十万円ないし100万円程度の支出が見込まれることを考えると、分与可能な相続財産のうち6割程度が分与されたことになる。
　この審判に対しては、2週間以内に即時抗告をすることができるから（家手206条1項1号、86条1項）、速やかに太郎氏の意思を確認する必要がある。

IX　審判後の打合せ

　審判の結果を受けて、太郎氏と打合せを行った。

甲弁護士：先日、審判書の写しをお送りしましたが、裁判所の判断は、相続財産のうち500万円だけを分与するという内容でした。相続財産すべての分与は認められませんでしたから、不服を申し立てることができますが、どうされますか。
太　郎　氏：裁判所が「特別な縁故関係が認められるとしても、それが濃密であるとまでは評価できない」と言っているのは、どういう意味なのでしょうか。
甲弁護士：同居して毎日一緒に過ごしたり、あるいは毎日病院に通って看病し続けたりする方もおられます。そのような方々と比べ

ると、花子さんとの関係が濃密であったとまではいえないということなのだと思います。また、審判書には書かれていませんが、太郎さんが花子さんと密に連絡をとり合うようになったのが、花子さんのご主人が亡くなった後の5年間に限られるということも考慮されたのかもしれません。

太 郎 氏：私も決して若くなく、だんだんと体の自由がきかなくなってきた中で精いっぱい花子を支えたつもりだったのですが、私の支えは足りなかったのですかねえ。

甲弁護士：いいえ、裁判所は決して支えが足りなかったなどといっているわけではありませんよ。裁判所としては、過去の事例を参考にして、他のケースとのバランスも考えて、一部の分与が相当であるとの結論になったのだと思います。

太 郎 氏：わかりました。これ以上に不服を申し立てなくても結構です。相続財産からいただける500万円については、貯蓄しておいて、今後も花子夫妻の墓を守り続けるために使っていきたいと思います。花子は本当に心配性な人で、亡くなる直前はお墓の心配ばかりしていたんです。無事に夫婦で同じ墓に入ることができて、今頃2人ともほっとしていると思います。本当に仲が良い夫婦でしたから。先生、いろいろとありがとうございました。

　本稿は、複数の事例を組み合わせるなどして構成したものであり、実際の事例とは異なる。

第9章 遺産分割に関連する訴訟等
――預金債権をめぐって

I 事案の概要

〈Case ⑨〉

　平成26年7月7日、被相続人甲が80歳で亡くなった。甲の妻乙は平成23年3月3日に亡くなっており、乙の遺産分割協議は終了している。

　甲の相続人は甲の子であるX男とY子の2名であり争いはない。

　Y子は、乙が亡くなった後、甲を自宅に引き取り、甲が亡くなるまで同居していた。

　甲に遺言はない。

[関係図]

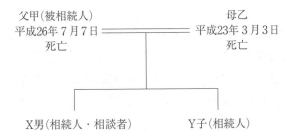

〈表 2-9-1〉 遺産目録（〈Case ⑨〉）

遺産	価値	管理者
土地（地方の山林数筆）	評価額なし	
預金債権A（甲名義）	1,000万円	Y子
預金債権B（甲名義）	500万円	Y子
預金債権C（Y子名義）	500万円	Y子

　甲の遺産となりそうなものは〈表2-9-1〉のとおりである。
　P弁護士は、X男から遺産分割の相談を受けることとなった。X男とY子はそれぞれ以下のような主張をしている。
〈X男の主張〉
① 預金債権Cについて、甲が生前Y子名義で預金していたものなので甲の遺産に含まれるべきである。
② 甲の預金はもっとあったはずである。乙が亡くなった時にも、乙の遺産分割分を加え、甲からは4000万円はあると聞いていた。Y子が甲の通帳を管理してから勝手に引き出して自分のものにしていたに違いない。その分を戻してほしい。
③ ②のような事情があるので、遺産の管理をY子に任せたくはない。
④ 山林についてはいらない。
〈Y子の主張〉
① 預金債権Cについては、自分が自分のお金で預金してきたものであり、甲の遺産ではない。
② 預金債権AおよびBについて、甲の指示により、甲を住まわせるために要した自宅改築費用、甲の介護費用および生活費にあてるために引き出したことはあったが、私的に流用したことはない。
③ 甲の晩年は、甲の介護に生活のほとんどを費やしたので、50％の寄与分を求める。

④　山林についてはいらない。

II　実務上のポイント

　預金債権をめぐっての遺産分割の争いである。〈*Case* ⑨〉のように、価値のある遺産のほとんどが可分債権である預貯金債権（以下、特段の事情のない限り「預金債権」という）である場合には、その性質上、当事者間で遺産分割協議が調わない限り、単純に遺産分割調停・審判手続のみでは解決できないことが多い。本章では、預金債権を主な遺産とする場合の、遺産分割の前提もしくは周辺事項に関する訴訟等の手続を取り上げることとする。

　〈*Case* ⑨〉で取り扱う実務上のポイントは以下の6点である。
① 預金債権の法的性質
② 審判前の保全処分
③ 遺産確認訴訟
④ 預金払戻請求訴訟
⑤ 特別受益の主張か不当利得返還請求か
⑥ 遺産分割審判（当事者の一部が出廷しない場合）

III　審判前の保全処分

1　相談記録

　P弁護士：事案の概要は先ほどおうかがいしたとおりですね。本件では、価値のある遺産のほとんどが預金債権となっています。まず、預金債権の保管状況についてもう少し詳しく教えていただけますか。
　X　男：すべての預金債権（A～C）はY子が管理しております。預金債権AおよびBは当該金融機関に父の死亡を届け出たの

で、現在凍結されています。
P弁護士：預金債権Cはどうですか。
X　男：預金債権CはY子名義なので凍結されておりません。ですので、これまでのY子の管理状況をみると、Y子が勝手に使ってしまうおそれがあります。
P弁護士：預金債権A・Bについては、Y子が勝手に使ってしまったということなので、まずは取引明細および相続時の残高証明をとってみましょう。山林についてはどうでしょうか。
X　男：地方にある山林で価値がありません。2人ともいらないと思っています。それよりも、預金債権Cが心配です。遺産分割協議の前提としてこれ以上遺産が減らないようにさせたいのですが、何かいい方法はありますか。

2　審判前の保全処分とは

〈*Case* ⑨〉のように、遺産を管理する相手方の管理方法に疑念がある場合には、遺産分割の調停事件または審判事件を本案とする財産管理者の選任の保全処分を申し立てることが考えられる（家手200条1項）。この保全処分は担保金を要しないこともあり、たとえば、遺産である建物に居住する相続人の管理懈怠による朽廃防止や預金債権の無断引出し防止のためなど、比較的よく利用される手続である。

旧家事審判法では、審判前の保全処分の要件として、審判の本案申立てが必要とされていたが、家事事件手続法では、調停の本案申立てがあれば保全処分が申し立てられるようになった（家手200条1項）。

3　〈*Case* ⑨〉での対応

預金債権A・Bの残高証明をみると、確かに甲とY子が同居し始めた頃には2つの口座を合計して4000万円弱の残高があり、その後毎月50万円以上

が引き出されている。そこで、X男の主張に沿って、これ以上の遺産の減少を防止すべく、遺産分割調停の申立てに付随して、財産管理者の選任の保全処分を申し立てた。

P弁護士は、保全処分申立てから5日後に審判官と面接を行った。しかし、面接の場で、審判官から本事案では保全の必要性が認められず保全処分は出せないとはっきり言われ、結局同申立てを取り下げることとなった。審判前であっても保全処分であることには変わりなく、また、前述のように担保金を要しないこともあり、保全の必要性は厳しく求められることを痛感した。保全の必要性が認められない主な理由は以下のとおりであった。

① 預金債権A・Bについてはすでに凍結しており、遺産散逸のおそれはない。
② 預金債権CについてはY子の名義であり、後述する別訴での遺産確認を経ない限り判断できない。本申立ての疎明程度ではおよそ甲の遺産であることを前提として保全処分を決定することはできない。
③ 山林については、評価がされておらず、現在の相手方の言動からしても散逸のおそれはない。

申立て却下の審判を得て即時抗告することも考えられたが、預金債権Cの遺産確認や遺産分割調停・審判の本案について1つずつ解決していくこととし、P弁護士は、本保全処分を取り下げることにした。なお、預金債権Cについて保全を講じるのであれば、後述する別訴で遺産確認訴訟を検討し、これに付随して民事保全法上の保全処分手続をとることになると思われる。

IV 遺産確認の訴え

1 相談記録

P弁護士：Y名義である口座の預金（預金債権C）が、なぜお父さんの遺産といえるかもう少し詳しく教えていただけますか。

X　男：はい。父は生前、小さな不動産屋を経営していました。私は大学を出て大手の不動産会社に勤めていたのですが、父が70歳を迎えたのを機に、跡を継ぐために退職して父の店で働くようになりました。父は、私が店を継いだことに感謝していたのか、常日頃から、「私にはこれまで貯めた預金が4000万円ある（預金債権A）。私が死んだらお前にこれをやるので、お母さんと店を頼む。Y子には、昔からY子名義で私が預金してきた口座がある（預金債権C）ので、これを渡せばいい。もう一つの口座の預金（預金債権B）はみんなで分けてくれ」と言っていました。結局母が先に亡くなりましたが、母の遺産分割協議の時も、父は、私とY子の前で同じことを言っておりました。

P弁護士：お父さんが、自分のお金でY子さん名義の預金（預金債権C）をしてきたことがわかる証拠がありますか。ほかの2つの口座の預金（預金債権A・B）の取引明細書をみても、そこから直接Y子さん名義の口座に資金が移動した形跡はないようですが。

X　男：調べてみます。Y子名義口座の預金（預金債権C）も父の遺産に当然含まれるはずです。Y子はこれを認めませんが、そうすると私にくれるといった口座の預金（預金債権A）や山林と一緒に、遺産分割調停や審判で解決することはできないのでしょうか。

P弁護士：そうですね。遺産分割の審理は、遺産の範囲が確定していることが前提となります。当事者の合意があれば別ですが、Y子さん名義の口座の預金（預金債権C）のように遺産に含まれるか争いがある場合には、別に民事訴訟を提起して、その口座の預金が遺産に含まれることを確認しておく必要があります。もっとも、預金債権の場合はその性質から遺産確認の

訴えができるかは問題があります。

2 遺産分割審理の過程

遺産分割審理の過程として、以下の事項が検討される（司法研修所編『遺産分割審判書作成の手引〔改訂版〕』1頁）。

① 前提問題
　ⓐ 遺言の有無
　ⓑ 相続人の範囲の確定
　ⓒ 遺産の範囲の確定
② 相続分の修正問題
　ⓐ 特別受益
　ⓑ 寄与分
③ 相続財産の評価の問題
④ 具体的な分割の問題

遺産分割の審判は、①がクリアされていることが前提となり、①に争いがあれば、事前に民事訴訟で確定させておかなければならない。〈*Case* ⑨〉においては、まさに①ⓒの遺産の範囲に争いがある事案なので、遺産分割審判の前に民事訴訟による確定が必要である。具体的には、遺産確認の訴えを提起することになる。もっとも、預金債権は可分債権であり、後述するように遺産分割対象財産とならないとされていることから、確認の訴えの可否について問題がある。

3 預金債権の性質

預金債権も金銭債権の一種であり相続性は肯定される。しかし、判例は、預金債権は可分債権であり、可分債権は相続開始と同時に「法律上当然分割され各共同相続人がその相続分に応じて権利を承継する」として、遺産分割の対象にはならないとしている（最判昭和29・4・8民集8巻4号819頁）。

ただし、以下の2点に限り預金債権が遺産分割の対象となることが認められるとされる。

(1) 共同相続人全員の合意がある場合

共同相続人の全員の合意があれば、遺産分割の対象となし得るとするのが実務の運用であり、判例でも認めるところである（高松高判平成18・6・16判タ1277号401頁）。

(2) 定額郵便貯金債権

定額郵便貯金には分割払戻禁止の制限が付されている特殊性から、当然分割されずに遺産分割の対象になることが認められる（最判平成13・3・23訟月48巻6号1461頁、最判平成22・10・8民集64巻7号1719頁）。これらの判例からすると、将来他の金融機関の定期預金債権も同様に扱われる可能性がある。

〈*Case* ⑨〉では、上記例外を満たさないので、預金債権Cは遺産分割の対象とならない。

(3) 遺産確認の訴えの可否

預金債権Cが遺産分割対象財産とならなくても、後述する、金融機関に対する預金払戻請求の前提として、甲の遺産に含まれることを確認させたいところである。そこで、預金債権の確認の訴えが提起できるかが次に問題となる。

ここで、遺産確認の訴えの一般的な知識をおさえておく。遺産の範囲について、当事者の合意があれば預金債権でさえも分割対象財産になることは前述したところである。次に、合意がない場合、遺産分割審判において遺産の範囲を決定できるかといえば、遺産分割審判には既判力がないため終局的に確定することはできない（最判昭和41・3・2民集20巻3号360頁）。そこで、遺産確認を提起する利益があるとして一般的に遺産確認の訴えが認められている（最判平成元・3・28民集43巻3号167頁）。なお、同訴えは固有必要的共同訴訟であるとする（前掲最判平成元・3・28）。

では、預金債権について遺産確認の訴えを提起できるか。この点、預金債権は可分債権であり、相続開始時に共同相続人に当然分割承継されるため遺

産に属さないことから、本訴えの対象にはならない（確認の利益がない）とされる（前掲高松高判平成18・6・16）。

以上からすると、〈*Case* ⑨〉の預金債権Cについては、遺産確認の訴えの対象とすることは難しいと思われる（これを肯定する裁判例は見当たらない）。

結局、遺産確認訴訟で預金債権Cが甲の遺産に含まれることの確定はできないことから、Y子が預金債権Cをこれまで勝手に引き出していたと主張するのであれば、引き出した現金をY子が不当に利得したとして自己の相続分について不当利得返還請求訴訟を提起して、その中で、預金債権Cは甲が預金したものであることを主張していくことになろうか。もっとも、かかる主張の立証は難しいものとなろう（後述Ⅵ参照）。

Ⅴ　預金払戻請求訴訟

1　相談記録

X　男：預金債権が遺産分割対象財産に含まれず、Y子名義口座の預金（預金債権C）が父の遺産として認められるにはハードルが高いことはわかりました。ところで、Y子は、父の介護をしたからといって寄与分を主張するようですが、父は平成25年12月に脳梗塞で倒れた後は、亡くなるまで病院に入院しておりました。Y子は入院手続等をしたかもしれませんが、介護らしい介護はしていないはずです。寄与分など認めるわけにはいきません。

P弁護士：そうすると、遺産の大半を占める2つの口座の預金（預金債権A・B）について、仮に遺産分割審判の申立てをしても時間がかかりますし、なおかつ、当方の取り分が法定相続分より少なくなる寄与分が主張されるということであれば、先に

　　　　　　　法定相続分だけでも確保しておきましょうか。
　Ｘ　　男：遺産分割審判をしないで、先に2つの口座の預金（預金債権
　　　　　　　Ａ・Ｂ）の半分を確保できる方法があるのですか。
　Ｐ弁護士：はい。先ほど説明したとおり、預金債権は当然に相続人に分
　　　　　　　割承継され、分割対象財産ではないので、Ｘ男さんの法定
　　　　　　　相続分について直接Ａ銀行とＢ銀行に請求する方法があり
　　　　　　　ます。もっとも、銀行側は簡単には応じてくれませんが。

2　金融機関との交渉

　預金債権について、相相続人との間で遺産分割対象財産とする合意がない場合は、遺産分割審判はできない。かかる場合は、自己の法定相続分について、直接金融機関に対し請求することを考えることになる。もっとも、預金債権は、遺産分割において遺産を適正かつ公平に分配するために調整する財産という性格がある。たとえば、預金債権以外に不動産があり代償金が問題となりうる場合や、自身が寄与分を主張する場合など、安易に預金払戻手続をしないほうが良い場合もあるので見極めが重要である。

　請求方法は、任意の払戻請求と裁判による払戻請求がある。

　任意の払戻請求は、相続人全員の合意があれば当然認めてもらえるが、全員の合意がなくても、預金払戻しの必要性があり、かつ、相続人間に争いがないなど二重払いの危険がないことが疎明できれば、請求者個人に対する持分払戻しもしくは代表者に対する一括払戻しを認めてもらえる場合がある。たとえば、相続人が全国に多数散らばって存在し、かつ不在者等がいる場合に、連絡がとれた相続人間で特に争いがないことを疎明されるような場合である。その際の必要書類として、金融機関により異なるが、各種戸籍等謄本、相続人関係図、印鑑証明書（もちろん連絡がつく相続人の限度で）等などが求められる。

3 預金払戻請求訴訟

〈Case ⑨〉では、価値ある遺産のほとんどが預金債権という中で、相相続人が寄与分50％を主張している事案であり、金融機関は任意の預金払戻しに応じない。そこで、A銀行およびB銀行に対し、預金払戻請求訴訟を提起することとした。

預金払戻請求訴訟において、金融機関は二重払いの危険を主張して答弁するものの、預金債権（可分債権）はもともと相続により各相続人に法定相続分に応じて当然分割承継されるので、金融機関の主張は理由のない場合がほとんどであろう。したがって、預金払戻請求訴訟は、原告のほぼ勝訴となり、また、相続人および預金額等の事実確認がなされた後に原告の勝訴的和解で終結する場合が多い。

【書式 2-9-1】 預金払戻請求訴訟の訴状（〈Case ⑨〉）

訴　　状

平成26年11月6日

東京地方裁判所民事部　御中

　　　　　　　　　　　　原告訴訟代理人弁護士　○　○　○　○

〒○○○－○○○○　東京都○○区○○1丁目2番3号
　　　　　　　　　原　　　　告　X男
〒○○○－○○○○　東京都○○区○○4丁目5番6号
　　　　　　　　　○○法律事務所（送達場所）
　　　　　　　　　上記原告訴訟代理人弁護士　○　○　○　○
　　　　　　　　　電話　03－0000－0000
　　　　　　　　　FAX　03－0000－0000
〒○○○－○○○○　東京都○○区○○9丁目8番7号
　　　　　　　　　被　　　　告　株式会社A銀行
〒○○○－○○○○　東京都○○区○○6丁目5番4号

被　　　　　　告　株式会社Ｂ銀行

預金払戻請求事件
　　訴訟物の価額　　金750万円
　　貼用印紙額　　　金4万円

第1　請求の趣旨
　1　被告株式会社Ａ銀行は、原告に対し、金500万円及びこれに対する平成〇年〇月〇日から支払済みまで年6分の割合による金員を支払え。
　2　被告株式会社Ｂ銀行は、原告に対し、金250万円及びこれに対する平成〇年〇月〇日から支払済みまで年6分の割合による金員を支払え。
　3　訴訟費用は被告らの負担とする。
との判決及び仮執行宣言を求める。

第2　請求の原因
　1　当事者
　　被相続人である訴外甲は、平成26年7月7日死亡し、同日相続が開始した（甲1の1、2）。
　　訴外甲の相続人は、同人の長男である原告及び長女である訴外Ｙ子の2名のみである（別紙相続人関係図、甲2の1～5）。
　2　預金契約の相続
　(1)　訴外甲は、被告株式会社Ａ銀行（以下「Ａ銀行」という。）との間で、別紙預金目録1記載のとおり、平成〇年〇月〇日、被告Ａ銀行〇支店に普通預金口座を開設し、平成〇年〇月〇日現在の本件口座の預金残高は利息も含め1000万円である（甲3の1、2）。
　　訴外甲は、被告株式会社Ｂ銀行（以下「Ｂ銀行」という。）との間で、別紙預金目録2記載のとおり、平成〇年〇月〇日、被告Ｂ銀行〇支店に普通預金口座を開設し、平成〇年〇月〇日現在の本件口座の預金残高は利息も含め500万円である（甲4の1、2）。
　(2)　原告及び訴外Ｙ子は、平成26年7月7日、相続により別紙預金債権目録1及び2記載の預金債権について、法定相続分に従いそれぞれ2分の1の割合で取得した。

3　払戻請求

　原告は、平成26年〇月〇日、被告A銀行に対し、同年〇月〇日、B銀行に対し、それぞれ別紙預金目録1及び2記載の預金債権の払戻請求をしたが、それぞれ、相続人全員の署名等が整わないなどの理由により、これを拒絶した。

4　結論

　よって、原告は、被告A銀行に対し、別紙預金目録1記載の相続預金のうち法定相続分2分の1にあたる金500万円について、被告B銀行に対し、別紙預金目録2記載の相続預金のうち法定相続分2分の1にあたる金250万円について、それぞれ払戻しを求める。

以上

証　拠　方　法

甲第1号証の1　　　除籍謄本
（以下、略）

付　属　書　類

1	訴状副本	2通
2	甲号証副本	3通
3	証拠説明書	3通
4	資格証明書	2通
5	委任状	1通

（別紙）

相続人関係図

（略）

以上

(別紙)

預 金 目 録

1　銀　行　名　　株式会社A銀行
　　支　店　名　　○支店
　　預金の種類　　普通預金
　　口　座　番　号　　○○○○○○○
　　名　義　人　　甲
　　債　権　額　　1000万円（平成26年○月○日時点）
2　銀　行　名　　株式会社B銀行
　　支　店　名　　○支店
　　預金の種類　　普通預金
　　口　座　番　号　　○○○○○○○
　　名　義　人　　甲
　　債　権　額　　500万円（平成26年○月○日時点）

以上

【書式2-9-2】　預金払戻請求訴訟の答弁書（〈*Case* ⑨〉）

平成26年(ワ)第○○号　預金払戻請求事件
原　　　告　　X男
被　　　告　　株式会社A銀行　外1名

答　弁　書

平成26年○月○日

東京地方裁判所民事第○部○係　御中

　　　　　　　〒○○○−○○○○　東京都○○区○○3丁目2番1号
　　　　　　　　　　　　　　　○○法律事務所（送達場所）
　　　　　　　　　　　　　　　電　話　03−○○○○−○○○○
　　　　　　　　　　　　　　　ＦＡＸ　03−○○○○−○○○○

被告株式会社A銀行訴訟代理人
弁護士　○　○　○　○

第1　請求の趣旨に対する答弁
　1　原告の請求を棄却する
　2　訴訟費用は原告の負担とする
との判決を求める。

第2　請求の原因に対する答弁
　1　被告株式会社A銀行（以下「A銀行」という）は、請求の原因1ないし3記載の被告A銀行に関する各事実について、特段争うものではない。
　　しかしながら、被告A銀行において相続された預金払戻の際に、相続人全員の同意・連署等を要求しているところ、これは取りも直さず、二重払いの危険の回避等の金融機関としての善管注意義務を尽くすためにほかならない。相続人間での法律的紛争が想定される状況下で、二重払いの危険等を回避すべく一部の相続人からの払戻請求に対する支出を差し控えることは、金融機関として合理的な取扱である。
　　これに対し、金融機関が預金払戻請求に応じた場合に保護される法律構成としては、預金約款の免責規定若しくは債権の準占有者への弁済（民法478条）が考えられるところ、このような状況下で預金払戻請求に応じた場合の事後的な評価として、「法律的紛争に至る可能性が相当程度あることを認識している以上、漫然と預金払戻請求に応じた」として「有過失」と評価される可能性があることは否定できない。加えて、金融機関の善管注意義務に関わる一般社会の評価・見方に照らせば、より一層の慎重かつ堅実な対応を選択することが求められているといえる。
　　実際、本件訴訟提起前に、被告A銀行が原告から任意の預金払戻請求を受けた際に、相続人全員の署名等を要する取扱である旨説明したところ、相相続人である訴外Y子は寄与分を主張しており、相続人全員の署名が整うことが難しいことが判明した。一部の相続人に寄与分の主張がなされているとすると、遺産の対象として預金債権の範囲に法律的紛争が生じる蓋然性が存することは容易に想定できる。
　　言うまでもなく、およそ金融機関において、各相続人の預金の分配につ

いて法的判断を下す権限も能力もない。このような二重払いの危険を回避すべく、一部の相続人から預金払戻請求に対する支払を差し控えることは善管注意義務を負った金融機関として、やむを得ない合理的な対応なのである。
　2　なお、原告により遅延損害金の主張がなされているが、被告Ａ銀行通常の取扱上、相続が発生した場合の払戻手続において、一律相続人全員の署名・捺印を必要とする取扱であるため、その条件が整わない以上預金払戻請求に応じられないことは当然であり、かつ、違法ではない。
　　　　　　　　　　　　　　　　　　　　　　　　　　　　　　　以上

　結局、本訴訟では、原告が遅延損害金を譲歩してAB両行とも元本および利息の満額で和解が成立した。わずか2回の期日で終結し、当方の思惑どおり分割協議を経ずして預金債権の2分の1を取得することができた。
　なお、上記でも少し触れたが、〈*Case* ⑨〉のように遺産のほとんどが預貯金債権の場合（よくある事例である）、最高裁判所の当然分割承継説を前提とすると、当事者の分割対象財産とする合意がない限り、個別に預金払戻請求ができてしまうことから、寄与分（民904条の2）や特別受益（同法903条）を考慮する機会が奪われ、同制度を設けた趣旨が没却されることになり、相続人間の公平も著しく害されるとの指摘がある。現在のところ、この問題を判断した裁判例は見当たらない。しかし、預貯金債権（可分債権）の性質論に拘泥して実質を顧みず、同債権だけに寄与分や特別受益が適用されないとはあまりにも不合理であり、このあたりの争点については機会があるときに争ってみたいものである。

Ⅵ　使途不明金を争う方法（特別受益と不当利得返還請求）

1　相談記録

　Ｘ　男　：甲名義の2つの口座（預金債権Ａ・Ｂ）の法定相続分は確保

しました。しかし、前にも申し上げたとおり、同債権の取引明細をみると、父がＹ子と同居し始めた平成23年4月頃には2口座合計して4000万円弱ありましたが、父が亡くなった平成26年7月7日の時点では2口座合計で1500万円まで減っています。父とＹ子の同居時から毎月50万円ほど引き出されているのです。当時父はすでに年金を受給しており、父の生活費にそんなにかかるはずがありません。父が平成25年12月に脳梗塞で倒れて入院してからは、80～100万円以上が引き出されています。入院といっても高額医療の社会保障もありますし、これも不自然な支出です。百歩譲って入院後に費用が嵩んだとしても、これらの多額な引出しをしておきながら寄与分を主張するのは全く不合理です。Ｙ子が私的に流用していたに違いありません。Ｙ子が使ったお金を遺産に返還させることはできないでしょうか。

Ｐ弁護士：Ｙ子さんから、介護に関する寄与分の主張以外に、お父さんのために何かお金を使ったとのお話を聞いたことがありますか。

Ｘ　男　：父との同居を始めるにあたり、Ｙ子の自宅を改良する必要性が生じ、そのために費用がかかったと聞いたことがあります。

Ｐ弁護士：仮にその費用がお父さんの預金から支出されているとして、その自宅の改良は誰のためになされたのでしょうか。また、そこには、お父さんの意思があったのでしょうか。

Ｘ　男　：父から自分の意思やお金でＹ子の自宅を改良したなどと聞いたことはありません。Ｙ子が父を利用して、自分の家族のために改良したに違いありません。

2 検　討

〈Case ⑨〉は、被相続人名義の預金口座から相続開始前に毎月50〜100万円が不自然に引き出されていたという、いわゆる使途不明金がある場合の事案である。

まず、Y子が甲に無断で預金を引き出していれば、甲がY子に対し、不当利得返還請求もしくは不法行為に基づく損害賠償請求を考え、X男は、これらの請求権の2分の1を相続して請求することになる。

次に、〈Case ⑨〉の預金の引出しが甲の意思によるものであった場合、甲がY子の自宅で自分の生活を維持していくうえで必要な支出であったとすれば、自分の生活のために自分の預金を使ったにすぎず、遺産の持戻しの問題は生じない。他方、甲が自分の意思で預金を引き出したとしても、Y子の生活の一助のために渡していたということであれば、特別受益が問題となる。

結局、遺産分割審判を申し立てて特別受益を主張するか、民事訴訟で不当利得返還請求もしくは損害賠償請求をするかは、立証の難易および証拠の有無等を勘案して、ある程度の事実認定の見通しを立てて選択するほかない。

〈Case ⑨〉では、いずれを選択するにせよ、引き出した預金の使途不明金額の精査とY子に対する使途の開示を迫ることになるが、以下の理由から不当利得返還請求をすることとした。

① 特別受益では甲の生前贈与の意思および行為を立証しなければならないところ、かかる点について、生前の甲からの話も含め情報が全くないこと
② 使途の立証にあたり、民事訴訟のほうが証拠調べ手続が充実していること。この点、平成25年1月に施行された家事事件手続法により証拠調べについて原則として民事訴訟法の規定を準用するとされたが（家手64条1項）、職権探知主義にそぐわない規定の準用は排除されている（たとえば、文書不提出の真実擬制（民訴208条）などは排除されている）。
③ 審判には既判力がなく紛争が蒸し返されるおそれがあること

④ 消滅時効の問題も、損害賠償請求（3年）ではなく不当利得返還請求（10年）であれば遜色ないこと
⑤ 〈*Case* ⑨〉の特別受益は預金債権から得られたものであり、遺産分割審判だと、遺産対象性の問題ではじかれてしまうおそれがあること

もっとも、不当利得返還請求を選択したとしても、立証は容易ではない。預金取引明細書を手がかりに、振込みであれば振込先の調査、現金引出しであれば銀行に対する預金払戻請求書の調査嘱託申立てなどをしながら、立証責任の転換を促してＹ子に使途に関する証拠の開示請求をしていくことになろう。これに対しＹ子は、甲が自分の意思で自分の預金を引き出して、自分のために費消したにすぎないと主張するだろう。仮に、預金引出しがＹ子の自宅改良に使われたと推認されるとしても、甲が自分の生活環境（Ｙ子との同居）を整えるために、自分の意思で甲に支出したと主張することが考えられる。乗り越えなければならないハードルがたくさんある。

Ⅶ 遺産分割審判（当事者の一部が出廷しない場合）

1 相談記録

Ｘ　男：使途不明金についての不当利得返還請求訴訟はなかなか難しいことはわかりました。しかし、先に預金の半分を得たこともあり、先生にお願いしたいと思います。
Ｐ弁護士：そうですか。であれば早急に準備しましょう。
Ｘ　男：ところで、遺産に固定資産税もかからないような価値のない山林が残っています。価値がないから放っておいてもよいでしょうか。
Ｐ弁護士：Ｘ男さんはこの山林は必要ですか。お父様の縁の山林ですよね。
Ｘ　男：この山林はいりません。私は見たこともないですし、管理も

面倒なので。
P弁護士：Y子さんはどうでしょう。
X　男：Y子もいらないと言っていましたが、何が何でもいらないという感じではありませんでした。父の形見のように思っているのかもしれません。
P弁護士：今は固定資産税が課せられていなくても、将来いつ課されるようになるかわかりません。また、山林に生えている木に価値があったり、ゴルフ場や送電線の設置にかかわる可能性があったりするなど、何らかの市場価値が見込まれて売れる可能性が出てくる場合がありますから、まずは、その山林の調査が必要です。
X　男：わかりました。一度調べてみます。
P弁護士：もし、調査しても、やはり価値がない場合は少しやっかいです。一度不動産を取得して所有権移転登記をしてしまうと、次の所有権移転登記がなされない限り、登記簿上の所有者に税が課されます。地方の山林は売却が困難です。バブル期と違って今は自治体もなかなか引き取ってくれません。所有権を放棄しようにも、所有権放棄の登記などはありませんから、次の譲受人を探して登記をしてもらえなければ、登記簿上の所有者に対して半永久的に固定資産税が課されることになってしまいます。
X　男：そうなんですか。そうすると、価値がないと判明すれば何としてもY子に引き取ってもらいたいですね。
P弁護士：Y子さんに引き取る意思があるのであれば、まずは裁判外で直接打診してみましょう。それが無理であれば、遺産分割調停・審判を申し立てるか、不当利得返還請求訴訟で和解の話になったときに山林の分割も条項に入れてしまうか、あるいは、共有状態で放置し将来の固定資産税を折半して負担し

続けるかになります。

2 検討

現在固定資産税がかからない山林であっても分割対象財産に含まれ、遺産分割調停・審判の対象となる。Y子がそもそも話合いに応じないときは、遺産分割調停・審判を申し立てるのも1つの方法である。

しかし、〈Case ⑨〉では、Y子が遺産分割調停に出廷しない可能性がある。この点、遺産分割調停に当事者の一部が出廷しなくても、前述のⅣ2①の「前提問題」がクリアされていれば、調停から審判手続に自動的に移行して審判することができる。もっとも、この場合の審判は、一方当事者の意見のみを聞いてすることになるので、法定相続分に沿った基準で判断されることが多いように思われる。

〈Case ⑨〉では、山林だけを遺産分割対象として申し立てるので、「前提問題」がクリアされており審判が可能である事案といえる。しかし、X男が同審判で山林の放棄を主張しても、上記の理由により共有の審判が出る可能性も十分にある。

いずれにせよ、X男にこのような見通しをきちんと説明したうえで申立てを検討することになろう。

本稿は、複数の事例を組み合わせるなどして構成したものであり、実際の事例とは異なる。

第10章 相続株式売渡請求
——相続クーデターへの対処

I 事案の概要

〈Case ⑩〉

　甲野家具株式会社は、木製家具の製造を主力業務とする非公開会社である。同社の株主構成は以下のとおりであった。
- 甲野太郎（創業者・代表取締役）　　　　　1000株
- 乙山次郎（創業時からの側近・専務取締役）　200株
- 丙川三郎（中途入社の銀行OB・総務部長）　100株

　甲野家具株式会社の定款には、株主に相続が発生したときには会社が相続人に対し株式の売渡しを請求できる旨の規定がある。

　今般甲野太郎が死亡し、甲野太郎より同社の株式を相続したXは同社より株式売渡請求を受けたため、A弁護士へ対応を依頼した。

II 実務上のポイント

〈Case ⑩〉における実務上のポイントは、以下の2点である。
① 相続株式売渡請求制度に関する法律上の問題点
② 株式売買価格決定事件解決の勘所

Ⅲ 相続株式売渡請求とは

1 事 例

X　氏：はじめまして、Xといいます。3カ月前、私の父である甲野太郎が亡くなりました。相続人は長男の私だけです。父は甲野家具株式会社の創業者であり筆頭株主だったのですが、会社から私に対し、株式を売り渡せという請求がきました。私はどうしていいか全くわからず、相続税申告をお願いしていた税理士さんに相談したところ、先生をご紹介いただいた次第です。

A弁護士：よろしくお願いいたします。お父様が亡くなられてただでさえ大変な時期にそのような事態になり、ご苦労されていることとお察しします。ところで、会社からは、何か文書で通知がきていますか。

X　氏：はい。この手紙が先週内容証明郵便で届きました。

A弁護士：拝見します。「当社は、平成26年8月29日に開催した臨時株主総会の決議により、当社定款第9条に基づき、甲野太郎氏が保有していた当社株式1000株を相続した貴殿に対し、当該株式の売渡を求める旨を決定しました。つきましては、当該株式を当社に売り渡されるよう請求いたします。売買金額につきご希望がございましたら、平成26年9月15日までにお知らせください……」。

X　氏：本当に寝耳に水でした。だいたい、自分から株を売れと言っておいて、条件は言わずに期限を切ってこちらの主張を言えだなんて、ずいぶんな話ではないでしょうか。

A弁護士：同感ですね。おそらく、協議はせずに裁判所で決めるつもり

なのでしょう。ところで、定款はお持ちでしょうか。……ありがとうございます。「当会社は、相続その他の一般承継により当会社の株式を取得した者に対し、当該株式を当会社に売り渡すことを請求することができる」とありますね。附則をみると、平成18年にこのように定款変更したようです。なぜこのような定款にされたのかわかりますか。

X　氏：わかりません。というのも、私は会社の経営に携わっていなかったのです。父は私に、「大学を出て10年は社会勉強してから会社に入ってこい」と言い、私は甲野家具とは全く関係のない会社に就職しサラリーマンをしているのです。今年がちょうどその10年目ですので、「そろそろ会社に入って事業承継の体制づくりをしよう」と父と話していたのですが、その矢先に父が突然亡くなってしまいました。

A弁護士：そうでしたか。それは本当にお気の毒でしたね。お父様がXさんを後継者にと考えていたならば、お父様がこの内容を理解して定款変更したとは考えづらいですね。難しい話は省略しますが、会社法という法律ができて、定款変更をすれば小さな会社はそれに見合った体制に組織変更ができるようになったのですが、世に出回っている定款のモデルを基に内容をよく理解しないまま定款変更してしまった会社が少なからずあるようです。お父様の会社でも、そういったことが起きたのかもしれません。

X　氏：なるほど。あるいは、父は丙川にだまされたのかもしれません。父は職人気質だったのですが、会社が大きくなるにつれて管理業務に疲弊していきました。そこで父は銀行OBの丙川を中途採用して管理業務を任せるようになったのですが、昔からの従業員からは丙川のよくない噂をたくさん耳にしていたようです。今回のことも、乙山が考えつくようなことと

A弁護士：確かに、その可能性もあるかもしれませんね。ただ、誰が主導したかということはさておき、定款変更自体が無効だということは非常に難しいように思います。

X　氏：はい。私もこのような事態になった以上、乙山や丙川と一緒に甲野家具を経営したいとは思いませんし、1人で経営するのも現実的ではないと思いますので、株を売ってすべてを清算したいと考えています。ところで先生、1つ疑問があるのです。会社の株主構成は、父から私へ相続された株式が1000株、乙山と丙川は合わせても300株です。株主総会で決めたと書いてありましたが、私は招集通知も受け取っていませんし、私が出席・賛成せずに、そんな決議はできないのではないでしょうか。

A弁護士：普通はそう思いますよね。それがこの制度の問題として指摘されているところなのです。その点はまた追ってお話するとして、まずは私から会社の代理人へ受任通知を出しておきますね。

2　相続株式売渡請求の意義

　会社法174条は、「株式会社は、相続その他の一般承継により当該株式会社の株式（譲渡制限株式に限る。）を取得した者に対し、当該株式を当該株式会社に売り渡すことを請求することができる旨を定款で定めることができる」と定め、同法175条以下でその手続について規定している。

　この規定の趣旨は、株式譲渡制限の定めのある会社において、会社にとって好ましくない者が株式を相続して株主となることや、株式が多くの相続人に分散して企業統治が困難になることを抑止する点にあるといわれている。

特に同族会社の支配権問題を考えた場合、この制度は極めて大きな効果をもたらすものである。

　もっとも、平成18年の会社法施行により企業統治のあり方に劇的な変化が生じる中で、かような制度が新設されることが十分に周知されていたかは疑問がある。特に中小企業においては、新会社法成立による変更点のうち、取締役会や監査役の非設置・株券の不発行・役員任期の伸長など、経営コストの圧縮につながる制度への注目度が高かったと思われる。

　そして、上記1においてA弁護士が指摘しているように、これらの制度を導入するために定款変更を実施する際、相続株式売渡請求の規定が含まれたひな型をベースにした結果、ほとんど無意識的に相続株式売渡請求制度が導入されてしまった例が少なからずあるのではないかと危惧される。

3　「相続クーデター」の危険性

　相続株式売渡請求の危険性は、〈*Case* ⑩〉のように、非支配株主が支配株主を追放して自身が支配株主の地位につくことを可能にしていることである。いわゆる「相続クーデター」とよばれる現象である。

　相続クーデターが可能になるのは、株式売渡請求権の行使を決める株主総会において、売渡請求を受ける者は議決権を行使することができないとされているからである（会175条2項）。

　売渡請求を受ける相続人は、相続した株式はもちろん、相続以前から自身が保有していた株式についても議決権を行使できないというのが通説的見解であり、立法担当者の理解も同様のようである。

　たとえば、株主が被相続人A、相続人B、第三者Cの3人であったときに、Cに臨時株主総会の招集権さえあれば（会社法297条により6カ月以上継続して3％以上の株式を保有していることが求められる。ただし定款により要件を緩和することも可能）、売渡請求を可決させることが可能になる。その結果、Aの保有していた株式はすべて自己株式となり議決権が消滅する。したがって、Bが相続前より有していた株式がCのそれよりも少なければ、この

会社の実質的支配権がCに移ることになる。私見だが、これは制度的欠陥、法の不備ではないかと考える。

立法担当者とすれば、制度上相続クーデターのような現象が起きうることは予測し得るのに、支配株主自身があえて定款変更してかかる制度を導入したのだから不都合はないと考えるのかもしれない。

しかし、非公開会社の多くは創業者やその後継者に株式を集中させており、かような支配株主の合理的意思として、自身が後継者を指名できなくなるような制度を積極的に導入するということは考えがたい。法定相続人の中に後継者として望ましくない者がいる場合や従業員の誰かに会社を継がせたい場合もあろうが、それは本来遺言や遺留分対策によって対処すべき問題であろう。遺言によって法定相続人の中で最も適任と思われる者に株式を相続させたのに、相続株式売渡請求によりそれが覆されるというのは、支配株主の合理的意思に反しているのではないかと感じる。

4　相続クーデターの予防

それでは、仮にかような定款の規定がある場合、オーナー社長が相続クーデターを予防するにはどうすればよいであろうか。いくつか検討する。

(1) 相続株式売渡請求規定の廃止

第1に検討すべきことは、再度定款変更してかかる規定を廃止することであろう。特に、前述のように特段意識せずにかかる規定を導入してしまった場合には、これを廃止することが最も適切な方法ではないかと考える。

(2) 議決権制限種類株式、人的種類株式の活用

オーナー社長の希望として、「自分の保有する株式は子息に相続させたいが、非支配株主（〈Case ⑩〉でいうところの乙山、丙川）が保有する株式については相続による株主の交代、増加を避けたい」という場合には、売渡請求の制度自体は残す必要がある。

その場合には、非支配株主の株式のみ、議決権制限種類株式（会176条）や人的種類株式（同法109条2項）にするという予防策が考えられる。

確かに理論的にはこの方法で相続クーデターを抑止できると考えられ、この方法を推奨する意見も散見される。しかし、「そもそもなぜオーナー社長以外の者が株式を保有しているのか」という視点からすると、これが現実的な方法であるかはやや疑問がある。

一般に、オーナー社長やその親族以外の者に株式を保有させる目的としては、会社の中心メンバーに株式を保有させることで経営への参加意欲、帰属意識を高めたいということが考えられる。

しかし、「オーナー社長の株式だけが議決権行使や相続可能であり、他の株主の株式については議決権行使や相続を認めない」というのでは不公平感を拭い去れない。他の株主からすれば、「株主、共同経営というのは体面だけで、結局は自分は雇われの身である。オーナーのみが自己保身を図ることができ、自分はオーナーの子息に服従を強いられる立場である」と感じてしまうだろう。

したがって、発行済みの株式の一部を上記のような種類株式等に変更することにつき非支配株主の賛成は得がたく（発行されている普通株式の一部のみを種類株式に変更するには、各株主との合意が必要であるとするのが通説である）、不本意ながら賛成するとしても深刻な軋轢を生むおそれがある。また、新たに付与する株式をそのような特殊な株式とするくらいならば、株式付与以外のインセンティブを検討したほうが得策ではないだろうか。

IV 商事非訟手続への移行

A弁護士は甲野家具株式会社の代理人B弁護士に対し、〈*Case* ⑩〉についてX氏の委任を受けたことを通知し、株式の売買価格については甲野家具株式会社側でしかるべき根拠と合わせ金額を提示するよう求める旨の手紙を出した。

ところが、それから2週間が経過しても何の音沙汰もないため、B弁護士へ電話したところ、「近日中に裁判所へ商事非訟申立てをする予定」との回

答であった。後日、Xの下に裁判所より申立書が送達された（【書式2-10-1】参照）。A弁護士は公認会計士と相談のうえ、答弁書を提出した（【書式2-10-2】参照）。

【書式2-10-1】 株式売買価格決定申立書（〈Case ⑩〉）

株式売買価格決定申立書

平成26年10月1日

東京地方裁判所民事第8部　御中

申立人代理人弁護士　B

〒〇〇〇—〇〇〇〇　東京都〇〇区〇〇　〇—〇—〇
申立人　甲野家具株式会社
代表者代表取締役　乙　山　次　郎

〒〇〇〇—〇〇〇〇　東京都〇〇区〇〇　〇—〇—〇
（送達場所）B法律事務所
代理人弁護士　B
TEL　03—〇〇〇〇—〇〇〇〇
FAX　03—〇〇〇〇—〇〇〇〇

〒〇〇〇—〇〇〇〇　東京都〇〇区〇〇　〇—〇—〇
相手方　X

申立の趣旨

「別紙物件目録記載の株式について、その売買価格を1株あたり3万2500円とする」との裁判を求める。

申立の理由

1　当事者

　申立人は、東京都〇〇区に本店を置く株式会社であり、発行済の全株式について譲渡制限のあるいわゆる非公開会社である。

　相手方は、申立人の株式を相続した者である。

2　約款の規定

申立人の約款には、「会社は、相続その他の一般承継により当社の株式を取得した者に対し、当該株式を当社に売り渡すことを請求できる」との定めがある（甲1、第9条）。

3　相続の発生

相手方の実父である甲野太郎は、申立人の普通株式1000株（以下「本件株式」という）を保有していたところ、平成26年6月5日に死亡し、唯一の法定相続人である相手方が本件株式を単独で相続した（甲2、甲3）。

4　株主総会決議

申立人は、平成26年8月29日、本店において臨時株主総会を開催し、相手方に対し、会社法176条に基づき本件株式を申立人に売り渡すことを請求することを決議した（甲4）。

5　売渡請求

申立人は、相手方に対し、平成26年9月1日付内容証明郵便をもって、本件株式を申立人に売り渡すよう通知し、同通知は翌9月2日に相手方に到達した（甲5）。

6　本件株式の株価

公認会計士の意見によれば、本件株式の売買価格は1株あたり3万2500円が相当である（甲6号証）。

7　結論

よって、申立人は会社法177条2項に基づき、本件株式の売買価格の決定を求める。

以　上

疎明資料

甲1号証	定款
甲2号証	株主名簿
甲3号証	戸籍謄本
甲4号証	株主総会議事録
甲5号証の1	内容証明郵便
甲5号証の2	同配達証明

甲6号証　　　株価鑑定意見書

添付資料

1　全部事項証明書　1通
2　委任状　　　　　1通
3　申立書副本　　　1通
4　甲号証写し

(別紙)

株式目録

株主名義　甲野太郎
会社名　　甲野家具株式会社
株式数　　1000株
種類　　　100株券
番号　　　Aい第0001号〜Aい0010号

1　検討――申立書作成時の留意事項

(1)　*Point 1*――株式売買価格決定申立事件の基礎知識

　裁判所に対する株式売買価格決定の申立ては、会社側のみならず株主側からも可能である。申立ては売渡請求があった日から20日以内に行わなければならない（会177条2項）。

　なお、売渡請求の意思表示自体は、一般承継があったことを知った日から1年以内に行わなければならない（会176条1項ただし書）。

　株式売買価格決定申立事件の管轄は、会社の本店所在地の地方裁判所である（会868条1項）。申立ては書面によらなければならず、印紙額は相手方1人あたり1000円である。

(2)　*Point 2*――申立ての趣旨はどう記載するか

　株式売買価格決定申立事件は非訟事件である。したがって、裁判所は当事

者の主張する売買金額に拘束されるものではなく、申立ての趣旨については売買価格の決定を求めるものであれば足り、申立人の希望する売買金額を明示することは必須ではない。

　そこで、申立人の側としては売買金額を明示するのが得策か否かを検討する必要がある。

　申立ての段階で具体的な金額が示されていない場合、第2回期日までに申立人側で意見書を付して具体的な金額を主張するという展開になり、第1回期日がほぼ無駄になってしまうおそれがある。

　また、多くの場合は公認会計士の意見書を得て価格を主張するが、意見書作成には相当の時間を要する。さらに、これを相手方の代理人弁護士が十分に理解して主張に反映することも容易な作業ではないため、期日の間隔を長めに設定する場合も多い。

　他方、申立て段階で意見書の提出と具体的な金額の主張がなされていれば、第2回期日までに相手方がこれに対する意見を述べ、または相手方も公認会計士に意見を求めるなどして主張金額を示すという進行になる。

　したがって、申立人側が迅速な紛争解決をめざすのであれば、売渡請求を行うと決めた時点で公認会計士に意見書作成を依頼し、申立て時には意見書とともに具体的な金額を主張することが望ましいと考える。

　他方、前記の売渡請求の意思表示や裁判所への申立ての期間制限との関係で、初動が遅れた場合には意見書の完成を待てないケースもあるだろう。特に、売渡請求から裁判所への申立てまでは20日しか時間がないため、売渡請求をしてから公認会計士に意見書作成を依頼したのでは期限までに意見書が完成しない可能性が大である。このような場合には、意見書を付さず、したがって売買金額を明示せずに申立てをするほかないであろう。

【書式 2-10-2】 答弁書（〈*Case* ⑩〉）

答 弁 書

平成26年11月1日

東京地方裁判所民事第8部　御中

〒〇〇〇-〇〇〇〇　東京都〇〇区〇〇　〇-〇-〇
（送達場所）A法律事務所
相手方代理人弁護士　A
TEL 03-〇〇〇〇-〇〇〇〇
FAX 03-〇〇〇〇-〇〇〇〇

第1　申立の理由に対する答弁
　申立の理由1項ないし3項および5項は認める。
　4項は不知。

第2　進行に関する意見
　相手方はこれまで申立人の経営に関与しておらず、申立人の事業状況、財務内容等に関する情報を一切有していない。
　したがって、相手方は申立人に対し、別紙の必要資料を提出することを求める。その提出を受けたのち、相手方においても適正な売買金額を検討し主張する予定である。

（別紙）

〈必要資料〉

概況	会社案内など（会社の沿革、ビジネス等の概要が分かるもの）	直近のもの
	会社の属する業界の近年の状況や今後の動向について参考になる資料	直近のもの
	商業登記簿謄本（履歴事項証明書）	直近のもの
	株主名簿（代表者との関係、株主の属性が理解できる資料）	直近のもの
	同族関係がある場合、関係図	直近のもの

	新株予約権原簿等（ストックオプションを発行している場合、個数、行使価格等が分かる資料）	直近のもの

財務情報	事業報告書、計算書類及びその附属明細書	2008年度以降直前事業年度まで（5〜6期分）
	税務申告書、勘定科目内訳明細書	2008年度以降直前事業年度まで（5〜6期分）
	株主総会招集通知とその添付書類	2008年度以降直前事業年度まで（5〜6期分）
	保有有価証券の明細、時価に関する資料	直前事業年度に係るもの
		非公開株式を保有している場合、当該投資先の直前事業年度分の財務情報（事業報告書、計算書類及びその附属明細書、株主総会招集通知とその添付書類）
	固定資産台帳	直前事業年度のもの
	不動産を保有している場合、直近の不動産鑑定士の鑑定評価書、登記簿謄本（全部事項証明書）	
	最新の中期又は長期経営計画、予測損益計算書、資金収支（キャッシュフロー）計画（配当計画を含む）、設備投資計画	
	進行期（当事業年度）の予算資料や、月次決算資料	
	過去に株価算定が行われた場合、当該算定資料	

　その他、算定過程において、提出資料の内容に応じ、資料の追加や釈明を求める場合がある。

2　検討——申立てを受けた株主側の対応

(1)　*Point 1*——公認会計士への依頼の要否

　〈*Case* ⑩〉のような相続株式売渡請求の場合や譲渡制限株式の買取り請求の場合、多くは何らかの形で公認会計士の意見を得て、これを参考にした解決が図られているものと思われる。非上場株式には取引相場が存在せず、双方の主張のみを踏まえて裁判所が決定を出したり和解案を示したりすること

は一般に困難だからである。

　公認会計士の意見を得るルートとしては、①会社側からの依頼、②株主側からの依頼、③裁判所からの依頼（鑑定）が考えられる。

　このすべてが行われるケース（すなわち合計3通の意見書が資料となるケース）もあるが、当然ながら意見書の作成には相応の費用と時間を要する。

　株主側の立場からすると、会社側からの意見書のみを基礎として裁判所に判断を委ねるというのはリスクが大きい。そうなると、会社側から意見書の提出が予想される場合の対抗策として、自身でも公認会計士へ意見書作成を依頼するか、裁判所経由での鑑定を申し立てることが考えられる。

　裁判所経由の鑑定のメリットは、私的鑑定に比べその信用性を高く評価される傾向にあるということだろう。これは適正賃料や立退料に関する不動産鑑定の場合と同様である。

　他方、デメリットとして、一般に裁判所経由の鑑定の場合は私的鑑定の場合よりも費用が高額になりがちであるという問題がある。また、私的鑑定の場合は公認会計士に最低限の資料を渡して大まかな見立てを聞いてから依頼するか否かを検討できる場合もあると思われるが、裁判所経由の鑑定の場合はそうした調整が一切できず、結果は蓋を開けてみないとわからないという問題がある。株主側の代理人弁護士としては、このような利害得失を十分に説明したうえで依頼者の判断を仰ぐ必要がある。

　また、会社側であれ株主側であれ、依頼者に公認会計士の知り合いがいないケースは多く、かつすべての公認会計士が非上場株式の価格算定に精通しているわけではない。依頼者において適当な公認会計士の心あたりがない場合は、弁護士が公認会計士を紹介することも少なからずあるだろう。

(2)　*Point 2*──意見書作成の費用と所要時間

　意見書作成に要する時間と費用については、事案や公認会計士により大きく異なるというのが実情であるが、たとえば以下のような事情があると、費用は高額になり、所要時間も長くなりやすいと思われる。

(A)　事業規模が大きい

一般に事業規模が大きければ大きいほど評価を検討すべき資産も多く、将来の業績予測にあたり考慮すべき要素も複雑になる。

(B) 決算書が不正確である

どのような評価方式をとるにせよ、株価算定の出発点となるのは決算書である。しかし、特に中小企業においては、決算書が不正確であることは少なくない。意図的に粉飾決算が行われている場合もあれば、経理担当者の知識不足等によるミスが多く存在する場合もあり、最悪の場合は決算書自体が作成されていないということもある。

このような場合、決算書上から不正が見受けられれば実態に即した評価をする必要があり、簿外資産、簿外債務の存在が疑われる場合には、どこまで調査をするのかが問題となってくる。

(C) 保有資産のうち不動産の占める割合が大きい

一般に不動産については簿価と時価の乖離が大きく、適正な評価をするためには、各不動産の時価を精査しなければならない。

したがって、保有資産のうち不動産の占める割合が大きい場合には、不動産の評価次第で株式の評価も大きく異なる結果となることから、不動産について別途不動産鑑定士による評価を実施する必要も生じ得る。そうなると、当然時間も費用もその分加算されることになる。

他方、不動産は保有していても資産全体に占める割合が小さい場合、すなわち不動産の評価が株価に与える影響が小さいと考えられる場合には、当事者双方の合意によって簡易な評価方法を採用する（たとえば、建物は固定資産評価額で評価し、土地は固定資産評価額、路線価、近隣の公示価格等に一定の係数を乗じる等）ことも考えられよう。

(D) 保有資産のうち非上場株式の占める割合が大きい

たとえば対象会社Ａ社がＢ社の株式を保有している場合、Ａ社の株価評価を行うにおいてはＢ社株式をどう評価するのかが問題になる。Ｂ社が上場企業であれば評価時点での終値を採用するなどすればよいであろうが、非上場であれば、Ｂ社についても資料を収集し、Ａ社と同様の株価評価をせ

ざるを得ない場合もある。A社とB社が純粋持株会社と事業会社の関係であればB社株式の評価をすることでほぼA社株式の評価も可能であろうが、多くの取引先非上場会社と株式の持ち合いをしているような場合には、実質的に複数社の株価算定が必要となり、公認会計士の負担は大きくなる。

　⑶　***Point 3***――依頼のタイミング

　特に株主側の場合、〈*Case* ⑩〉のように株価算定の基礎となる資料をほとんど有していないケースもある。そのような場合、資料提出に関するやりとりだけで時間を空費することを避けるため、【書式2-10-2】のように初期段階で会社側に資料提出を求めることが望ましいであろうが、意見書作成にあたり最低限どの程度の資料が必要となるかは対象会社の概況や公認会計士の方針にもよると思われる。よって、答弁書において資料提出を求めるならば、その時点で公認会計士の目星をつけておいたほうがよい。

　何らかの事情により取下げに終わる可能性が高い場合や、金額が小さく経済合理性に不安があるような場合を除いては、商事非訟の申立てを受けたらなるべく早期に公認会計士へ相談しておくことが望ましいと思われる。

V　第1回審問期日

その後、第1回審問期日が開かれ、以下のやりとりがなされた。

> 裁 判 官：それでは、第1回の審問期日を始めます。申立人からは申立書、相手方からは答弁書が提出されています。会社としてはXさんから株式を買い取りたいということですが、他の方法による解決のお考えはありますか。
> B弁護士：特にありません。
> 裁 判 官：それでは、株価の算定の話を進めたいと思いますが、相手方が求められている資料は裁判所も拝見したいと思います。書証として提出いただけますか。

B弁護士：わかりました。
裁 判 官：相手方は、資料が揃ったら公認会計士等へ意見書を依頼されますか。
A弁護士：はい。その予定です。
裁 判 官：時間はどれくらい必要ですか。
A弁護士：資料が揃ってから2カ月ほどいただければと思います。
裁 判 官：やむを得ないですね。少し余裕をみて3カ月先に期日を入れたいと思います。申立人は、2週間以内に資料を提出していただけますか。
B弁護士：わかりました。

VI 第2回審問期日

3カ月後、第2回審問期日が開かれた。

裁 判 官：それでは、第2回の審問期日を始めます。申立人から、相手方から要望のあった資料一式が甲号証として提出されています。相手方からは公認会計士作成の意見書と、準備書面が提出されています。相手方の準備書面の趣旨は、株式の評価額としては相手方提出の意見書のとおり1株あたり10万5000円が妥当である、双方の意見書の内容を比較して、相手方の意見書のほうが合理的であるということですね。
A弁護士：はい、そのとおりです。
裁 判 官：今後の進行についてはどうされますか。申立人の側でも準備書面で主張されますか。
B弁護士：いえ。内容的にかなり専門的なことですし、双方の主張金額の開きが大きいので、いずれにせよ裁判所経由で鑑定をしな

　　　　　いと解決できないように思います。そうであれば、まずは裁
　　　　　判所経由の鑑定をお願いしたいと思います。
裁 判 官：そうですか。個別にお話をうかがいたいと思います。まずは
　　　　　申立人から。
（A弁護士が退席）
裁 判 官：双方から意見書が出てきましたが、株式の評価額に3倍以上
　　　　　の開きがあります。申立人側では、いくらくらいならば話合
　　　　　いによる解決が可能であるというようなお考えはありますか。
B弁護士：具体的にいくらまでと決めているわけではありませんが、こ
　　　　　ちらの主張額どおりでなければ駄目だということでもありま
　　　　　せん。しかし、正直なところ私としても説得材料があまりな
　　　　　いので、中立的な立場から鑑定意見をもらいたいと考えてい
　　　　　ます。
裁 判 官：今回相手方から、「申立人側の意見書は不合理な数値を採用
　　　　　して評価額を低く抑えている」という指摘が多数あります。
　　　　　私としても確かに少し無理をされているのではないか、と思
　　　　　うところがあります。鑑定してどのような結果が出るかはわ
　　　　　かりませんが、鑑定で出てきた金額と申立人の主張額に開き
　　　　　が大きいときはどうなりそうですか。
B弁護士：はい。相当の対価を伴っても株式を買い取りたいという意向
　　　　　が強いので、開きがあっても解決はできるのではないかと考
　　　　　えています。
裁 判 官：財源規制や支払能力の観点はどうですか。
B弁護士：そこは問題ないと思います。
裁 判 官：鑑定の費用が私的鑑定のときよりも高額になってしまうこと
　　　　　が多いようですが、その点はいかがでしょうか。
B弁護士：はい。それは依頼を受ける時から説明してありますので大丈
　　　　　夫です。

(B弁護士が退席、A弁護士が入室)

裁 判 官：申立人側と話をしましたが、公平な第三者の意見を踏まえて解決したい、つまり鑑定を行いたいという意向のようです。相手方側はいかがですか。

A弁護士：こちらとしても鑑定はやぶさかではありません。早期に解決するに越したことはありませんが、両者の主張をみると難しいと考えます。

(B弁護士が入室)

裁 判 官：それでは、申立人側が鑑定を希望され、相手方も異存ないということですから、鑑定を実施したいと思います。次回期日までに、申立人側から鑑定の申出書を提出してください。

B弁護士：わかりました。

裁 判 官：あらかじめ大枠を決めておきたいと思いますが、まず評価の基準日は売渡請求の通知が到達した平成26年9月2日でよいですね。

両弁護士：結構です。

裁 判 官：対象会社が保有する資産の評価方法ですが、まず不動産はどうしますか。不動産鑑定士を入れるか、簡易な方法をとるかですが。

A弁護士：本店は普通借地権を設定して建物を所有している状態で、そのほかには不動産はないとのことです。資産全体からみると不動産の割合は小さいので、不動産鑑定士を入れるほどの事案ではないと思います。借地権については路線価に税法上の借地権割合を乗じ、建物は直近の固定資産評価額でよいと思います。

B弁護士：こちらもそれでよいと思いますが、念のため確認します。

裁 判 官：保有している株式はどうですか。

A弁護士：上場株のみということなので、市場での価格を用いるのがよ

いと思います。
　B弁護士：異存ありません。
　裁　判　官：鑑定費用ですが、鑑定を申し出られた申立人に予納していた
　　　　　だくとして、あらかじめ費用負担の算定方法を決めておきた
　　　　　いと思います。通例どおり、各当事者の主張額と決定または
　　　　　和解での売買価格との乖離の程度に応じて按分することとし、
　　　　　もし申立人主張額よりもさらに低額であれば全額相手方負担、
　　　　　相手方主張額よりもさらに高額であれば全額申立人負担、と
　　　　　いうことでかまいませんか。
　両弁護士：結構です。
　裁　判　官：それでは、申立人側はなるべく早く鑑定申出書を提出してく
　　　　　ださい。次回期日で採用する形としますが、こちらで鑑定人
　　　　　の選定を進めておきます。鑑定費用も判明次第ご連絡します。
　　　　　次回期日は1カ月後に入れます。

1　*Point 1*──株式の評価額についての主張のあり方

　〈*Case* ⑩〉では、両当事者が自身の主張する売買価格の裏付けとして、公認会計士作成の意見書を提出している。相手方（A弁護士）は準備書面において株式の評価額について具体的主張を行っているが、申立人（B弁護士）はそのような主張を行っていない。

　確かに、いずれにせよ裁判所経由での鑑定結果が重視されるのだから、主張をすることでどれだけの効果があるか疑問であるという発想もあろう。

　しかし、裁判所経由で実施する鑑定は、中立・公平ではあるだろうが、必ずしも適正・正確であるとは限らない。

　また、裁判所経由での鑑定を実施せずに和解等で終了する事案は多く、その場合に当事者の主張がないと、裁判官としても判断材料が不足してしまう。

　そもそも、代理人自身が内容を理解していない意見書を書証として提出し、

裁判官に精査して適正に評価せよというのも無責任な話ではないだろうか。極端にいえば、公認会計士に資料を渡して意見書をもらい、これを証拠として提出し、その内容の評価は裁判官にすべて委ねるというのであれば、この種の事件には代理人弁護士は不要ではないかということになりかねない。

したがって、代理人は単に意見書を提出するのにとどまらず、それを要約し、他方の意見書との相違点を明確にするといった観点から主張を行うのが望ましいのではないかと考える。

2　Point 2──価格の算定方式に関する基本的理解

前記のような観点からすれば、公認会計士に意見書の作成を依頼し、あるいは裁判所において鑑定を実施するとしても、非上場株式の価格評価がどのような手法によって行われるのかについて、代理人として最低限のことは理解しておくべきである。

非上場株式の価格の算定方式として、純資産方式、DCF方式、配当還元方式、収益還元方式、類似上場会社方式、取引先例価格方式などがあり、実際にはこれらの方式を併用して最終的な評価額を算出することが多い。詳しくは日本公認会計士協会作成の「企業価値評価ガイドライン」〈http://www.hp.jicpa.or.jp/specialized_field/files/2-3-32-2-20130722.pdf〉が参考になる。

なお、国税庁の「財産評価基本通達」に準拠した評価方法もあるが、これは税法上の評価方法であって、この種の事案における評価方法としては適切でないことに注意が必要である。株式評価に関する参考文献を探す際にも、それが税法上の観点からの解説書なのか、会計上の観点からの解説書なのかという点に注意すべきである。

3　Point 3──意見書のどこをみるべきか

一般に、公認会計士作成の意見書はその分量も膨大であり、内容も高度で専門的である。したがって、多くの弁護士にとって、完全にその内容を理解

することは困難であるといわざるを得ない。

　しかし、申立人と相手方双方から意見書が提出された場合に、両者を比較対照し、評価の分かれ目となっている箇所を抽出することは十分に可能と思われる。また、意見書作成を依頼した公認会計士に相手方の意見書を示し、相違点や相手方の意見書の問題点を指摘してもらうことも可能と思われる。

　前記のとおり、非上場株式の評価には複数の算定方式がある。したがって、これらの方式のどれを採用するか、あるいはどれを重視するかによって、最終的な評価額が大きく左右されることが少なからずある。そこで、意見書を読み説くにあたっては、最終的にどの算定方式による結果がどの程度考慮されたのか、その算定方式を利用することに合理性があるかどうかをよく検討すべきであろう。

　一般論としては、近時はDCF方式を重視する傾向が強まっているものの、特に中小企業の株式評価においては純資産方式が重視されているといわれる。

　その理由としては、評価方法として簡便である（公認会計士の協力を得ずとも一応の算定が可能である）ということのほか、以下のように他の方式を採用しがたいという消極的理由も大きいのではないかと思われる。

　まず、DCF方式や収益還元方式は、将来期待されるフリー・キャッシュ・フロー、あるいは1株あたりの予測純利益を計算の基礎とするものであるため、将来の業績を予測しがたい（損益に安定性がない、社歴が浅い、必要最小限の会計資料しか存在しない等）中小企業では正確な評価は困難である。

　また、配当還元方式については、閉鎖会社では所有と経営の分離が進んでおらず、企業の収益力は配当ではなく役員報酬に反映されていることが多いという問題がある。黒字決算を続けていても設立以来一度も配当をしたことがないという企業も多く、そのような場合に配当還元方式を重視することは妥当でないだろう。

　類似上場会社方式、取引先例価格方式は、業種や規模において類似する上場会社の市場における株価、あるいは非上場会社の取引事例を参考にするものであるが、一般に同業種、類似規模の2社であっても損益の状況は全く異

なっていることが多く、売買事例についても母数が少ないうえにその売買の価格にどれだけの妥当性があるのかが問題となるため、これらの方式が参考になるケースは限定的と思われる。比較対象企業との類似性が低い場合、さまざまな要因を加味して金額を補正するが、そうなると補正のさじ加減1つで評価額が大きく左右されることになる。

　純資産方式に基づく評価の場合、簿価を出発点として必要に応じて時価との修正を図ることが一般的である。よって、たとえば現金・預金など評価の余地がない資産については問題が少ないが、不動産、株式、骨董品・美術品等の簿価と時価に乖離が生じやすい資産について適正な修正がなされているかを検討する必要があるだろう。また、のれんや知的財産等の無形資産、簿外の資産や債務がある場合に、これらをどう考慮するかも問題となるであろう。

VII　第3回審問期日

さらに1カ月後、第3回審問期日が開かれた。

裁　判　官：期日間に、申立人から鑑定申出書をいただきました。相手方も鑑定を実施するということで異存ありませんね。
A弁護士：はい、結構です。
裁　判　官：鑑定人ですが、〇〇公認会計士から内諾をいただいています。書記官からお電話でお伝えしたと思いますが、鑑定費用は200万円ですので、申立人側でこれを予納してください。鑑定事項や最終的な鑑定費用の負担割合については、前回期日で確認したとおりとして審問調書に記載してよろしいですね。
両弁護士：結構です。
裁　判　官：それでは、鑑定書の提出までに余裕をみて3カ月かかるとし

て、次回審問期日はそれ以降に設定します。

1　*Point 1*──鑑定を実施する際の手続

　裁判所において株式評価のために鑑定を実施する場合、〈*Case* ⑩〉の第2回審問期日におけるやりとりのように、不動産や株式などの評価方法、および鑑定費用の負担割合について合意し、これを審問調書に記載することが多いようである。東京地方裁判所民事8部における審問調書の記載例は、東京地方裁判所商事研究会編『類型別会社非訟』99～100頁を参照されたい。

2　*Point 2*──鑑定費用

　裁判所経由で実施する鑑定費用について、これまでに公表された統計資料等は見当たらず、各事案でどれだけの鑑定費用を要するかの見通しは非常に困難であるといわざるを得ない。
　この点、大阪地方裁判所の裁判官が、「株式評価の鑑定には多額の費用（最低でも数百万円単位である。）と時間（数か月）を要するという実情がある」と述べていることは1つの参考になる（大阪地方裁判所商事研究会『実務ガイド新・会社非訟』361頁）。
　また、判例集に掲載されている株式価格の鑑定費用の例としては、1104万円（大阪地判平成25・1・31判時2185号142頁〔大成土地事件〕）、5240万円（東京地判平成20・3・14判時2001号11頁〔カネボウ事件〕）というものがあるが、これらは対象会社の規模が極めて大きい事例であり、一般化できるものではないだろう。

Ⅷ　第4回審問期日

　第4回審問期日でのやりとりは以下のとおりである。

裁　判　官：すでにご覧いただいているかと思いますが、期日間に鑑定の結果が出ました。結論としては、1株9万3000円という評価です。これを踏まえ、今後話合いが可能なのか、決定へ向けて進むのか、進行を相談したいと思います。まず、申立人側からお願いします。

（A弁護士が退室）

裁　判　官：今回の鑑定意見について、会社側はどのようにとらえていますか。

B弁護士：当方で意見書をお願いした公認会計士に分析していただいているところですが、結論としては非常に厳しい内容だと感じています。

裁　判　官：私も今の段階で確定的なことは申し上げられませんが、以前も少しお話したように、会社側の意見書の根拠には疑問が残るところがありました。一般論からいっても、裁判所経由での鑑定結果は決定においてもかなり重視されるという傾向はあります。

B弁護士：その点は承知しています。会社としては、早めに株の問題を解決して、新体制を確立して次のステップに進みたい気持はあるようですし、創業者である甲野太郎さんが会社を築き上げてきた功績は大きく、相応の評価はしなければならないという意見も社内にあります。

裁　判　官：それを聞けば、相手方側も気持が和らぐ面はあると思います。裁判所としては、仮に和解をするのであれば、鑑定結果どおり1株9万3000円を採用するのがお互い納得しやすいのではないかと思います。一度検討していただけますか。

B弁護士：わかりました。

（B弁護士が退室、A弁護士が入室）

```
裁 判 官：双方の私的鑑定書では評価にかなり開きがありましたが、今
　　　　　回の意見は相手方側の主張に近い金額になっているように思
　　　　　います。相手方としては、9万3000円という金額については
　　　　　どういう感触をもっていますか。
A弁護士：はい。自身の主張に近い金額が出たということで、一定の満
　　　　　足感はあったようです。
裁 判 官：もちろん申立人の意見もありますが、この金額で和解ができ
　　　　　るかどうかはいかがでしょうか。
A弁護士：Xさん自身は会計の専門家ではないため、ご自身だけで判
　　　　　断されるのは難しい面があります。私的鑑定をお願いした会
　　　　　計士にも今回の鑑定結果を検討していただいていますので、
　　　　　会計士の意見も踏まえて判断したいと思います。
裁 判 官：わかりました。それでは、次回期日までに双方からご意見を
　　　　　頂戴したいと思います。
```

IX　第5回審問期日

　その後、双方が売買価格を1株9万3000円とすることを承諾し、第5回審問期日において和解が成立した。

　なお、従来は非訟事件手続では和解は認められないと理解されており、合意が成立した場合には申立てを取り下げて合意調書を作成する方法をとっていたが、合意調書は債務名義とならないことが問題となっていた。しかし、非訟事件手続法の改正により、平成25年1月1日以降は訴訟の場合と同様に和解をし、和解調書に執行力が認められることとなった（非訟事件手続法65条）。

【書式 2-10-3】 和解調書（<Case ⑩>）

和解条項

1　申立人と相手方は、相手方が相続により取得した申立外甲野太郎名義の申立人発行普通株式1000株（以下「本件株式」という）につき、申立人が平成26年9月1日付けでなした株式売渡請求（同月2日到達）によって、申立人及び相手方間で売買契約が成立したことを相互に確認する。
2　申立人は、相手方に対し、本件株式の売買代金として9300万円（1株当たり9万3000円）の支払い義務のあることを認める。
3　申立人は、相手方に対し、前項の売買代金を、平成27年10月30日限り、相手方名義の○○銀行○○支店普通預金口座番号○○○○○○○の口座に振り込み送金する方法により支払う。
4　相手方は、申立人に対し、平成27年10月30日限り、本件株式を表章していた株券全てを引き渡す。
5　本件手続費用のうち鑑定人に支払った鑑定費用200万円のうち、166万8965円を申立人の負担、33万1035円を相手方の負担とし、その余の費用は各自の負担とする。
6　本和解条項に定めるほか、本件に関し、申立人と相手方の間になんらの債権債務がないことを相互に確認する。

　本稿は、複数の事例を組み合わせるなどして構成したものであり、実際の事例とは異なる。

●事項索引●

【あ行】

遺言執行者　172
遺言書検認　11, 176
遺言書検認事件の管轄　179
遺言書の効力　147
遺言能力　147
遺言の解釈　147
遺産確認の訴え　256
遺産管理費用　25
遺産帰属性の問題　14
遺産の存在性の問題　14
遺産の評価　14, 127
遺産分割　3, 12, 127
　　——の価格の基準時　141
　　——の基準　164
　　——の効力　6
　　——の宣言主義　3
　　審判による——　166
遺産分割協議（証明）書への署名・押印　87
遺産分割協議証明書　70, 88
遺産分割審判　157
遺産分割審理　255
遺贈　4
遺族年金　23
一類審判事件　156
委任契約書の作成　46
遺留分　26
　　——の算定　28
遺留分減殺請求　11, 198
　　——による取戻財産　24
　　——の相手方　31
　　——の対象　198
遺留分減殺請求権　30
　　——の行使　32
遺留分減殺請求権行使の意思表示　201
遺留分減殺請求権者の競合　32
遺留分減殺通知書　202

遺留分権者　27
遺留分算定基礎財産　28
遺留分算定シート　219

【か行】

介護報酬の金額　110
隠し子　12
株式　21
株式価格の鑑定費用　293
株式売買価格決定の申立て　279
換価分割　19, 127
鑑定　15
鑑定費用　158, 289, 293
　　株式価格の——　293
企業価値評価ガイドライン　290
共有関係の解消　204
共有取得　19
共有分割　127
寄与行為の内容　99
寄与行為の無償性　100
寄与分　17, 67, 96, 98, 163
　　——の算定根拠　102
　　——の評価時　18
　　——の評価の基準時　100
　　——を定める処分　117
寄与分計算表　114
寄与分権者の範囲　99
寄与分主張整理表　114
金銭　20
金銭債権　20
現物分割　18
公示価格　130
公正証書遺言　171
香典　23
固定資産税評価額　130
個別的遺留分　26

【さ行】

財産評価基本通達　290

祭祀財産　24
祭祀法事に関する費用　230
再代襲　13
死後縁故　233
資産の評価方法　288
使途不明金　266
自筆証書遺言　171
　　──の方式　147
自筆証書遺言書の作成　174
死亡退職金　23
借地権譲渡承諾　186
借地権付建物買取り交渉　187
借地権の遺贈　186
準確定申告　9
純資産方式に基づく評価　292
身体介護　108
審判　6
　　──による遺産分割　166
審判前の保全処分　252
審判手続への当然移行　156
数次相続　13
生活援助　108
生計の資本としての贈与　160
生前贈与　160
成年後見人　81
税務代理　10, 11
生命保険金　16, 22, 43
葬儀費用　43
相続株式売渡請求　273
　　──の危険性　274
相続関係届出書　90
相続クーデター　274
相続財産一覧表　126
相続財産管理人　228
相続財産管理人選任の申立て　236
相続税　10
相続税評価額　130
相続手続依頼書　90
相続登記　6
相続人代表者指定書　142
相続人による被相続人の預金の使い込み　212
相続人の代表者　141

相続人の調査　173
総体的遺留分　26

【た行】

代襲相続　13
代償分割　19, 127
建物（中古建物）の評価　131
建物所有権の遺贈　186
調整型遺産分割協議　40
　　──の進め方　41
調停　6
特別縁故者　232
　　──に対する相続財産分与の申立て　242
特別受益　15
　　──の評価時　16
　　──の持戻し　160
特別受益超過額　16
特別の寄与　100
都道府県地価調査標準価格　130

【な行】

二類審判事件　156

【は行】

美術品の評価　140
非上場株式の価格の算定方式　290
被相続人の遺骨　24
非嫡出子　12
　　──の相続分　13
評価の基準日　288
不動産鑑定　158
不動産の評価　127, 158
不動産の評価額　44
分割方法　18
文書送付嘱託申立書　161
弁護士費用の支払い　47
法定果実　21
法定相続　2

【ま行】

みなし相続財産　160
持戻免除の意思表示　15

【や行】

預金債権　165, 255
預金の分け方　61
預金払戻請求訴訟　259
預貯金についての執行　184

【ら行】

療養看護型の寄与分　104
路線価　130

● 執筆者一覧 ●

野村　創（のむら　はじめ）
野村総合法律事務所
〒105-0003　東京都港区西新橋1丁目20番3号　虎ノ門法曹ビル407
TEL　03-3539-3151

宮村　啓太（みやむら　けいた）
宮村・井桁法律事務所
〒162-0825　東京都新宿区神楽坂5丁目8番地　恵比寿亭ビル402
TEL　03-5946-8107

井上　廉（いのうえ　れん）
東京八丁堀法律事務所
〒106-0041　東京都港区麻布台1丁目11番9号　BPRプレイス神谷町6階
TEL　03-6441-3320

松浦　裕介（まつうら　ゆうすけ）
京橋総合法律事務所
〒104-0031　東京都中央区京橋2丁目12番11号　杉山ビル7階
TEL　03-6264-4121

大澤美穂子（おおさわ　みほこ）
クラース東京法律事務所
〒101-0048　東京都千代田区神田司町2丁目7番地　福禄ビル5階
TEL　03-3518-9975

片野田志朗（かたのだ　しろう）
東京中央総合法律事務所
〒104-0061　東京都中央区銀座4丁目2番1号　銀座教会堂ビル7階
TEL　03-5159-7600

村手亜未子（むらて　あみこ）
諏訪坂法律事務所
〒102-0083　東京都千代田区麹町4丁目3番5号　紅谷ビル3階
TEL　03-6261-2605

谷口　真理（たにぐち　まり）
桜花法律事務所
〒102-0073　東京都千代田区九段北1丁目2番6号　パトリア九段下1204
TEL　03-5212-1098　E-mail：info@oukalaw.jp　URL：http://www.oukalaw.jp

野田　学（のだ　まなぶ）
東京八丁堀法律事務所
〒106-0041　東京都港区麻布台1丁目11番9号　BPRプレイス神谷町6階
TEL　03-6441-3320

畑井　研吾（はたい　けんご）
あさひ法律事務所
〒100-8385　東京都千代田区丸の内2丁目1番1号　丸の内マイプラザ13階
TEL　03-5219-0002

石井　達也（いしい　たつや）
東京八丁堀法律事務所
〒106-0041　東京都港区麻布台1丁目11番9号　BPRプレイス神谷町6階
TEL　03-6441-3320

事例に学ぶ相続事件入門
──事件対応の思考と実務

平成27年3月4日　第1刷発行
令和5年2月20日　第4刷発行

定価　本体3,000円＋税

編　　者	相続事件研究会
発　　行	株式会社　民事法研究会
印　　刷	株式会社　太平印刷社

発 行 所　株式会社　民事法研究会
　　　　　〒150-0013　東京都渋谷区恵比寿 3-7-16
　　　　　〔営業〕TEL 03(5798)7257　FAX 03(5798)7258
　　　　　〔編集〕TEL 03(5798)7277　FAX 03(5798)7278
　　　　　http://www.minjiho.com/　　info@minjiho.com

落丁・乱丁はおとりかえします。ISBN978-4-89628-999-2　C3032　¥3000E
カバーデザイン　関野美香

最新実務に必携の手引

― 実務に即対応できる好評実務書！ ―

2022年9月刊 高齢の依頼者からの「終活」について相談対応する際に知っておくべき事項を網羅！

終活契約の実務と書式

財産管理・法定後見・任意後見・死後事務委任・遺言・見守り（ホームロイヤー）などといった各サービスを一括して受任する契約である「終活契約®」の実務を終活契約と関係する書式を織り込みながら、ポイントを押さえて解説！

特定非営利活動法人　遺言・相続・財産管理支援センター　編

（Ａ５判・424頁・定価 3960円（本体 3600円＋税10％））

2022年4月刊 民法（相続法）改正、遺言書保管法の制定に対応した新たな実務指針を明解に解説！

遺言執行者の実務〔第3版〕

遺言執行者の法的地位の明確化に対応し、遺言執行のみならず、遺言書作成の留意点、実務で注意を要する施行日と重要な経過措置を詳説！　新設された配偶者居住権、自筆証書遺言の保管制度も解説し、最新判例も織り込んだ実践的手引書！

日本司法書士会連合会　編

（Ａ５判・353頁・定価 3960円（本体 3600円＋税10％））

2023年1月刊 裁判例・懲戒事例で認定された信託の組成支援者の義務等の考え方を執務指針にて明示！

裁判例・懲戒事例に学ぶ 民事信託支援業務の執務指針

民事信託支援業務の執務指針について、100カ条を超える条文形式で論じるとともに、執務場面がわかる図や司法書士の法的根拠（業務範囲）を整理した表など、豊富な図表を用いながら解説！

渋谷陽一郎　著

（Ａ５判・522頁・定価 5280円（本体 4800円＋税10％））

2022年3月刊 既刊『有効活用事例にみる民事信託の実務指針』の姉妹書！

民事信託の適正活用の考え方と実務
―リスクマネジメント・倫理・登記・税務―

福祉型信託、自社株信託、受益者連続型信託、共有不動産の紛争回避、親亡き後の財産管理、賃貸建物の法人化などの適正活用事例に即して実務指針を具体的に明快に解説！　民事信託士検定受検者の試験対策にも必携の1冊！

一般社団法人民事信託推進センター　編

（Ａ５判・276頁・定価 2970円（本体 2700円＋税10％））

発行　**民事法研究会**　〒150-0013　東京都渋谷区恵比寿3-7-16
（営業）TEL 03-5798-7257　FAX 03-5798-7258
http://www.minjiho.com/　info@minjiho.com

最新実務に必携の手引

― 実務に即対応できる好評実務書！ ―

2020年1月刊 相続法改正に対応し、最新の運用・実務に合わせ改訂するとともに、新たに書式も追録！

相続人不存在の実務と書式〔第3版〕

相続財産法人の成立要件、相続財産管理人の選任、相続財産管理人の実務、権限外行為の許可、各種公告・催告、弁済、特別縁故者への分与、国庫帰属、終了まで、手続の流れに沿ってわかりやすく解説！

水野賢一 著

（A5判・316頁・定価 3630円（本体 3300円＋税10％））

2019年4月刊 「相続登記の専門家」から「相続の専門家」になるための必読書！

相続実務必携

遺産承継業務、法定相続情報証明制度、改正相続法を含めた相続実務全般に関する必須知識をQ＆A形式で解説！　相続に関する相談のあり方、相続財産管理人としての対応、共有不動産の処分など執務現場の悩みに応える垂涎の書！

静岡県司法書士会あかし運営委員会 編

（A5判・326頁・定価 3850円（本体 3500円＋税10％））

2020年5月刊 外国人がかかわる相続登記の基礎知識から実務までがわかる！

ケースブック 渉外相続登記の実務

渉外相続登記に関する適用法令や相続人・相続財産、遺言、添付書面、税務の基礎知識とともに、国・地域ごとの実務上の留意点をQ＆A方式で解説！　最新の諸外国の法律事情をもとに、13ヵ国の相続登記実務を解説した関係者必携の書！

特定非営利活動法人　渉外司法書士協会 編

（A5判・352頁・定価 3960円（本体 3600円＋税10％））

2018年10月刊 相続の承認・放棄を上手に選択するために必要な基礎知識と申述方法等の概要を整理！

Q＆A 限定承認・相続放棄の実務と書式

相続の承認・放棄をめぐる各種手続に利用する書式を網羅的に登載するとともに、登記・税務、相続財産・相続人の破産、渉外相続などの関連実務にも言及しているので、弁護士、司法書士など相続事案にかかわる実務家の必読書！

相続実務研究会 編

（A5判・323頁・定価 3850円（本体 3500円＋税10％））

発行　民事法研究会

〒150-0013　東京都渋谷区恵比寿3-7-16
（営業）TEL 03-5798-7257　FAX 03-5798-7258
http://www.minjiho.com　info@minjiho.com